青岛大学人文社科培育项目"审判中心视野下鉴定意见质证和采信实证研究"

Research on Judicial Appraisal
from the Perspective of Trial Centers

审判中心视野下的司法鉴定研究

陈喆 著

中国社会科学出版社

图书在版编目（CIP）数据

审判中心视野下的司法鉴定研究 / 陈喆著. —北京：中国社会科学出版社，2023.12
ISBN 978-7-5227-2465-2

Ⅰ.①审…　Ⅱ.①陈…　Ⅲ.①司法鉴定—研究—中国　Ⅳ.①D926.04

中国国家版本馆 CIP 数据核字（2023）第 153612 号

出 版 人	赵剑英
责任编辑	许　琳
责任校对	李　硕
责任印制	郝美娜

出　　版	中国社会科学出版社
社　　址	北京鼓楼西大街甲 158 号
邮　　编	100720
网　　址	http://www.csspw.cn
发 行 部	010-84083685
门 市 部	010-84029450
经　　销	新华书店及其他书店
印　　刷	北京君升印刷有限公司
装　　订	廊坊市广阳区广增装订厂
版　　次	2023 年 12 月第 1 版
印　　次	2023 年 12 月第 1 次印刷

开　　本	710×1000　1/16
印　　张	13
插　　页	2
字　　数	201 千字
定　　价	78.00 元

凡购买中国社会科学出版社图书，如有质量问题请与本社营销中心联系调换
电话：010-84083683
版权所有　侵权必究

目 录

第一章 导论 …………………………………………………………… 1
  第一节 问题的提出 ………………………………………………… 1
  第二节 文献综述 …………………………………………………… 4
    一 审判中心的相关研究 ………………………………………… 4
    二 司法鉴定制度相关研究 ……………………………………… 8
  第三节 研究方法 …………………………………………………… 14
    一 比较法学研究方法 …………………………………………… 14
    二 实证研究方法 ………………………………………………… 15
    三 交叉学科研究方法 …………………………………………… 16
    四 规范分析方法 ………………………………………………… 16
  第四节 创新之处和研究难点 ……………………………………… 17
    一 创新之处 ……………………………………………………… 17
    二 研究难点 ……………………………………………………… 17

第二章 审判中心与司法鉴定关系解读 …………………………… 19
  第一节 审判中心内涵 ……………………………………………… 19
    一 比较法视野中的审判中心 …………………………………… 19
    二 审判中心在我国的演进 ……………………………………… 22
    三 当前诉讼制度改革下的审判中心 …………………………… 23
  第二节 审判中心下的司法鉴定比较考察 ………………………… 25
    一 诉讼制度影响下的司法鉴定差异 …………………………… 25
    二 审判中心影响下的司法鉴定制度共性 ……………………… 27

第三节　审判中心视野下考察司法鉴定的必要性 …………… 32
　　　　一　有利于深化以审判为中心的诉讼制度 ………………… 32
　　　　二　有利于促进司法鉴定的客观性、中立性 ……………… 33
　　　　三　有利于保障司法鉴定当事人的权利 …………………… 33
　　第四节　审判中心改革对司法鉴定的要求 …………………… 34
　　　　一　司法鉴定内涵的扩展 …………………………………… 34
　　　　二　作为证据的鉴定意见定位 ……………………………… 36
　　　　三　当事人鉴定权利的保障 ………………………………… 37
　　　　四　鉴定意见评价重心的转移 ……………………………… 38

第三章　健全统一司法鉴定管理制度改革之思考 ……………… 40
　　第一节　司法鉴定管理制度的历史沿革 ……………………… 41
　　　　一　司法鉴定分散管理阶段（2005 年之前） ……………… 41
　　　　二　司法鉴定统一管理的发展阶段（2005 年—2014 年） … 46
　　　　三　司法鉴定统一管理的深化阶段（2014 年至今） ……… 50
　　第二节　审判中心下司法鉴定管理制度的改革导向 ………… 53
　　　　一　价值导向：公开、公平、公正 ………………………… 53
　　　　二　实践导向：提升鉴定意见的证据能力和证明力 ……… 54
　　第三节　"侦鉴一体"之反思 ………………………………… 55
　　　　一　"侦鉴一体"引发的鉴定问题 ………………………… 55
　　　　二　"侦鉴一体"的弊端及成因 …………………………… 60
　　　　三　审判中心下侦鉴一体的逐步分离 ……………………… 64
　　第四节　司法鉴定管理与使用相衔接机制的完善 …………… 66
　　　　一　司法鉴定管理与使用的错位 …………………………… 67
　　　　二　司法鉴定管理与使用的衔接缺位 ……………………… 73
　　　　三　审判中心下司法鉴定管理与使用相衔接机制的完善路径 … 76

第四章　庭前鉴定意见开示的现状及完善 ……………………… 80
　　第一节　庭前鉴定意见开示与证据开示之异同 ……………… 80
　　第二节　我国庭前鉴定意见开示之现状 ……………………… 83

一　侦查阶段的告知制度与鉴定意见开示 ·················· 83
　二　审查起诉阶段的律师阅卷制度与鉴定意见开示 ········· 84
　三　庭前会议制度与鉴定意见开示 ························ 85
　四　庭前鉴定意见开示的问题分析 ························ 87
第三节　庭前鉴定意见开示的比较法考察 ······················ 88
　一　美国的专家证言开示 ································ 89
　二　日本的鉴定书开示 ·································· 93
第四节　我国庭前鉴定意见开示制度之构建 ···················· 95
　一　开示主体 ·· 95
　二　开示方式 ·· 96
　三　开示范围 ·· 97
　四　开示救济 ·· 98

第五章　庭审中鉴定意见质证之实证研究 ······················ 99
第一节　鉴定人出庭、交叉询问与刑事被告人的对质权 ··········· 99
第二节　我国鉴定人出庭作证的经验考察 ······················ 102
　一　鉴定人出庭作证制度概况 ···························· 103
　二　鉴定人出庭率低的成因分析 ·························· 104
　三　鉴定意见质证规则尚不完善 ·························· 110
第三节　专家辅助人制度实践映像 ···························· 114
　一　专家辅助人制度的运行概况 ·························· 115
　二　专家辅助人对诉讼过程的参与 ························ 116
　三　对专家辅助人诉讼地位、意见属性的认知差异 ·········· 120
第四节　鉴定人出庭与专家辅助人制度的强化 ·················· 124
　一　关键鉴定人出庭制度 ································ 124
　二　鉴定人的出庭保障 ·································· 126
　三　确立专家辅助人的诉讼地位和意见的证据能力 ·········· 127
　四　规范专家辅助人参与诉讼的程序 ······················ 130
　五　完善鉴定意见质证规则 ······························ 131

第六章　鉴定意见采信规则的构建 …… 134
第一节　鉴定意见采信的中国问题 …… 135
　　一　鉴定意见采信的规范分析 …… 135
　　二　鉴定意见采信的实践分析 …… 136
　　三　实证研究下的科学证据采信困境及缘由 …… 142
第二节　比较法上鉴定意见的采信规则 …… 147
　　一　专家证人模式下专家证言的采信：美国、加拿大 …… 148
　　二　鉴定人模式下鉴定意见的采信规则：法国、德国 …… 163
　　三　比较法中的鉴定意见采信：借鉴与融合 …… 167
第三节　鉴定意见采信规则的理性构建 …… 172
　　一　鉴定意见采信的外在规则 …… 173
　　二　鉴定意见采信的内在规则 …… 176

第七章　结论 …… 183

参考文献 …… 187

后　记 …… 202

第一章

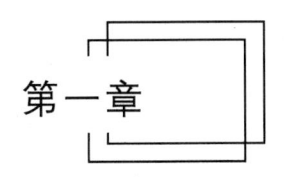

导　　论

第一节　问题的提出

2017年7月,中央全面深化改革领导小组第三十七次会议审议通过了《关于健全统一司法鉴定管理体制的实施意见》(以下简称《实施意见》),《实施意见》指出,"司法鉴定制度是解决诉讼涉及的专门性问题、帮助司法机关查明案件事实的司法保障制度",并指出"健全统一司法鉴定管理体制,要适应以审判为中心的诉讼制度改革,完善工作机制,严格执业责任,强化监督管理,加强司法鉴定与办案工作的衔接,不断提高司法鉴定质量和公信力,保障诉讼活动顺利进行,促进司法公正"。《实施意见》被认为是"《决定》后对司法鉴定体制改革具有决定性意义的方向性改革方案"[1],其对2005年全国人大常务委员会通过的《关于司法鉴定管理问题的决定》(以下简称《决定》)的拓展和深化,引发了广泛的关注。为了深入贯彻《实施意见》,司法部于2020年发布了《关于进一步深化改革　强化监管　提高司法鉴定质量和公信力的意见》(以下简称《意见》),进一步指明了司法鉴定制度未来发展的方向。

---

[1] 郭华:《健全统一司法鉴定管理体制的实施意见的历程及解读》,《中国司法鉴定》2017年第5期。

随着科技与社会的发展，诉讼中越来越多的专门性问题需要通过科学手段来证明，司法鉴定在诉讼中的重要性愈加凸显，"站在20世纪末思考证据法的未来，很大程度上就是要探讨正在演进的事实认定科学化的问题"①。科学、中立、客观的司法鉴定，有助于破解纠纷困局，是实现司法公正的重要手段和保障。鉴于司法鉴定的重要性，为了规范司法鉴定，更好地发挥司法鉴定的作用，我国相继颁布了多部法律法规来对司法鉴定进行管理。2005年通过的《决定》规定了由司法行政机关统一管理法医类、物证类和声像资料类司法鉴定（所称的"三大类"司法鉴定），拉开了司法鉴定统一管理改革的序幕，实现了司法鉴定与审判的分离。与《决定》的颁布和修订相一致的是，2007年司法部颁布了《司法鉴定程序通则》（以下简称《通则》），并于2016年进行了修订，进一步细化了司法鉴定的统一管理。2012年修改的《刑事诉讼法》将"鉴定结论"改为"鉴定意见"，这是在理念层面对鉴定意见的新认识，"鉴定意见"并非当然正确的"结论"，也要经受质证，进而得到采信，有助于破除实践中对鉴定意见的依赖。修改后的《刑事诉讼法》和《民事诉讼法》均新设了专家辅助人制度，并对鉴定人出庭等作出了新的规定。伴随着社会生活的快速发展，诉讼活动中涌现出了大量超出现有司法鉴定管理框架的专门性问题，为了应对这一实践中的问题，2021年修改的《刑事诉讼法司法解释》明确了检验报告及事故调查报告的证据地位。

然而，对司法鉴定自身的改革无法彻底改变目前的困局，实践中仍存在着诸多问题，如自侦自鉴、多头管理的管理困境，鉴定启动难、申请重新鉴定难，"鉴定黄牛"的出现，鉴定意见的证据能力、质证规则等尚未规范。在一些引发关注的错案背后，往往有着瑕疵鉴定意见的身影，如"呼格吉勒图案""杜培武案""佘祥林案""张氏叔侄案""念斌案"等，由于控方和裁判者对鉴定意见的信赖，导致了案件事实认定的错误。而在一些热点事件中，鉴定问题也频频浮现，如前后共经历了六次鉴定的黄静案，以对死因鉴定意见不满为导火索的瓮安群体事件等。

---

① ［美］米尔建·R. 达马斯卡：《漂移的证据法》，李学军等译，中国政法大学出版社2003年版，第200页。

这些事件将司法鉴定所存在的问题暴露在了公众面前，削弱了司法鉴定的公信力，进而影响到了司法的公信力。这些问题促使人们思考，是当前的统一司法鉴定制度本身出了问题，还是与这一体制的相关制度机制不衔接而阻碍了改革，是深化改革还是改变路径另起炉灶已成为统一司法鉴定制度改革与完善面临的抉择。①

党的十八届四中全会《中共中央关于全面推进依法治国若干重大问题的决定》（以下简称《依法治国决定》）提出完善以审判为中心的诉讼制度改革，指出应当"健全统一司法鉴定管理体制"和"完善证人、司法鉴定人出庭制度"，这使得司法鉴定相关改革有了新的契机。以审判为中心，即审判中心主义，与侦查中心主义及案卷中心主义相对，意味着整个诉讼制度和活动围绕审判而建构和展开，这对司法鉴定体制提出了新的要求。为此，《实施意见》明确规定了司法鉴定制度要适应以审判为中心的诉讼制度改革。为了深化以审判为中心的诉讼制度改革，最高人民法院自2018年起开始试行《三项规程》②，从庭前会议、庭审调查、非法证据排除三个方面入手推进庭审实质化的进程。2021年的《刑事诉讼法司法解释》进一步强化了庭审的中心地位，在庭前会议、法庭调查、裁判文书说理方面作出了适应审判中心的调整和完善。这一系列的改革均对鉴定意见在庭审中的应用提出了新的要求。

然而，过去的研究多是从司法鉴定制度本身出发，通过探讨司法鉴定的科学性、客观性和中立性来提出相应的完善司法鉴定制度的措施，对现有的以审判为中心诉讼制度改革背景下的司法鉴定相关研究也缺乏全面的系统性研究。在《实施意见》的指引下，应当如何推进司法鉴定制度的进一步改革？在以审判为中心的视野下，研究司法鉴定制度如何适应以审判为中心的诉讼制度改革，成为需要解决的新问题。值得注意的是，由于审判中心更多地影响到刑事诉讼的相关制度，因此，本书将

---

① 郭华：《健全统一司法鉴定管理体制的实施意见的历程及解读》，《中国司法鉴定》2017年第5期。

② "三项规程"即最高法印发的《人民法院办理刑事案件庭前会议规程（试行）》《人民法院办理刑事案件排除非法证据规程（试行）》和《人民法院办理刑事案件第一审普通程序法庭调查规程（试行）》。

以刑事诉讼为重心进行考察，尤其侧重于研究审判中心对于刑事诉讼中与司法鉴定相关内容的独有影响。但是，由于司法鉴定自身具有的科学性以及其在各类诉讼中的广泛应用，文章也不单局限于刑事诉讼案例的研究，也将涉及相关的民事诉讼案例。

第二节　文献综述

党的十八届四中全会通过的《依法治国决定》提出了"以审判为中心的诉讼制度"改革，旨在建立以审判为中心的完善的诉讼制度，同时提出要"健全统一司法鉴定管理体制"。司法鉴定制度作为诉讼制度的重要组成部分，亟须进行相应的改革以适应和保障以审判为中心的诉讼制度改革，这便需要我们对这一领域进行深入的研究。近年来，在理论和实务界的共同努力下，关于审判中心和司法鉴定的研究已经取得了不少成果。

一　审判中心的相关研究

以审判为中心，在诉讼理论上称为"审判中心主义"，以现代刑事诉讼构造理论为基础，其理论发源自美国。Herbert L. Packer 提出了著名的犯罪控制模式（Crime Control Model）和正当程序模式（Due Process Model），立足于价值模式分析，即根据刑事司法目标优位的不同，将犯罪控制至上和强调程序正当化区别开来。[①] 犯罪控制模式主张刑事诉讼程序的最重要的机能就是抑制犯罪，即为了维护公共秩序，犯罪行为必须被置于严格的统制之下，因而这一模式最关心的就是程序的效率，整个刑事诉讼程序，从侦查、逮捕、起诉直至审判，应当成为快速的（speedy）流水作业程序。[②] 正当程序模式则是以个人优先的观念以及为了保障个人权利不受侵犯而对国家权力进行制约的观念为基础的，与犯罪控制模式的

---

① Herbert L. Packer, *The Limits of the Criminal Sanction*, Redwood City: Stanford University Press, 1968, pp. 3-159.

② Herbert L. Packer, *The Limits of the Criminal Sanction*, Redwood City: Stanford University Press, 1968, pp. 3-159.

流水作业程序相反，这一模式是跨栏赛跑（障碍竞赛）式的程序。①

耶鲁大学 J. Griffith 教授在耶鲁大学法学杂志上发表了《刑事程序中的理念——刑事程序的第三种模式》一文，对 Packer 的学说进行了批判，他认为与其说 Packer 所主张的模式是两个模式，不如说实质上就是一种模式，即"争斗模式"（Battle Model）而正当与合理的模式应是与"争斗模式"相对立的"家庭模式"（Family Model）。②A. S. Goldstein 提出了传统的"纠问模式"（Inquisitorial Model）与"弹劾模式"（Accusatorial Model）两个模式的理论。③ 弹劾模式，就其基本方面而言，属于受动性的模式，国家在程序的进行中采取消极的姿态。④ 与此相反，"纠问程序"的主要特征是强调国家的能动性，官员担负着积极推行实体上和程序上的国家政策的义务，而通常这种义务是由法院承担的。⑤ Mirjan R. Damaska 提出了当事人对立模式（Adversary Model）与非当事人对立模式（Non-adversary Model）。⑥ 在当事人对立模式中，诉讼是由原则上平等的双方当事人在裁断争议的法院面前解决争议，非当事人对立模式中诉讼程序是由官员调查犯罪嫌疑而启动，其诉讼目的不是解决争议，而是查明案件的事实。⑦ 两年之后提出了揭示大陆和英美诉讼模式深层构成的两种权力构造模式——"阶层模式"与"同位模式"。⑧

在国内，研究者从刑事诉讼构造、刑事诉讼目的、刑事诉讼模式、

---

① Herbert L. Packer, *The Limits of the Criminal Sanction*, Redwood City: Stanford University Press, 1968, pp. 3–159.

② J. Griffith, "Ideology in Criminal Procedure or A Third 'Model' of the Criminal Process", *Yale Law Journal*, Vol. 79, 1970, pp. 359–417.

③ A. S. Goldstein, "Reflection on Two Models: Inquisitorial Themes in American Criminal Procedure", *Stanford Law Review*, Vol. 26, May 1974, pp. 1009–1026.

④ A. S. Goldstein, "Reflection on Two Models: Inquisitorial Themes in American Criminal Procedure", *Stanford Law Review*, Vol. 26, May 1974, pp. 1009–1026.

⑤ A. S. Goldstein, "Reflection on Two Models: Inquisitorial Themes in American Criminal Procedure", *Stanford Law Review*, Vol. 26, May 1974, pp. 1009–1026.

⑥ Mirjan R. Damaska, "Structures of Authority and Comparative Criminal Procedure", *Yale Law Journal*, Vol. 84, 1975, pp. 480–544.

⑦ Mirjan R. Damaska, "Structures of Authority and Comparative Criminal Procedure", *Yale Law Journal*, Vol. 84, 1975, pp. 480–544.

⑧ Mirjan R. Damaska, "Structures of Authority and Comparative Criminal Procedure", *Yale Law Journal*, Vol. 84, 1975, pp. 480–544.

刑事诉讼横向构造和纵向构造等角度讨论了我国的刑事诉讼构造理论。李心鉴博士的《刑事诉讼构造论》系统性地研究了诉讼构造问题，并提出就我国构造类型的主要方面而言，是属于职权主义类型的。① 宋英辉教授提出了刑事诉讼双重目的论，指出我国刑事诉讼法不单纯是为惩罚犯罪服务的程序法，同时也是从程序上规制国家司法权和保障公民基本人权特别是人身自由的保障性法律。② 龙宗智教授认为刑事诉讼中存在两种结构，一种是"三角结构"，即控辩审三方的关系，法官居中居上，原告与被告形成对抗关系。二是"线形结构"，指国家设置警、检、法分别承担一定职能，刑事案件按特定程序由侦查、起诉到审判传递，在三机关之间实际存在一种"工序关系"，即线形关系。③ 陈瑞华教授认为刑事诉讼构造可分为横向构造和纵向构造，横向构造着眼于控诉、辩护和裁判三方诉讼主体在各个程序横断面上的静态关系，而纵向构造则是指三方在整个刑事诉讼程序中的动态关系。指出"分工负责，互相配合、互相制约"原则通过对公、检、法三机关之间的关系进行界定，从法律上确立了中国"流水作业"的刑事诉讼构造，侦查、起诉、审判这三个完全独立而互不隶属的诉讼阶段，犹如工厂生产车间的三道工序。④ 汪海燕教授论述了几种典型的刑事诉讼模式在几个代表性国家的形成、演进或转型的过程和原因并考察了我国刑事诉讼模式的形成与转型。⑤

以审判为中心，意味着整个诉讼制度的建构和诉讼活动的展开围绕审判进行。侦查是为审判进行准备的活动，起诉是开启审判程序的活动，执行是落实审判结果的活动。审判中控诉、辩护、审判三方结构成为诉讼的中心结构，审判要实现实质化。在党的十八届四中全会提出建立以审判为中心的诉讼制度之前，我国即有学者开始研究具体的审判中心主义，如孙长永教授在《审判中心主义及其对刑事程序的影响》中即指出

---

① 李心鉴：《刑事诉讼构造论》，中国政法大学出版社1997年版，第146—164页。
② 宋英辉：《刑事诉讼目的论》，中国人民公安大学出版社1995年版，第57—248页。
③ 龙宗智：《相对合理主义》，中国政法大学出版社2000年版，第87—112页。
④ 陈瑞华：《从"流水作业"走向"以裁判为中心"——对中国刑事司法改革的一种思考》，《法学》2000年第3期。
⑤ 汪海燕：《刑事诉讼模式的演进》，中国人民公安大学出版社2004年版，第120—300页。

了审判中心主义是法治国家公认的基本刑事原则，指出我国应当采取措施由侦查中心向审判中心转变；① 再如龙宗智教授在《论建立以一审庭审为中心的事实认定机制》中指出，刑事诉讼的事实认定应当以一审庭审为中心，即以审判为中心、庭审为中心、一审为中心。②

在党的十八届四中全会后，国内学者更是展开了大量以审判为中心的研究，涌现出了大量优秀的成果。例如陈光中教授的《推进"以审判为中心"改革的几个问题》，③ 王敏远教授等编著的《重塑诉讼体制——以审判为中心的诉讼制度改革》④，龙宗智教授的《"以审判为中心"的改革及其限度》，⑤ 卞建林教授的《扎实推进以审判为中心的刑事诉讼制度改革》，⑥ 陈卫东教授的《以审判为中心：当代中国刑事司法改革的基点》，⑦ 左卫民教授的《审判如何成为中心：误区与正道》，⑧ 胡铭教授的《审判中心与刑事诉讼》等⑨。要实现以审判为中心的诉讼制度改革，学界的探讨主要集中在以下几个方面：1. 重塑公检法三机关的职能配置，完善"分工负责、互相配合、互相制约"的原则；2. 完善辩护制度，确保有效辩护；3. 保障对质权，完善证人出庭制度、探索贯彻直接言词原则；4. 严格贯彻证据裁判原则，实现非法证据排除的落实。

同时，有学者指出，与学界着眼于刑事诉讼构造进行审判中心主义的研究不同，以法院系统为代表的实务界着眼于"庭审实质化"的改革，将改革落脚点放在具体制度的构建上，例如证人出庭、庭审会议、非法证据排除等具体指标的落实。⑩

---

① 孙长永：《审判中心主义及其对刑事程序的影响》，《现代法学》1999 年第 4 期。
② 龙宗智：《论建立以一审庭审为中心的事实认定机制》，《中国法学》2010 年第 2 期。
③ 陈光中：《推进"以审判为中心"改革的几个问题》，《人民法院报》2015 年 1 月 21 日第 1 版。
④ 王敏远等编：《重塑诉讼体制——以审判为中心的诉讼制度改革》，中国政法大学出版社 2016 年版。
⑤ 龙宗智：《"以审判为中心"的改革及其限度》，《中外法学》2015 年第 4 期。
⑥ 卞建林：《扎实推进以审判为中心的刑事诉讼制度改革》，《中国司法》2016 年第 11 期。
⑦ 陈卫东：《以审判为中心：当代中国刑事司法改革的基点》，《法学家》2016 年第 4 期。
⑧ 左卫民：《审判如何成为中心：误区与正道》，《法学》2016 年第 6 期。
⑨ 胡铭：《审判中心与刑事诉讼》，中国法制出版社 2018 年版，第 1—22 页。
⑩ 魏晓娜：《以审判为中心改革的技术主义进路：镜鉴与期待》，《法商研究》2022 年第 4 期。

由于以审判为中心更多地关注侦查、起诉、审判三者之间的关系，因此，刑事诉讼法的学者进行了更多的研究，民事诉讼领域更多地关注以庭审为中心的问题。有学者提出从法律文化、审前程序、法官养成等三个方面来实现庭审中心主义，要改造不适应现代法治发展的传统文化，将审前程序确定化，改革法官养成机制，使其不同于一般的公务员；①也有学者从庭前准备程序出发，认为完成梳理证据、固定无争议事实和证据、理清有争议事实和证据、归纳争议焦点的庭前准备工作，可以实现庭审中围绕争点的举证质证和充分辩论，通过一次集中审理即时作出裁判，公正高效地解决纠纷。②

二 司法鉴定制度相关研究

在国外，学者多从法庭科学的保障、专家证人以及科学证据的解释出发进行研究。例如，David L. Faigman 等人依据司法鉴定的不同分类，对科学证据的原理、鉴定操作、采信等问题进行了具体研究。③ Bernard Robertson 及 G. A. Vignaux 运用基本逻辑法则，对设计专家证据的法律问题进行了再分析，力图更好地解决实践问题。④ 肯尼斯·R. 福斯特及彼得·W. 休伯从1993年道伯特案件所确立的原则展开论述，试图将实践中具有可操作性的证据规则与科学界和其他领域对科学的有效性和可靠性的看法相协调。⑤ Corrinna Kruse 将科学证据视为有生命的个体，认为科学证据尤其社会生活和传记，论证了其在刑事司法中的重要作用。⑥ John M. Conley，Jane Campbell Moriarty，Richard R. Strong 运用经济分析的方

---

① 蒋惠岭、杨小利：《重提民事诉讼中的"庭审中心主义"——兼论20年来民事司法改革之轮回与前途》，《法律适用》2015年第12期。

② 郝廷婷：《民事诉讼庭前准备程序的归位与完善——以民事庭审中心主义的实现为目标》，《法律适用》2016年第6期。

③ David L. Faigman. Saks, Joseph Sanders, Edward K. Cheng et al., *Modern Scientific Evidence: The Law and Science of Expert Testimony*, Eagan: Thomson West, 2018.

④ Bernard Robertson, G. A. [Tony] Vignaux, *Interpreting Evidence: Evaluating Forensic Science in the Courtroom*, Amsterdam: Kluwer Academic Publishers, 2001.

⑤ [美] 肯尼斯·R. 福斯特、彼得·W. 休伯：《对科学证据的认定——科学知识与联邦法院》，王增森译，法律出版社2001年版，第27—158页。

⑥ Corrinna Kruse, *The Social Life of Forensic Evidence*, Oakland: University of California Press, 2016.

法，对 DNA 证据、专家证人证言等进行了探究，并从道德、发现和程序层面提出了进一步完善的进路。① Ronald J. Allen 研究了专家知识和法庭检验形式之间的关系，认为专家证据往往倾向于顺从而非教育的诉讼模式，与审判的目标相对立，为了检验证据，应该都以教育模式的形式呈现证据。② Donald E. Shelton 则对法律能否跟上科学的发展提出了疑问，揭露了许多法院依然在刑事案件中接纳不完整的科学证据。③

在国内，关于司法鉴定的研究，以 2005 年《决定》的实施为明显的分界点，通过在中国知网搜索"司法鉴定"，可以发现，自 2005 年起，研究司法鉴定的文章数量有了明显增长，并出现了一批优秀的研究成果。对司法鉴定的研究，可以分为宏观和微观两个层面，既有从宏观角度出发，着眼于司法鉴定管理体制下司法鉴定的启动、实施、质证和监督，也有从微观角度出发，以鉴定意见的证据规则为中心进行研究。

在宏观层面，有学者对鉴定启动程序和鉴定结论的生成、质证、认证、救济程序展开了系统性的研究，并提出"鉴定结论"应当改为"鉴定意见"。④ 有学者在司法公正的框架下对司法鉴定制度进行了研究，探索了司法鉴定在诉讼制度、证据制度和鉴定管理制度多维坐标中的功能，进一步从司法鉴定折射司法改革的角度对深化司法鉴定管理体制改革以及完善司法鉴定实施制度提出了渐进性方案。⑤ 有学者从诉讼的角度系统分析了我国司法鉴定存在的问题，提出了司法鉴定诉讼化改革的方案。⑥ 有学者从以诉讼专门性问题为视角，探讨了诉讼专门性问题的提出、评价和解答，为研究司法鉴定提供了一个新的角度。⑦ 有学者从程

---

① John M. Conley, Jane Campbell Moriarty, Richard R. Strong, *Scientific and Expert Evidence*, Aspen Publishers Inc., 2011.

② John M. Conley, Jane Campbell Moriarty, Richard R., Strong, *Scientific and Expert Evidence*, New York: Aspen Publishers Inc., 2011, pp. 41–65.

③ Donald E. Shelton, *Forensic Science Evidence: Can the Law Keep Up with Science?*, El Paso: LFB Scholarly, 2012.

④ 郭华：《鉴定结论论》，中国人民公安大学出版社 2007 年版，第 11 页。

⑤ 王敏远、郭华：《司法鉴定与司法公正研究》，知识产权出版社 2009 年版，第 50—72 页。

⑥ 王素芳：《诉讼视角下的司法鉴定制度研究》，上海大学出版社 2012 年版，第 14 页。

⑦ 刘振红：《司法鉴定：诉讼专门性问题的展开》，中国政法大学出版社 2015 年版，第 153—287 页。

序正当性入手,探讨了司法鉴定启动程序的正当性、侦查中运用鉴定打击犯罪的正当性、侦查中运用鉴定保障人权的正当性和提升司法鉴定意见质证与采信的正当性。① 有学者从立法角度出发,针对鉴定资源的合理配置、鉴定质量和公信力的提高、明确鉴定法律责任几个层面提出了立法建议稿。② 有学者从"重复鉴定"现象入手,分析了其成因,并运用"结构—功能"主义理论对两大法系国家的鉴定权配置模式进行了系统性的考察,从诉讼权力的进路提出了解释和对策。③ 有学者从鉴定人这一主体入手,通过比较研究方法,对英美法系的专家证人制度进行了系统性的分析,并与大陆法系国家及我国的鉴定人制度进行比较,进而提出了我国的鉴定制度改革进路。④ 有学者对1978—2014年我国证据法治的发展进行了探究,其中即包括了相关的司法鉴定制度的发展变迁。⑤ 有学者运用"分散—统一"的概念,探讨了分散管理的得失和统一管理的逻辑与困境,并结合域外经验,提出了健全我国司法鉴定统一管理体制的方法。⑥ 还有学者进行了实证研究,通过问卷、调研等方式,对我国司法鉴定制度的整体运行状况进行了剖析,指出了现行鉴定制度存在权力配置不平衡、资源分配不合理、配套措施不到位的问题,⑦ 也有学者重点关注了新修订的刑事诉讼法颁布后鉴定条款的实施情况。⑧

在《实施意见》出台以后,学者们更加注重对司法鉴定质量和标准化建设方面的研究,如有学者指出可以用合规管理来提升司法鉴定管理的规范性⑨,有学者认为可以参照《欧洲法庭科学指南》中平衡性、逻

---

① 陈邦达:《刑事司法鉴定程序的正当性》,北京大学出版社2015年版,第38页以下。
② 杜志淳等:《司法鉴定立法研究》,法律出版社2011年版,第75—234页。
③ 章礼明:《论刑事鉴定权》,中国检察出版社2008年版,第13页以下。
④ 周湘雄:《英美专家证人制度研究》,中国检察出版社2006年版,第15—60页。
⑤ 张保生、常林:《中国证据发展的轨迹:1978—2014》,中国政法大学出版社2016年版,第190—197、331—336页。
⑥ 陈如超:《司法鉴定管理体制改革的方向与逻辑》,《法学研究》2016年第1期。
⑦ 汪建成:《中国刑事司法鉴定制度实证调研报告》,《中外法学》2010年第2期。
⑧ 陈邦达:《司法鉴定基本问题研究——以刑诉法司法鉴定条款实施情况为侧重点》,法律出版社2016年版,第23—40页。
⑨ 王旭、陈军:《合规管理与标准化:科学证据时代的司法鉴定公信力建设》,《中国司法鉴定》2021年第6期。

辑性、稳健性和透明度的基本原则，确立平衡性、逻辑性、可靠性和开放性为我国司法鉴定规范的基本原则[①]，也有学者指出可以通过司法鉴定法制化来缓解当前司法鉴定行业的困境，以促进司法鉴定改革发展[②]。

在"智慧司法"建设的大背景下，学界也开始关注"智慧司鉴"建设方面的研究。例如，有学者以海事司法鉴定为样本，提出了要构建司法鉴定区块链，发挥区块链去中心化、不易篡改和公开透明等理念和技术优势，以提升司法鉴定公信力。[③] 也有学者认为可以运用大数据方法与理念，构建包括委托受理平台、实施活动平台、质证辅助平台在内的大数据司法鉴定平台，以解决司法鉴定制度中的难题。[④]

除了对司法鉴定的整体制度进行研究之外，许多学者还关注了司法鉴定的具体领域。例如，陈卫东教授主持的"精神病人刑事立法与实务改革课题调研组"对北京市安康医院、中国政法大学法庭科学技术鉴定研究所、司法部司法鉴定技术研究所、北京市司法局、山西晋中市公检法司等部门进行了相关实证研究，对刑事案件中精神病鉴定实施情况进行实证调研，提出鉴定管理、鉴定启动、鉴定意见等多方面的对策。[⑤] 有研究者对DNA领域进行了探索，从证明对象、逻辑推导关系、关联关系、关联强度和可信性等五个方面展开了对DNA鉴定意见全景透析式的证明分析，认为有必要确立DNA鉴定意见双盲鉴定规则、同步双重鉴定规则和绝对排除规则等新规则。[⑥] 有学者对人身损害鉴定制度进行了探索，指出重构我国人身损害鉴定制度，应当以公开、公平和公正原则为指导，以提供具有较强证明力的证据为目标；应当确立中立鉴定主体，完善中立鉴定程序，建立有效的鉴定意见质证认证机制；同时应当对现有的鉴定机构和鉴定人进行调整、规范，实现专业化。[⑦]

---

① 张保生、岳军要：《论我国司法鉴定基本原则的构建——基于中欧司法鉴定规范的比较分析》，《厦门大学学报》（哲学社会科学版）2022年第6期。
② 朱晋峰、吴何坚：《司法鉴定法制化进路研究》，《中国司法鉴定》2022年第6期。
③ 郝志鹏：《区块链在提升司法鉴定公信力中的应用研究——以海事司法鉴定为样本》，《中国司法鉴定》2021年第6期。
④ 刘静：《风险与应对：论大数据司法鉴定的平台构建》，《法学杂志》2021年第9期。
⑤ 陈卫东、程雷：《司法精神病鉴定基本问题研究》，《法学研究》2012年第1期。
⑥ 吕泽华：《DNA鉴定意见的证明分析与规则创设》，《法学家》2016年第1期。
⑦ 张新宝：《人身损害鉴定制度的重构》，《中国法学》2011年第4期。

在鉴定意见的证据规则方面，有学者从鉴定意见本身出发，对鉴定意见的基础理论、证据效力、鉴定程序等问题做了深入的分析。① 有学者以科学证据（科技证据）为出发点，探讨了科学证据的推理研究、审查规则和采信标准，不仅有对总体证据采信和判断标准的研究，② 也有对 DNA 证据、指纹证据、笔迹证据以及电子证据的审查规则和采信标准的细致研究。③ 也有学者着眼于鉴定意见的争议解决，对引发鉴定意见争议源流进行考察、探索与分析，架构了解决鉴定意见争议的"预防机制""专家咨询机制""重新鉴定机制""专家委员会论证机制""质证机制"以及"选择机制"。④ 有学者采用比较研究方法，对英美法系的专家证据制度以及大陆法系的鉴定制度、我国的司法鉴定制度进行比较，针对我国的现存问题提出了相应建议。⑤

也有学者关注专家辅助人问题，将专家辅助人视为司法鉴定的"守门人"，指出了存在的问题。⑥ 在专家辅助人引入后，涌现了大量围绕专家辅助人的诉讼地位及其意见的证据能力展开讨论的成果。有学者以目前亟待解决的问题为导向，通过实证调研与比较研究，架构了不同于英美法系国家专家证人制度又有异于大陆法系国家鉴定制度内部改良的"专家辅助人制度的中国模式"。⑦ 有学者围绕保障被告方的对质权角度，提出应当赋予专家辅助人意见以证明能力，以构建控辩平等的司法鉴定体系。⑧ 有学者结合近年来专家辅助人制度的发展提出专家辅助人应当进行适度的定位扩张，并完善其庭前准备期间的权利与义务、准入标准以及参与庭审的程序。⑨

---

① 黄维智：《鉴定证据制度研究》，中国检察出版社 2006 年版。
② 陈学权：《科技证据论——以刑事诉讼为视角》，中国政法大学出版社 2007 年版，第 278—322 页。
③ 何家弘主编：《刑事诉讼中科学证据的审查规则与采信标准》，中国人民公安大学出版社 2014 年版，第 3 页以下。
④ 郭华：《鉴定意见争议解决机制研究》，经济科学出版社 2013 年版，第 104—291 页。
⑤ 季美君：《专家证据制度比较研究》，北京大学出版社 2008 年版，第 187—280 页。
⑥ 常林：《司法鉴定专家辅助人制度研究》，中国政法大学出版社 2012 年版，第 175 页以下。
⑦ 郭华：《专家辅助人制度的中国模式》，经济科学出版社 2014 年版，第 50—172 页。
⑧ 胡铭：《鉴定人出庭与专家辅助人角色定位之实证研究》，《法学研究》2014 年第 4 期。
⑨ 吴洪淇：《刑事诉讼中的专家辅助人：制度变革与优化路径》，《中国刑事法杂志》2018 年第 5 期。

而随着社会经济的发展，鉴定意见已经无法解决所有的专门性问题，学者们也开始在更广的视域中研究专门性问题。有学者提出了要将"专家意见"赋予等同于"鉴定意见"的法定证据地位①，有学者对专门性问题的解决模式进行了梳理，认为我国当前已经形成了专门性问题解决的"四维分享模式"②。"2021年刑事诉讼法解释"确立了"专门性问题报告"和"事故调查报告"的证据地位后，有学者从证据种类角度对相关新证据类型的合法性和证据类型归属提出质疑③，有学者提出了审查判断新证据类型的具体建议④，有学者基于专门性问题与普通性问题的界分，对专门性证据类型的扩张进行了整体性的研究⑤。

总体来看，学界对以审判为中心和司法鉴定都进行了大量的研究，理论研究已经比较充实，但仍存在以下不足：

1. 研究方法上，以实证研究方法开展的研究较少。我国现有的对司法鉴定的研究，多从诉讼原理、法理价值取向为导向开展分析和研究，运用实证研究方法，对实践中真实的司法鉴定运作情况进行分析的研究成果仍较为欠缺。近年来，刑事诉讼领域的学者多倡导采用实证研究方法，探索实践中的真问题，并在此基础上提出切实可行的改革路径，并且也出现了大量实证研究的相关成果，但引入司法鉴定领域的研究尚不多见。同时，学界往往采用比较法的方法介绍域外制度，尽管域外具有较为成熟的鉴定体制以及质证意见和规则，但两大法系在诉讼构造、司法制度以及司法鉴定管理体制方面均与我国存在差异，脱离了本土实践的考察乃至法律移植的构想往往会带来水土不服问题，也削弱了这些研究论证的可信性。

2. 司法鉴定实务界和理论界的研究存在脱节现象。由于司法鉴定具

---

① 李学军：《诉讼中专门性问题的解决之道——兼论我国鉴定制度和法定证据形式的完善》，《政法论坛》2020年第6期。
② 郑飞：《论中国司法专门性问题解决的"四维模式"》，《政法论坛》2019年第5期。
③ 龙宗智：《立法原意何处寻：评2021年最高人民法院适用刑事诉讼法司法解释》，《中国法学》2021年第4期。
④ 冯俊伟：《论事故调查报告证据能力问题——以新〈刑诉法解释〉第101条为中心》，《上海政法学院学报》2022年第1期；纵博：《事故调查报告在刑事诉讼中的运用》，《法律科学》2022年第4期。
⑤ 吴洪淇：《刑事诉讼专门性证据的扩张与规制》，《法学研究》2022年第4期。

有科学性和法律性的双重属性,对司法鉴定制度的研究,存在着司法鉴定实务界,如鉴定人或司法行政部门的鉴定管理人,以及法学理论界,尤其是诉讼法学界两股重要的力量。然而,令人遗憾的是,这两者之间存在着严重的脱节现象。实务界往往从自身管理实践或纯技术角度出发进行研究论证,而不关注司法鉴定的程序性和法律性问题。大部分法学学者多从程序性问题进行研究,往往回避了司法鉴定中的技术问题,如怎样建立科学的鉴定意见采信标准,如何合理地对鉴定意见进行解释等。

3. 在审判中心视野下进行司法鉴定研究的情况较少。通过在知网中输入"审判中心"和"司法鉴定"作为并列项进行检索,仅有34条相关结果。这一数目与每年上千篇研究司法鉴定的文献相比,可谓微乎其微。而在已进行的研究中,也多是关注司法鉴定的某一制度,缺乏整体性探讨如何使司法鉴定制度适应以审判为中心的诉讼制度的研究。

第三节 研究方法

一 比较法学研究方法

比较法学研究,是指一方面以法律为其对象,另一方面以比较为其内容的一种思维活动,① 比较法学研究可以拓宽我们的研究视野和研究思路。我国的司法鉴定制度是在学习苏联的基础上逐步建立起来的,在经历1996年和2012年两次《刑事诉讼法》的修改以及2005年《决定》的颁布和实施,在保留了传统的职权主义基础上,吸纳了英美法系当事人主义之合理成分。因此,对我们的鉴定制度进行研究,不可避免地要对域外成熟的司法鉴定制度进行考察。笔者将采用"功能对等"(functional equivalent)的方式进行比较研究,即选取我国司法鉴定与国外司法鉴定领域具有相似性的领域进行研究,如在对鉴定人、专家辅助人等问题进行研究时,选取国外承担相近职能的参与人,如英美法系的专家证

---

① 参见〔德〕K. 茨威格特、H. 克茨《比较法总论》,潘汉典等译,法律出版社2003年版,第3页。

人、大陆法系的鉴定人及专家进行比较,以求达到"他山之石,可以攻玉"之效。同时,对国外制度的考察和比较,不等于要直接进行移植,笔者力求发现不同法系背后的共性和规律,并最终落脚于我国的具体情境,以求做到合理的借鉴和扬弃。

在比较对象的选取上,应当具有一定的代表性,在大陆法系和英美法系各选取较有代表性的且司法鉴定制度较为成熟的国家,以便为我国司法鉴定制度的发展提供更好的借鉴。同时,还要考虑到资料获取的便捷性和丰富性。综上考虑,笔者将更多地选取德国、法国以及英国、美国等国家的相关资料,进行比较考察。

二 实证研究方法

传统的刑事诉讼法学研究多带有较多的价值判断,"由于立场的不同和价值上的先占,使得学者们很难相互说服。"[1] 而"实证研究是一种通过对研究对象大量的观察、实验和调查,获取客观材料,从个别到一般,归纳出事物的本质属性和发展规律的研究方法"[2]。

实证研究方法是本书的主要研究方法,笔者将运用实证研究方法对当下司法鉴定的运行实践进行观察和研究,着眼于"行动中的法",深入了解当前司法鉴定现状,从中发现问题、解释问题,并在此基础上提出合理的对策建议。为此,笔者对 Z 省内公检法司机关和相关鉴定机构的负责人进行了座谈,以了解司法鉴定的第一手资料。并且,采取了发放问卷的方式,针对公安、检察、法院、律师和鉴定人发放了 1400 余份问卷,以深入了解司法鉴定中的新情况、新问题和解决问题的新方法。从逻辑实证分析和经验实证分析入手,引入 SPSS 统计、回归分析等社会科学方法。

笔者之所以选取 Z 省作为代表,一是因为 Z 省经济发达,法治化程度较高,诉讼活动中对于司法鉴定的使用情况较为常见,且鉴定机构和

---

[1] 胡铭:《略论刑事诉讼实证研究方法——以经济学实证方法为借鉴》,《清华法学》2011年第1期。
[2] 左卫民:《范式转型与中国刑事诉讼制度改革——基于实证研究的讨论》,《中国法学》2009年第2期。

鉴定人的平均业务量多年居于全国前列，能够更好地体现司法鉴定的运作情况。二是因为Z省的司法鉴定相关工作在全国居于领先地位，具有一定的代表性和可参考性。

除调查问卷以及访谈、座谈等田野调查方法之外，本书还运用了大量案例进行实证研究。例如，在对鉴定人出庭质证这一问题进行研究时，笔者即选取了中国法律服务网关于"鉴定人出庭作证"的典型案例，通过分析鉴定人的出庭质证情况，进而深入探究当前鉴定人出庭质证所存在的问题，并试图从中寻求破解之道。此外，本书还借助公开的相关司法鉴定数据，如司法部司法鉴定管理局历年发布的全国司法鉴定报告，以及既有实证研究中的数据，为文章的论证和判断提供相应的数据支撑。

三 交叉学科研究方法

司法鉴定具有科学性和法律性的双重属性，因此，对司法鉴定的研究，不仅要具备法学知识，还需要依赖于相关的科学技术知识。对司法鉴定制度的研究离不开对相关技术标准、操作程序、文书规范的技术性问题，也离不开对程序正当性的探究和对证据制度的分析。因此，对司法鉴定的研究，需要采用交叉学科的研究方法。笔者在研究过程中将深入研究相关的技术标准和规范，并咨询该领域的相关专家，力图在关注法学知识的同时深入技术层面。然而，囿于笔者的知识背景，很难完全把握司法鉴定技术知识，但笔者仍将努力弥补专业知识的不足，以求能够做到法律性和科学性兼而有之的研究。

四 规范分析方法

规范分析方法是法学特有的方法，主要关注法的合法性、法的运行效果、法的实体内容，全方位考察法的构成要素，由此制度事实构成规范分析的对象。① 本书聚焦于以审判为中心的背景下司法鉴定制度深化改革系列问题，涉及《决定》《刑事诉讼法》等法律及相关的部门规章

---

① 谢晖：《论规范分析方法》，《中国法学》2009年第2期。

和司法解释，同时，也涉及各类改革政策文件；除了对现行法律规范的分析探求外，也会对既有的法律法规进行解读并评估其实施效果。通过对司法鉴定制度进行细致的观察和深入的解读，对制度的合法性、合理性、运行效果进行规范分析，进而为深化司法鉴定制度改革，适应以审判为中心的诉讼制度改革指明方向。

第四节 创新之处和研究难点

一 创新之处

1. 运用实证研究方法对司法鉴定的实际运作进行考察，并提出相应的对策建议。过往对司法鉴定的研究，多限于规范研究层面，实证研究不足，多集中于个别法律法规，系统分析不足。本书从以审判为中心角度入手，通过实证研究，尝试对相关立法进行系统性的后评估，以明确法律需要完善之处。

2. 提出科学的鉴定意见采信标准。在审判中心视野下，对鉴定意见的质证和采信尤为重要。以往的法学研究往往回避了司法鉴定的技术性问题，本书则力图将司法鉴定的科学性与技术性并重，并引入贝叶斯法则等框架研究鉴定意见的解释问题，努力提出科学的鉴定意见采信标准。

3. 将审判中心和司法鉴定制度做联结式研究。党的十八届四中全会《决定》中既强调了以审判为中心的诉讼制度，也强调了建立健全司法鉴定统一管理体制，这两点从文本来看是分开论述的两个问题，但本课题研究认为从《决定》的精髓和司法鉴定制度的实质来看，这两点是不可分离的，只有紧密结合这两个方面，才能真正实现司法鉴定制度的完善。

二 研究难点

1. 如何确保实证研究的真实性和可靠性。本书将主要采用实证研究的方法展开，而实证研究对样本选取和资料获取都有着较高的要求。司法鉴定涉及公检法司等各个部门，需要获得实务部门的支持，这给资料的收集带来了一定的困难。而且，在冲突的部门利益和矛盾之下，如何对所获取的资料以及数据进行分析，以发现司法鉴定现状的真正问题也具有一定难度。

2. 如何在审判中心视野下完善司法鉴定体制，使司法鉴定制度体现审判中心之精神。司法鉴定属于学科交叉领域，尽管是诉讼制度的重要组成部分，但也受到本身特性的影响，同时，司法鉴定能否实现应有的价值除通过合理的诉讼制度予以维护外，还与鉴定管理制度的保障密切相关。因此，在完善司法鉴定制度时，既要考虑到诉讼制度的普遍性，也应考虑到司法鉴定制度的特殊性。而当下以审判为中心的司法制度改革仍在推进中，其发展趋势及相关配套措施具有不确定性，这也给本书的研究带来了一定的挑战。

3. 交叉学科的知识运用。司法鉴定本身即是交叉学科的产物，本书也将采用交叉学科的研究方法，例如将概率论的方法引入到鉴定意见的采信中来。笔者本身不具备这些方面的专业训练，尽管可以通过学习和请教相关的鉴定人来习得所需背景知识，但也只能关注到较为浅显的层面，对于需要系统学习的内容难以把握。因此，跨学科知识的学习和运用仍具有相当难度。

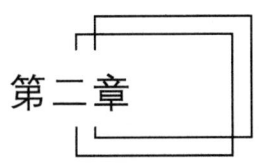

第二章

审判中心与司法鉴定关系解读

以审判为中心的诉讼制度改革的开展和2017年《意见》的颁布给了我们一个思考司法鉴定改革的全新契机。然而,在开始深入思考这一问题之前,我们首先要解决以审判为中心与司法鉴定的关系问题。作为诉讼制度改革的方向和目标,以审判为中心的内涵是什么?司法鉴定的改革为何要契合以审判为中心的诉讼制度改革?以审判为中心的诉讼制度改革又对司法鉴定提出了哪些新要求?这些都是本章所要着力解决的问题。厘清以审判为中心的改革与司法鉴定的关系对推进司法鉴定制度改革具有重要的理论先导意义。

尽管司法鉴定具备科学性和法律性的双重属性,但其改革仍应遵循以审判为中心改革的基本规律,未来统一司法鉴定立法的实施更应当处理好鉴定程序与诉讼程序的衔接关系,这是深化司法鉴定改革必然涉及的理论问题。

第一节 审判中心内涵

一 比较法视野中的审判中心

审判中心是现代刑事司法的重要理念,是当下法治发达国家诉讼制度所具备的共性特征。我国对审判中心的研究即发端于比较法研究,学者以对现代欧美法律的观察及相关的理论概括为参照,"对我国的刑事诉讼制度进行类型化描述，开展相应的对策研究"①。然而，这些国家的法律法规中却并没有"审判中心"这一概念，也没有相对应的英文术语。② 有学者直接指出，"中国现在使用的审判中心主义一词就来源于日本刑事诉讼"③。

尽管在欧美国家中并无"审判中心"（trial-centered 或 trial-centralism）的称谓，但无论是英美法系，还是大陆法系，其诉讼构造无一例外地体现出审判中心的共性。

英美法系被认为是典型的审判中心构造。英国诉讼构造的形式与内容都与古老的弹劾式诉讼制度一脉相承，在欧洲大陆盛行纠问式诉讼之时，尽管随着王权的加强，纠问式因素也在英国的诉讼中得以加强，但与此同时，被追诉人的对抗能力也在逐步增强。尤其在资产阶级革命胜利之后，犯罪嫌疑人、被告人慢慢获得了一些重要的诉讼权利，诸如提出有利于己的证人、获得律师帮助权、不被强迫自证其罪的权利等。同时，预审法官被迫调查的权力、审判法官正式调查的权力被逐步废除。这就使得权利得以与权力对抗，并在纵向的诉讼结构上，形成了审前程序与审判程序隔离的以审判为中心的体系。④

作为曾经的英国殖民地，美国法的基础是英国的普通法，肯特在《美国法注释》中曾说过："对我们来说，普通法作为一个完整的体系，被这个国家的人民承认和采纳了。根据（纽约）宪法的一项明确规定，它被宣布为这块土地上的法律的一部分。"⑤ 从第一部弗吉尼亚宪章（1606年）颁布时起，殖民地居民就得到保证，将享有英国人的权利和自由。⑥ 尽管美国和英国具有相似的背景和传统，但是也无法将英国的法律制度直接移植到美国，美国的法律制度发轫于英国法，并经过了本

---

① 樊传明：《审判中心论的话语体系分歧及其解决》，《法学研究》2017年第5期。
② 陈光中、步洋洋：《审判中心与相关诉讼制度改革初探》，《政法论坛》2015年第4期。
③ 张建伟：《审判中心主义的实质内涵与实现途径》，《中外法学》2015年第4期。
④ 汪海燕：《刑事诉讼模式的演进》，中国人民公安大学出版社2004年版，第160—198页。
⑤ ［美］伯纳德·施瓦茨：《美国法律史》，王军等译，法律出版社2007年版，第11—12页。
⑥ ［美］伯纳德·施瓦茨：《美国法律史》，王军等译，法律出版社2007年版，第12页。

土化的改造过程。尤其是在独立战争之后，作为美国法基础的普通法曾面临着被废除的风险，法国法在一段时间内具有了重大的影响。① 但文化与传统的差异使得普通法最终取得了胜利，但美国借鉴了法国的检察制度设置了本国的检查制度，不过，与大陆法系的检察官不同，美国的检察机关依然被当事人化。② 而同时，被追诉人的权利也随着《权利法案》，尤其是第十四修正案的颁布而得以不断扩大、强化，使被追诉人可以更好地与控方进行对抗。在这一诉讼构造中，裁判者居于消极的中立地位，不得提前接触控辩双方的相关诉讼材料，控辩双方在庭审环节中通过举证、质证、辩论等直接的方式展示证据并表明己方的观点，而作为裁判者的法官或陪审员则通过这一过程来发现事实，得出结论。同时，在审判环节，还可以通过非法证据排除对审前活动的合法性进行司法审查。

与英国发展出了对抗制诉讼模式相对的是，随着王权的增强，欧洲大陆国家发展出了纠问式的诉讼模式。在这一模式下，法院兼具控诉主体和裁判主体的地位，刑事诉讼的中心在于预审而非庭审，出现了庭审虚化的现象，我国有学者将此称为"以侦查为中心的模式"。③ 而在18、19世纪的资产阶级革命爆发后，欧洲大陆国家也对原有的纠问式诉讼进行了变革，在保留原有纠问式制度要素的基础上，吸收了对抗制诉讼的部分成分，赋予了被追诉人更多的权利，并对预审制度进行改革，形成了侦、控、审相对分离的诉讼体制。而经过长期的改革，法国、德国、意大利等传统的大陆法系国家也大体上具有了审判中心的诉讼构造。早在1980年，德国学者魏根特就曾指出："尽管法国和西德的审前侦查、起诉裁量和审判制度看起来与美国的诉讼程序大相径庭，但在实践中，只有审判程序存在实质性差别……尽管法国存在预审法官，但法国和西

---

① ［美］伯纳德·施瓦茨：《美国法律史》，王军等译，法律出版社2007年版，第14—16页。
② 汪海燕：《刑事诉讼模式的演进》，中国人民公安大学出版社2004年版，第213—214页。
③ 何家弘：《从侦查中心转向审判中心——中国刑事诉讼的改良》，《中国高校社会科学》2015年第2期。

德审前侦查的实施与制约与美国并无重大区别。"①

综上，在比较法视野下，可以发现，经过互相借鉴和互相融合，当下的欧美法系和大陆法系尽管在诉讼制度上具有差异，但均具有审判中心的特征。司法机构的裁判活动实际居于刑事诉讼的中心，审判阶段的裁判活动不只可以用来发现案件事实，作出最终裁判，还可以对审前的侦查和起诉活动进行审查；而裁判活动也不只存在于审判阶段，在审前阶段也有中立的司法机构对涉及个人基本权益的事项进行司法授权和审查。②

二　审判中心在我国的演进

正如前文所述，我国对于审判中心的研究肇始于比较法研究领域。然而，值得注意的是，"审判中心"开始是作为被批判的对象而存在的。例如，周士敏教授认为"审判中心说"不适合我国的诉讼模式，审判中心会导致侦查、起诉、执行等审判前或者审判后的活动都不是单独的诉讼程序，忽视警察和检察的作用，认为"审判中心说"必然会被"诉讼阶段论"取代。③

随着1996年《刑事诉讼法》的修改，吸收了对抗制刑事诉讼的因素，原有的"诉讼阶段论"也开始受到质疑，学者们在质疑的基础上进一步开始研究提倡审判中心主义。例如，孙长永教授认为审判是决定被告人有罪无罪最重要的阶段，未经审判，任何人不得被认为是罪犯；一审程序是审判的核心。④龙宗智教授指出，刑事诉讼的事实认定应当以一审庭审为中心，即以审判为中心、庭审为中心、一审为中心，⑤这其中也体现出了庭审实质化的理念。陈瑞华教授则指出我国当下的诉讼构

---

① ［德］托马斯魏根特：《解决美国症结的大陆方案：以欧洲刑事诉讼程序作为法律改革的模型》，苑宁宁译，载虞平、郭志媛编译《争鸣与思辨：刑事诉讼模式经典论文选译》，北京大学出版社2013年版，第477页。
② 陈瑞华：《刑事诉讼的前沿问题》（第四版），中国人民大学出版社2013年版，第246—248页。
③ 周士敏：《刑事诉讼法学发展的必由之路——由审判中心说到诉讼阶段说》，《中央检察官管理学院学报（国家检察官学院学报）》1993年第2期。
④ 孙长永：《审判中心主义及其刑事程序的影响》，《现代法学》1999年第4期。
⑤ 龙宗智：《论建立以一审庭审为中心的事实认定机制》，《中国法学》2010年第2期。

造具有"流水作业"式的特征,应当转向一种"以裁判为中心"的诉讼构造。① 这些研究从理论、问题、对策等多个视角对"审判中心"进行了反思,有学者认为,"'审判中心'的理念又发展到了一个新的高度,学术思想对立法和司法提出了更高期待"②。

在2012年《刑事诉讼法》再次修改后,尽管恢复了全案卷宗移送制度,但是,庭前会议制度、非法证据排除制度的提出,证人、鉴定人出庭作证的强化也起到了强化庭审的作用。最高人民法院在2013年发布的《关于建立健全防范刑事冤假错案工作机制的意见》第11条规定:"审判案件应当以庭审为中心。事实证据调查在法庭,定罪量刑辩论在法庭,裁判结果形成于法庭。"庭审中心不断得以强化,这也奠定了审判中心主义的基础。有学者认为,从长远来看,"庭审中心主义势必走向审判中心主义"③。

2014年10月28日,党的十八届四中全会通过的《依法治国决定》明确指出要实行"以审判为中心"的刑事诉讼制度改革,"推进以审判为中心的诉讼制度改革,确保侦查、审查起诉的案件事实证据经得起法律的检验。全面贯彻证据裁判规则,严格依法收集、固定、保存、审查、运用证据,完善证人、鉴定人出庭制度,保证庭审在查明事实、认定证据、保护诉权、公正裁判中发挥决定性作用。"至此,审判中心正式成为我国诉讼制度改革的目标和方向,这也意味着相关制度都应保障和适应以审判为中心的诉讼制度改革。

三 当前诉讼制度改革下的审判中心

随着党的十八届四中全会通过了《依法治国决定》,以审判为中心的诉讼制度改革即拉开了帷幕。在《决定》的指引下,各部门,尤其是最高人民法院,相继出台了多个与审判中心改革相关的规范性文件,例如最高人民法院、最高人民检察院、公安部、国家安全部、司法部联合发布的《关于推进以审判为中心的刑事诉讼制度改革的意见》,最高人

---

① 陈瑞华:《刑事诉讼的前沿问题》,中国人民大学出版社2000年版,第66—67页。
② 高一飞:《"审判中心"的观念史》,《国家检察官学院学报》2018年第4期。
③ 顾永忠:《试论庭审中心主义》,《法律适用》2014年第12期。

民法院发布的《最高人民法院关于全面深化人民法院改革的意见——人民法院第四个五年改革纲要（2014—2018）》，《关于全面推进以审判为中心的刑事诉讼制度改革的实施意见》，《三项规程》等。审判中心的制度改革也点燃了学者的研究热情，根据在知网对"审判中心"的相关术语进行检索可知，截至2022年底，相关学术成果已超过了2300篇。①

面对着实务界和学术界的讨论，有学者指出了这其中的分歧，认为作为改革政策的"以审判为中心"是作为"推进严格司法"的措施之一而提出的，重在回应冤假错案所引起的司法不公、司法公信力下降等现实问题，相较学者概括提出的理论话语中的"审判中心主义"要狭窄、扁平。②"以审判为中心"仅在刑事诉讼规则层面（微观技术层面）展开，是一种温和、渐进的变动，并不预设对刑事诉讼法的再修改以及对现有刑事诉讼程序的大调整，不涉及司法体制层面。③

笔者认为，改革中出现话语分歧的一个很重要的原因即是后续的改革措施多由各部门自行提出，因此，囿于部门的权限和部门的利益，难以做到在更广的司法体制层面上进行改革。同时，2018年《刑事诉讼法》的再一次修改，让我们也看到了司法改革的进一步深入。此次修法是一次应对司法改革迫切需要的"针对性"修法，与全面修法相比，具有部分性、有限性和应急性的特征，对进一步完善中国特色刑事诉讼制度，推进国家治理体系和治理能力现代化具有十分重要的意义。④尽管此次修法并未涉及以审判为中心的改革内容，但这并不意味着此项改革已经搁浅；相反，这恰好说明，"以审判为中心"的改革仍需要在更深的层面进行进一步的研究，需要继续探索、反思和总结经验教训。因此，笔者认为，应当站在更广阔的层面上对审判中心的含义进行探讨。

审判中心，就是司法职权配置体现司法裁判权的中立性、终局性和独立行使，证据裁判原则得到有效贯彻，被追诉人的对质权得到充分保

---

① 此处参照高一飞教授在《"审判中心"的观念史》一文中的相关术语，分别采用"审判中心""庭审中心"和"以审判为中心"进行了检索。详见高一飞《"审判中心"的观念史》，《国家检察官学院学报》2018年第4期。
② 樊传明：《审判中心论的话语体系分歧及其解决》，《法学研究》2017年第5期。
③ 樊传明：《审判中心论的话语体系分歧及其解决》，《法学研究》2017年第5期。
④ 樊崇义：《2018年〈刑事诉讼法〉最新修改解读》，《中国法律评论》2018年第6期。

障,体现正当法律程序的法庭审判成为实现看得见的公正的核心场域的一种诉讼构造。在以审判为中心的诉讼制度中,审判程序是整个诉讼程序的中心,通过非法证据排除等对审前程序形塑司法审查之效力。法庭审判是审理、裁判等行为的中心和决定性环节,通过体现控辩平等对抗,被追诉方充分、有效参与的庭审,实现司法公正,达成程序法治的目标。

审判中心,与过去诉讼制度的"侦查中心"相对应,旨在改变过去"侦查中心主义"下的整个诉讼程序以公安为主的情况,破除在纵向诉讼构造上公安、检察、法院所形成的"接力棒模式""流水作业模式"。实现以审判为中心的诉讼制度改革,应当把握系统性和策略性,通过在不同层面的渐次展开来推动整个诉讼制度的全局性改革。其中,优化司法职权配置是审判中心主义的根本保障,贯彻证据裁判原则是以审判为中心的基础,质证权保障是以审判为中心的重心,完善庭审程序是实现以审判为中心的基本方式。[①]

综上,审判中心既包括了宏观层面上与"侦查中心"相对应的"审判中心",即审判活动要成为整个诉讼过程的中心,也包括了微观意义上的庭审中心,即通过技术规则层面的完善实现庭审实质化,确立庭审的中心地位。

第二节 审判中心下的司法鉴定比较考察

一 诉讼制度影响下的司法鉴定差异

从一定意义上来说,司法鉴定是为诉讼制度服务的,司法鉴定"为裁判者在诉讼中正确地理解证据和认定案件事实提供可靠的证据方法,诉讼制度是司法鉴定赖以存在的前提"[②]。同时,司法鉴定制度也是诉讼制度的重要组成部分,诉讼制度的理念和结构将深刻地影响到司法鉴定的发展。

[①] 胡铭:《审判中心与刑事诉讼》,中国法制出版社2018年版,第6页。
[②] 王敏远、郭华:《司法鉴定与司法公正研究》,知识产权出版社2009年版,第67页。

对诉讼制度的不同观点影响着司法鉴定的设计理念，例如，在采行当事人主义诉讼制度的国家，司法鉴定更多地被视为诉讼当事人的一项权利，是当事人获取证据的一种手段。相应地，司法鉴定的启动通常由当事人掌控，当事人有权聘请专家证人提供有利于己方的科学证据。专家证人没有统一的行政管理以及准入门槛要求，其资格采用"事后审查"模式，即在庭审过程中通过质证来对其身份以及作出的专家证言进行认定，这也使得法庭审判在采信科学证据中的作用至关重要。在采行职权主义诉讼制度的国家，司法鉴定则被视为法官发现真实的手段。鉴定人往往被视作"法官助手"，多具有一定的任职资格和门槛限制，采取"事前管理"模式，如法国实行鉴定人名册制度，由专门机构通过特定的考评和登记程序录入全国范围内具有司法鉴定资格的专家，以供法官从名册中选择合适的鉴定人。① 鉴定人尽管也要出庭接受质询，但其出具的鉴定意见大多不会被否定，最终将转化为裁判结果。②

与之相对的是，司法鉴定的不同设计也可以反映出对诉讼制度的不同追求。例如，赋予当事人在司法鉴定中更大的权利对应着追求控辩平等竞赛的对抗制度，赋予法官更多的权利则对应着追求发现客观真实的职权主义制度。基于不同理念而设计的司法鉴定也会影响到诉讼制度的运转。过分强调司法鉴定由当事人掌控，会在一定程度上使司法鉴定过度商业化，影响到司法鉴定科学性和中立性的实现，进而影响到司法公正的实现。同时，这一过程往往会耗费更多的时间和成本，不仅影响司法效率，更会使得贫穷的当事人难以承受。过分强调司法鉴定对于发现客观真实的重要性，由法官主导司法鉴定，将会有损于鉴定人的自主性，也会对司法公正产生不利的影响。

诉讼制度与司法鉴定具有内在紧密的联系，二者并非静态的关系，它们之间存在互动，相互影响，相辅相成。一方面，作为诉讼制度的组成部分，诉讼制度的变革势必引发鉴定制度的变革，这样才能使司法鉴定制度与诉讼制度相适应。另一方面，司法鉴定的发展也会促进鉴定制

---

① 余叔通、谢朝华译：《法国刑事诉讼法典》，中国政法大学出版社1997年版，第78页。
② 徐继军：《专家证人研究》，中国人民大学出版社2004年版，第18、256页。

度的革新,"使完善后的诉讼制度更能保障司法鉴定为诉讼服务,体现出对诉讼法修改内容所具有的作用和对诉讼制度改革目标实现的重要意义"①。

二 审判中心影响下的司法鉴定制度共性

诉讼制度与司法鉴定制度的关系意味着司法鉴定不仅要遵循鉴定本身的规律,即尊重鉴定自身的科学性,也应当反映出诉讼制度的要求,以求与诉讼制度相辅相成。通过前文可知,尽管对抗式与职权式的诉讼制度存在不同,但二者都具有审判中心的特征。同样地,尽管不同诉讼制度下的司法鉴定制度也存在不同,但是,由于审判中心这一共同的诉讼制度特征的影响,不同诉讼制度下的司法鉴定制度也具有一些共性。因此,考察具有审判中心特征的国家这二者之间的互动情况,探讨其具有的一般性规律,可以使我们更好地理解审判中心与司法鉴定制度的关系,进而更好地解决司法鉴定制度如何适应以审判为中心的诉讼制度改革这一问题。

(一) 呈现统一管理态势的司法鉴定管理

总体而言,在传统的司法鉴定管理模式中,大陆法系国家多采用相对统一的司法鉴定管理制度来对本国的鉴定机构和鉴定人进行管理。第一,是对鉴定机构、鉴定人实行全国性的统一管理。以法国为例,《法国刑事诉讼法典》第157条规定,专家应从最高法院办公厅制作的全国专家名册中所列的自然人和法人中选取,或者从各上诉法院与总检察长商定提出的名册中选取。俄罗斯通过2001年颁布的《俄罗斯联邦国家司法鉴定活动法》②实现了司法鉴定立法的统一,该法的调整对象是国家司法鉴定活动,同时其效力也及于进行司法鉴定的非国家司法鉴定人,

---

① 王敏远、郭华:《司法鉴定与司法公正研究》,知识产权出版社2009年版,第72页。
② 《俄罗斯联邦国家司法鉴定活动法》2001年4月5日国家杜马通过,2001年5月6日联邦委员会批准。根据2001年12月30日第196号联邦法律、2007年2月5日第10号联邦法律、2007年7月24日第214号联邦法律、2009年6月28日第124号联邦法律、2011年12月6日第409号联邦法律、2013年7月2日第185号联邦法律、2013年11月25日第317号联邦法律修订和增补。详见郭金霞《〈俄罗斯联邦国家司法鉴定活动法〉评述》,《证据科学》2015年第4期。

俄罗斯联邦司法鉴定中心是鉴定人资质认定的机构。① 第二，是在技术标准上实行全国性的统一管理。在荷兰和芬兰，除各级刑事技术鉴定机构受国家级鉴定机构的统一领导外，尽管其他各级司法鉴定机构分属设立它的行政机构管理，但是，这些鉴定机构所适用的行业标准多是国际标准，实现了技术标准层面的统一。② 第三，是致力于实现鉴定意见报告的标准化。欧洲法庭科学机构联盟（ENFSI）于2012年发动了欧洲法庭科学实验室评价报告标准化研究项目，致力于提高ENFSI下设各实验室评价报告的质量，并使之标准化。并于2015年发布了《欧洲法庭科学研究机构联盟法庭科学评价报告指南》，构建了基于似然率的评价框架，解决法庭科学的标准化问题。③

与大陆法系国家相对，英美法系国家的传统管理模式是分散型的模式。但英国经历了司法鉴定制度改革后，其管理制度已经具有统一管理的特征。现在的英国司法鉴定管理在主体架构上实行统一管理，由内政部具体负责管理活动，同时，政府与行业协会开展合作并扶植后者，由其承担主要的具体管理职能，制定统一的司法鉴定技术标准，并由政府定期公告协会推荐的专家名单等。④ 同时，澳大利亚也对司法鉴定进行统一管理，由司法鉴定协会对鉴定人进行登记注册、监督以及指导。⑤ 目前，美国依旧采用传统的分散型管理模式，鉴定专家由各种行业协会分别管理，但是，尽管并非全国性的统一管理，但是，各行业协会也实现了相对统一的管理。而且，美国国家科学院国家研究委员会也发布了《法庭科学的加强之路》，意在提高全美司法鉴定的质量及水平，从中也可以看出对司法鉴定实行统一管理、统筹发展的重要性。⑥

在统一管理的过程中，各国尤其注重对司法鉴定实行实质化管理。

---

① 郭金霞：《〈俄罗斯联邦国家司法鉴定活动法〉评述》，《证据科学》2015年第4期。
② 霍宪丹等：《司法鉴定管理模式比较研究》，中国政法大学出版社2014年版，第84页。
③ 欧洲法庭科学机构联盟：《欧洲法庭科学研究机构联盟法庭科学评价报告指南》，王元凤、刘世权译，中国人民大学出版社2021年版，第3—19页。
④ 霍宪丹等：《司法鉴定管理模式比较研究》，中国政法大学出版社2014年版，第86页。
⑤ 参见王纲、叶芳《澳洲的司法鉴定体制及对我们的启示》，《中国检验检疫》2003年第5期。
⑥ ［美］美国国家科学院国家研究委员会等著：《美国法庭科学的加强之路》，王进喜等译，中国人民大学出版社2012年版，第193—249页。

首先，注重对鉴定机构，鉴定人的资格监管。例如，澳大利亚的行业协会打破了鉴定人终身制的考核机制，每两年对其进行一次考核，内容包括工作业务量及质量、学术成就、接受继续教育情况、遵守职业道德与执业纪律情况等，对考核合格的鉴定人方予注册并颁发证书。① 第二，注重对鉴定机构，尤其是实验室的质量管理。例如，德国的法医实验室均应经过实验室认证，以保证鉴定质量的可靠；芬兰的鉴定机构需按照 ISO 17025 标准建立司法鉴定质量管理体系，每四年要重新接受该标准的监测评估，仍符合条件的才能继续执业。② 第三，注重对鉴定规范的制定和统一。例如，英国的司法鉴定协会（SFID）的一项重要功能即是组织论证、设定司法鉴定的标准；③ 澳大利亚的科技社团在技术标准制定方面发挥着重要作用，如澳大利亚心理学会即负责本行业的技术标准制定，其他各委员会在心理学方面均要采取该委员会制定的标准。④

除了政府有关部门需要承担相应的司法鉴定管理职能之外，各国大多注重发挥司法鉴定行业协会的作用。一种是行业协会负担起部分管理职能，与政府部门的管理相结合。例如，澳大利亚的行业协会承担起了鉴定人登记管理的职能，不仅要对鉴定人进行登记注册，还要对其进行每两年一次的考核。而一种则基本依赖行业协会对司法鉴定进行管理。德国和美国的司法鉴定管理即采取了该种模式。在德国，国家将鉴定人相关准入、监督、处罚等管理职能委托给了各行业协会进行，例如工商协会、手工业协会等。⑤ 美国的鉴定专家由各种行业协会分别管理，如实行法医鉴定人的州，法医除由法医局管理外，还要受法医学会统一指导。

（二）侦查机关鉴定机构的侦鉴分离

在呈现出审判中心结构的国家中，侦鉴分离成为其侦查机关内部鉴

---

① 霍宪丹等：《司法鉴定管理模式比较研究》，中国政法大学出版社 2014 年版，第 282—283 页。
② 霍宪丹等：《司法鉴定管理模式比较研究》，中国政法大学出版社 2014 年版，第 270—273 页。
③ 霍宪丹等：《司法鉴定管理模式比较研究》，中国政法大学出版社 2014 年版，第 88 页。
④ 霍宪丹等：《司法鉴定管理模式比较研究》，中国政法大学出版社 2014 年版，第 288 页。
⑤ 参见陈金明《德国司法鉴定的特点及其对我国的借鉴》，《中国司法》2010 年第 4 期。

定机构的发展趋势。

第一种做法是通过改革使鉴定部门独立于侦查部门。例如，英国的司法鉴定改革将警察局的实验室从监察局脱离出来，实行社会化管理，成为一种社会公共服务产品，警方和检察机构使用专项财政拨款来购买司法鉴定服务。然而，值得注意的是，由于亏损，英国于2010年关闭了FSS（The Forensic Science Service）这一机构，警察部门需要向其他机构购买服务。①尽管英国的社会化、市场化路线暂时失败了，但是，其侦鉴分离的做法依然得到了延续。再如，作为东亚地区最早引入"审判中心"这一概念的日本，②其警察机关中负责技术检验和刑事鉴定工作的研究所与负责行使侦查权的鉴别课之间不存在行政领导关系。③

第二种做法是将侦查部门内设鉴定机构的部分功能进行了剥离。例如，德国的联邦刑事警察局和州刑事警察局下设的刑事科学技术研究所设立了司法鉴定部门，但其中并不包括法医鉴定部门，德国的法医鉴定由大学医学院和医疗机构承担。值得注意的是，在侦查机关的内设鉴定部门中，工作人员也并非是警察身份的公职人员。现场勘验由警察机关在检察官的主导下完成，司法鉴定部门并不参与，除非发生现场物证难以移动、案情非常重大或当地警察局人员和技术力量无法满足现场勘查要求时，经警察机关和检察机关请求，相关司法鉴定机构可以派员进行勘查。④

（三）对鉴定人专业性和中立性的强调

目前，不管是对抗式还是职权式，都愈加强调鉴定人本身的专业性，认为鉴定人应该具有中立的诉讼地位。在采行职权式诉讼的国家，均对鉴定人采取严格的准入管理，实行鉴定人名册制度。除了准入管理之外，

---

① Alan Travis, Forensic Science Service closure forces police to use untested private firms, see https://www.theguardian.com/uk/2011/aug/03/forensic-science-service-closure-police，最后访问日期：2023年2月3日。
② 高一飞：《"审判中心"的观念史》，《国家检察官学院学报》2018年第4期。
③ 霍宪丹等：《司法鉴定管理模式比较研究》，中国政法大学出版社2014年版，第229页。
④ 霍宪丹等：《司法鉴定管理模式比较研究》，中国政法大学出版社2014年版，第221—223页。

也注重对鉴定人的日常管理,强调对其能力进行验证,并通过实验室认证等方式进一步强化鉴定人的专业性。在对抗式诉讼制度的国家,尽管多数并无统一的行政化管理,但由上文可知,其同样采取实验室认证等方式来保证专家证人的专业性。而且,对抗制下的庭审模式使得控辩双方可以通过质证的方式来确保专家证人的专业性。

在大陆法系中,法国和德国将鉴定人视为法官的"辅助人",鉴定人本身即具有了较强的中立性。而在采行对抗制诉讼制度的国家,由于专家证人在诉讼中的地位具有当事人的性质,带来了所谓的"鉴定大战"。这不仅影响了诉讼效率,更使得贫穷一方的当事人难以负担专家证人的费用,导致了诉讼的不公。因此,近年来,对抗制诉讼制度的国家对鉴定人中立的诉讼地位也愈加重视。例如,美国的《联邦证据规则》第706条即规定了法庭可以根据自己的选择指定专家证人,也可以指定由双方当事人同意的任何专家证人,对案件的某一科学问题进行鉴定。尽管实践中采行这一规则的情况较少,但反映出了法律层面对于鉴定人中立性的强调。而在英国,《民事诉讼规则》第55条第3项规定,专家证人的作用是以其专业知识帮助法院解决诉讼中的问题,帮助法院实现上述目标是专家的基本职责。《专家证人指南》(Code of Guidance for Experts and Those Instructing Them)确立了鉴定专家对法院应负有优先职责。经过诉讼改革,英国专家证人的诉讼地位转为优先向法院负责,即专家证人应基于客观事实,凭借相关专业知识,为法院发现案件事实、进行公正裁判服务。①

(四)对鉴定意见质证和采信的重视

在实行对抗制诉讼制度的国家,鉴定意见是以专家证人的专家证言形式呈现。与普通证人一样,专家证人也需要当庭作出证言,并接受质询,其意见才能被采信。而由于专家证言的科学性和专业性,为法官确定是否应当采信其证言带来了困难,也使得许多"垃圾科学"在缺乏甄别的情况下大肆进入法庭,影响了最后的审判结果。为此,这些国家多发展出了较为完善的专家证言采信规则,其中,经历了"弗赖伊规则"

---

① 霍宪丹等:《司法鉴定管理模式比较研究》,中国政法大学出版社2014年版,第46页。

到"多伯特规则"演变的美国，可以说具有较为发达的专家证言采信规则。美国的采信规则也进一步影响到了其他国家相关规则的发展与完善，例如，加拿大在原有的"莫汉规则"的基础之上吸取了多伯特规则的合理因素，进一步扩充了对于涉及新技术、新科学的专家证言的采信规则。①

第三节 审判中心视野下考察司法鉴定的必要性

如前文所述，诉讼制度与司法鉴定制度有着密切的联系，因此，在以审判为中心改革的背景下，从审判中心的角度切入研究司法鉴定制度有其必要性。笔者将在该部分中，基于二者相辅相成的关系来考察这一研究的必要性。

一 有利于深化以审判为中心的诉讼制度

在审判中心视野下考察司法鉴定制度，是深化以审判为中心的诉讼制度的需要。由上文可知，司法鉴定是为服务诉讼活动而存在的，在诉讼制度发生变化的同时，相应的司法鉴定制度也要进行变革，以便与诉讼制度相适应。自党的十八届四中全会提出构建以审判为中心的诉讼制度之后，诉讼制度的改革已经进行了四年，司法责任制、法官员额制、跨行政区域巡回法院的设立等相应的改革措施都在持续推进中，然而，却并未有太多涉及司法鉴定的部分。司法鉴定制度的改革进程已经落后于诉讼制度的改革，其固有的"自侦自鉴"等问题的存在也将影响到以审判为中心目标的达成。同时，为了解决诉讼中越来越多的专门性问题，2021年《刑事诉讼法司法解释》所确立的新证据类型超越了司法鉴定原有管理框架，司法行政管理与诉讼实践产生了冲突。因此，在以审判为中心的视野下进一步检视我国的司法鉴定制度，有助于使司法鉴定制度

---

① 美国以及加拿大相关的证据采信规则的演变及内涵将在之后的章节中进行详细阐释，特此说明。

更加符合以审判为中心的要求,并反过来推进诉讼制度的改革。

二　有利于促进司法鉴定的客观性、中立性

在审判中心视野下考察司法鉴定制度,是促进司法鉴定的客观性、中立性的必然要求。司法鉴定自身具有的科学性决定了司法鉴定应该是一种客观、中立的活动,然而,无论是属于侦查部门的内设鉴定机构和社会司法鉴定机构都面临着客观性和中立性的质疑。由于侦查部门的内设鉴定机构隶属于侦查机关,天然面临着"自侦自鉴"的固有质疑,实践中侦查部门内设鉴定机构的鉴定人出庭率也要低于社会机构的鉴定人,这也使得侦查部门所作的司法鉴定面临着越来越多的挑战。在轰动全国的"雷洋案"中,由于雷洋家属的抗议,最后的司法鉴定交由了第三方的社会司法鉴定机构来进行。[①] 社会司法鉴定机构由于与公检法部门利益无涉,因此,在进行司法鉴定改革之时,人们希冀它们能承担起客观中立的司法鉴定职责。但随着司法鉴定市场逐步商业化,社会司法鉴定机构难免有追逐利益的情况,鉴定"黄牛"的出现更是加剧了这一问题。这些问题的解决,需要对司法鉴定制度进行根本性变革,面临着较大的阻力,改革举步维艰。而以审判为中心的诉讼制度将会对司法职权进行重新配置,借由这一契机,可以理顺司法鉴定管理中的复杂关系,使得司法鉴定的客观性和中立性更有保障。

三　有利于保障司法鉴定当事人的权利

在审判中心视野下考察司法鉴定制度,是进一步保障司法鉴定当事人的权利的要求。尽管当前的司法鉴定改革已经在当事人权利保障方面作出了诸多保障,例如,聘请专家辅助人的权利,申请鉴定人出庭的权利等,但在实践中,无论是鉴定人的出庭还是专家辅助人的适用都不容乐观。以审判为中心,注重对当事人个人权利的保障,尤其重视对质证权的保障,并将质证权的保障作为实现审判中心的重心。因此,保障当

---

① 《法医专家解读雷洋尸检鉴定意见》,人民网,http://legal.people.com.cn/n1/2016/0630/c42510-28513541.html,最后访问日期:2022年12月22日。

事人在司法鉴定中的权利,应当将其置于以审判为中心的视野下,这样可以使当事人的权利获得更为充分、广泛的保障。

第四节　审判中心改革对司法鉴定的要求

审判中心,意味着整个诉讼制度和活动围绕审判而建构和展开,这对司法鉴定体制提出了新的要求。司法鉴定需要确保其中立性,为审判服务,鉴定意见应当经过质证而得以采信。在审判中心视野下完善司法鉴定体制,需要着眼于各机关间的职权配置即管理体制的问题,鉴定意见的审核和认证以及当事人质证权的保障问题,要走统一司法鉴定体制的路径。根据《实施意见》及司法改革各类政策性文件的最新规定,进一步分析审判中心改革对司法鉴定提出的新要求,可以为接下来的研究指明方向。

一　司法鉴定内涵的扩展

对司法鉴定内涵及外延的认识,决定了对其科学性和实践认识的正确性。而我国司法鉴定的内涵,随着立法的变化和改革的推进而不断得以扩展,在审判中心的诉讼改革下,司法鉴定也被赋予了新的内涵。

司法鉴定与鉴定在实践中往往被作为同等的概念而加以使用。但是,对于鉴定的定义则要更为宽泛。我国对于鉴定概念的界定源自我国的立法。《刑事诉讼法》第146条规定,"为了查明案情,需要解决案件中某些专门性问题的时候,应当指派、聘请有专门知识的人进行鉴定"。该条文置于"侦查"章节下,根据文本解释可以推知,在刑事诉讼中,鉴定属于侦查的一种手段,为了解决专门性问题,在其他侦查手段无法发挥作用时,可以采用鉴定的方式进行侦查。在刑事诉讼中,鉴定被界定为侦查的一类,然而,并非只有侦查阶段才需要鉴定,起诉和审判阶段都有可能出现鉴定活动,且鉴定还包括启动、委托、实施以及监督等一系列的程序性活动。如果将"鉴定"仅限定为侦查阶段的侦查行为,缩小了鉴定概念的外延,也混淆了侦查人员与鉴定人的角色。该种定义

"凸显出立法重侦查、轻起诉与审判的倾向,也与诉讼法改革的'审判中心'目标不相吻合","将鉴定都纳入侦查阶段无疑也有失诉讼的平衡,导致司法职权上的混乱"。① 立法上认为鉴定属于侦查行为,这使得侦查机关内设鉴定机构这一"自侦自鉴"获得了正当的法律地位,"既然鉴定是侦查行为,侦查机关就应当设立鉴定机构,否则,其他鉴定机构介入则存在侵犯侦查权之虞"。②

在民事诉讼中,《民事诉讼法》第79条规定了当事人可就查明事实的专门性问题向法院申请鉴定,以及若当事人未申请鉴定,法院也可根据需要,针对专门性问题委托鉴定人进行鉴定。此处将"鉴定"置于"证据"章节,将"鉴定"限定为鉴定人为审判中的事实发现提供证据的活动。这主要是从审判角度出发对鉴定进行的规定,也没有涉及鉴定的过程。

可以发现,无论是《刑事诉讼法》还是《民事诉讼法》,其定义都是从自身的程序性需求出发。而鉴定作为一种解决专门性问题的诉讼活动,无论是在刑事诉讼中,还是在民事诉讼中的司法鉴定,都具有一定的共性。为此,《决定》将司法鉴定定义为"在诉讼活动中鉴定人运用科学技术或者专门知识对诉讼涉及的专门性问题进行鉴别和判断并提供鉴定意见的活动"。《决定》在"鉴定"前冠以"司法"二字,使鉴定受到司法范畴的限制,实则是对广义"鉴定"概念的限缩,鉴定成为诉讼活动的一部分,要在诉讼活动中进行,为诉讼活动服务,明确了司法鉴定与诉讼制度之间的联系。同时,司法鉴定应当对"专门性问题进行鉴别和判断并提供鉴定意见",这一概念跳脱出原有将鉴定视为单一活动的定义窠臼,针对司法鉴定本身的过程进行了定义,即司法鉴定是一个对专门性问题进行鉴别和判断的过程,鉴定人最终要提供鉴定意见以供审判所用。该定义联通了鉴定人的鉴定活动过程以及作为证据使用的鉴定意见。

2017年的《实施意见》指出,"司法鉴定制度是解决诉讼涉及的专

---

① 郭华:《鉴定结论论》,中国人民公安大学出版社2007年版,第6页。
② 郭华:《鉴定结论论》,中国人民公安大学出版社2007年版,第11页。

门性问题、帮助司法机关查明案件事实的司法保障制度"。《实施意见》不仅将司法鉴定制度作为司法保障制度，而且将公益属性作为司法鉴定的基本属性之一，要求形成不同类型司法鉴定机构优势互补、持续发展的司法鉴定公共服务体系，并要求加强政府对司法鉴定的支持以及完善相关保障政策，增加了将国家公诉、公民非正常死亡处理、行政执法和应对重大事件等鉴定纳入政府购买服务指导性目录。[①] 根据《实施意见》将司法鉴定制度视为一种具有公益性的司法保障制度的最新要求，可以发现司法鉴定的内涵又有了进一步的扩展。构建与审判中心相适应的司法鉴定制度，除了继续强调司法鉴定要解决诉讼专门性问题之外，特别说明了司法鉴定要"帮助司法机关查明案件事实"，更加强调了司法鉴定对于整个审判活动的意义。

二 作为证据的鉴定意见定位

与传统的职权主义国家一样，我国也将司法鉴定视为发现真相的手段，鉴定人更多地扮演着"法官助手"的角色，鉴定人作出的意见被称为"鉴定结论"。司法鉴定意见对于审判结果有着至关重要的作用，鉴定意见被视为"证据之王"。而更为严重的是，由于我国的诉讼制度存在一种"以侦查为中心的刑事诉讼构造"，侦查程序在整个刑事诉讼中居于中心地位，侦查机关所收集的证据以及所认定的案件事实，既是公诉机关提起公诉的依据，也是法院作出裁判的根据。[②] 在此种"侦查中心主义"的影响下，侦查部门均内设司法鉴定部门，接受其直接管理，以便服务于侦查活动，司法鉴定不仅是发现真相的手段，也是侦查部门的侦查手段，这也进一步强化了侦查中心的诉讼构造。

尽管随着2012年刑事诉讼法的修改，鉴定人和专家辅助人出庭作证的制度得到了初步确立，但在多数案件中，鉴定人并未出庭作证，法庭直接采纳了公诉方宣读的侦查机关出具的书面鉴定意见。而在鉴定人出庭作证的情况下，法律也并未限制侦查案卷中书面鉴定意见的证据能力，

[①] 郭华：《健全统一司法鉴定管理体制的实施意见的历程及解读》，《中国司法鉴定》2017年第5期。

[②] 陈瑞华：《论侦查中心主义》，《政法论坛》2017年第2期。

因此，书面鉴定意见依然可以被公诉方所宣读，进而有了被采信的可能。① 尽管被告人及其辩护人可以通过申请排除非法证据来对书面鉴定意见的合法性提出挑战，但是，对于侦查方所提供的鉴定意见材料，法院或是提供给公诉方程序补救的机会，或是以该取证行为"没有达到影响司法公正的程度"为由，拒绝辩护方的申请。②

而也是由于侦查中心的强大，尽管进行了由司法行政部门统一管理司法鉴定的改革，但是，改革始终难以触及到深层次的问题。在由"侦查中心"转换为"审判中心"的当下，对于司法鉴定的认识也应当发生相应的转变。

作为一种证据，庭审作为审判的中心环节，鉴定意见应当经过法庭的审判得以认证和采信。司法鉴定，不单是可以用来侦查办案的技术手段，它更服务于审判活动。司法鉴定，不仅仅是要发现客观真实，也要保障当事人的权利。基于司法鉴定而生成的证据——鉴定意见，并不能直接决定案件的走向和结论，而应当通过接受审判，经由质证后再决定是否采信。

三 当事人鉴定权利的保障

以审判为中心，意味着司法鉴定的实施方式也要发生相应的转变，由职能部门掌控转变为由当事人掌控。由上文对司法鉴定定位的分析可知，以往的司法鉴定是为法官发现案件真实服务的，同时，基于我国"流水作业式"的诉讼构造，整个司法鉴定的实施过程是由职能部门所掌控的。因此，应当赋予当事人更多的鉴定相关权利。

以审判为中心要求控辩审三方形成三角关系，实现控辩平等对抗，裁判者居中审理的构造。作为居中裁判的法官，其职责应该是在最后的审判环节决定是否采用司法鉴定的结果，而非像过去一样，对是否启动司法鉴定、是否要求鉴定人出庭具有最终的决定权。为了实现控辩的平等对抗，当事人势必要在司法鉴定的实施过程中获得更多的权利，这些

---

① 陈瑞华：《论侦查中心主义》，《政法论坛》2017年第2期。
② 陈瑞华：《论侦查中心主义》，《政法论坛》2017年第2期。

因素都将促使司法鉴定的实施方式发生转变。

在转变的过程中，首要地是保障当事人的鉴定启动权和鉴定参与权。在现有的制度下，刑事诉讼中当事人并不具备鉴定启动权，只能向法院申请，由法官决定。鉴定启动权上的控辩不平等，难以约束司法机关的行为，影响到了司法鉴定程序的公正。而难以通过正当程序启动司法鉴定的当事人往往私下选择社会司法鉴定机构进行鉴定，造成了重复鉴定、多头鉴定的后果。因此，应当赋予当事人以鉴定启动权，使其拥有合法开启司法鉴定过程的权利。

当事人参与司法鉴定的实施过程也有着重要的意义。作为一种科学性、专业性极强的活动，当事人在对鉴定意见产生不满时，由于不理解司法鉴定的实施过程，往往单方面质疑鉴定意见，甚至作出"闹鉴""因鉴上访"等举动，这也影响了裁判结果的可接受度，影响了裁判效果。因此，司法鉴定的过程应当公开，允许当事人参与到鉴定的全过程中，并在此过程中及时回应当事人的问题。并且，应当允许当事人聘请的专家辅助人也参与到该过程中，以便给出更为专业的意见，为当事人提供更为全面、细致的帮助。

四 鉴定意见评价重心的转移

在过去，鉴定意见被称为"鉴定结论"，"结论"一词带有终局性的色彩，有毋庸置疑的意味，法官往往不会对其多加质疑。2012年修改的《刑事诉讼法》和《民事诉讼法》均将"鉴定结论"改为了"鉴定意见"，这意味着鉴定人所提供的意见仅仅是一种证据材料，而不是作为定案根据的"结论"；这种意见不是唯一的，法庭有权对其进行否定性判断。[①] 但是，目前的法官依然较为依赖鉴定意见，对鉴定意见的审核也多停留在对形式的审核上，例如是否有两名以上的鉴定人签字等。这种外部审核尽管一定程度上可以保证鉴定过程的合法性，但缺乏实质性审核的鉴定意见其科学性和可靠性并不能得到很好的保障。

尽管当前的司法鉴定改革已经在当事人权利保障方面作出了诸多保

---

① 陈瑞华：《鉴定意见的审查判断问题》，《中国司法鉴定》2011年第5期。

障，例如，聘请专家辅助人的权利，申请鉴定人出庭的权利等，但在实践中，无论是鉴定人的出庭还是专家辅助人的适用都不容乐观。以审判为中心，注重对当事人个人权利的保障，尤其重视对对质权的保障，并将对质权的保障作为实现审判中心的重心。因此，应当在保障鉴定人对质权的基础上，注重提高鉴定人的出庭率，深化专家辅助人制度，保障当事人在司法鉴定中的权利，促进庭审的实质化。

在此基础上，对鉴定意见的评价重心应当从外部的资格审查转移到内在的实质审查中来。尤其是在科学技术飞速发展，司法鉴定走向市场化的今天，应当强化法官对鉴定意见的实质性审核，使得法官承担起"守门人"的职责，杜绝"垃圾科学"进入法庭。除了对鉴定意见的采信规则作出重新考量之外，与之相对的是，应该强化鉴定人出庭和专家辅助人制度的推进，经由鉴定人、专家辅助人的意见来评价鉴定意见。

第三章

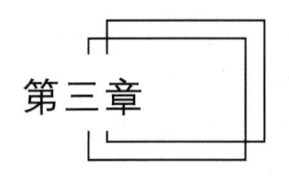

健全统一司法鉴定管理制度改革之思考

根据《实施意见》的规定，在审判中心改革的大背景下，我国司法鉴定制度接下来改革的方向依然是持续深化直至健全统一的司法鉴定管理制度。司法鉴定管理制度对司法鉴定的科学性、可靠性和社会公信力有着重大影响，健全统一的司法鉴定管理体制的目的和价值在于促进司法公正，提高司法效率，维护司法权威。[①] 司法鉴定意见则因其自身具有的科学性和客观性，在案件事实的发现中有着不可替代的重要作用。由此可见，司法鉴定的管理制度与鉴定制度存在着密不可分的关系，健全统一的司法鉴定管理制度是完善司法鉴定证据制度的前提和基础，因此，研究司法鉴定管理制度尤为必要。然而，司法鉴定管理制度包括了对司法鉴定机构、司法鉴定人员及执业行为、司法鉴定程序、司法鉴定技术标准以及司法鉴定职业道德、执业纪律等内容为主的行政管理或者行业管理的体制以及司法鉴定活动的运行机制，[②] 不仅涉及单纯的诉讼制度，还涉及社会公共服务等层面。由于本书是在审判中心的视角下研究健全统一司法鉴定管理制度的改革，因此，笔者将着眼于司法鉴定管理制度中与审判中心改革相适应的部分。通过研究鉴定管理资源的重新配置，厘清侦查权、司法权与司法行政权之间的关系，从审判需求的角

[①] 霍宪丹等：《司法鉴定统一管理机制研究》，法律出版社2017年版，第3页。
[②] 杜志淳等：《司法鉴定概论》，法律出版社2018年版，第77页。

度出发，提高鉴定意见的科学性和客观性，为后续鉴定意见的质证和采信打下基础。

第一节　司法鉴定管理制度的历史沿革

作为我国司法改革的有机组成部分，司法鉴定管理制度的发展及其改革与诉讼制度、证据制度的变革息息相关，折射出我国司法改革的曲折与艰辛。因此，在对司法鉴定管理制度的改革作出进一步的探究前，理当梳理其发展与改革的历程。

纵观我国司法鉴定的历史沿革，有两个明显的发展节点。其一是2005年全国人大常委会颁布的《决定》，以此为界，可以分为较为明显的分散管理阶段和统一管理阶段。2005年前，公检法系统在党的十一届三中全会之后陆续恢复和创建司法鉴定机构，各自为政；2005年后，司法行政机关承担起了统一管理司法鉴定的职能，然而，对公安和检察机关内设的司法鉴定机构却是"鞭长莫及"，统一的司法鉴定管理制度仍需完善。其二则是2014年党的十八届四中全会通过的《依法治国决定》，《决定》提出要完善以审判为中心的诉讼制度，应当"健全统一司法鉴定管理体制"和"完善证人、司法鉴定人出庭制度"，这意味着要深化对司法鉴定的统一管理，在以审判为中心的诉讼制度改革中持续健全统一司法鉴定管理体制。因此，笔者将以这两个节点为界，将司法鉴定的管理沿革分为三个阶段，即司法鉴定分散管理阶段、司法鉴定统一管理的发展阶段和司法鉴定统一管理的深化阶段。同时，应当注意，在区分司法鉴定的分散管理阶段与统一管理阶段时，需要注意"分散"和"统一"相互杂糅的情况。

一　司法鉴定分散管理阶段（2005年之前）

我国司法鉴定的恢复和发展始于1978年后公检法各部门为打击犯罪、进行法律监督等所进行的积极复建。因此，呈现出明显的分散管理特点。

1978年公安部修订《刑事技术工作细则》，1980年颁布《刑事技术鉴定规则》，并于1982年和1984年在原有基础上组建了法医研究所和公安部第二研究所①。1983年，公安部治安局改为刑侦局，重新组建了刑事科学技术处。各地公安机关也相应恢复了刑事科学技术部门。随着公安部先后公布的《关于加强三级技术点工作的通知》《刑事技术三级点的职责和技术人员的岗位责任制度（试行）》《刑事技术二级点的职责和技术人员的岗位责任制度（试行）》等文件，我国构筑了从中央到地方的四级刑事科学技术网络，公安部门的司法鉴定力量得以迅速发展、壮大。

至2005年，公安系统共有刑事科学技术机构3560个，设有法医、痕迹检验、理化检验、文件检验、影像技术、声纹检验、电子物证检验、心理测试、警犬技术等九大专业。刑事科学技术人员共3.3万名，大专及以上学历占91%，硕士研究生共335名，博士研究生共36名，其中具有高级专业技术职务资格的占15.1%。②公安部由此声称，其所属鉴定资源占全国的80%，承担的鉴定工作量占全国的95%。③

与此同时，在检察机关恢复重建后，部分省级及地市级检察院借鉴公安系统开展刑事技术工作的经验，也开始探索检察机关刑事技术工作，并在20世纪80年代末期统一更名为检察技术工作。检察技术工作不仅为检察院的自侦案件提供技术性证据，也对批准逮捕、起诉等程序中相关的证据进行相应的审查，并提供技术支持。同时，由于检察院负担着法律监督的职能，检察技术部门也为开展法律监督提供了便利，如果检察机关缺乏法医、文检、痕检、视听等相应的技术手段，将会受制于其他部门，难以实施有效监督。④ 1985年起，最高人民检察院陆续发布了《关于检察机关刑事技术工作建设的意见》《人民检察院法医工作细则（试行）》《人民检察院文件检验工作（试行）》和《关于在大中城市加

---

① 1996年7月，公安部第二研究所更名为公安部物证鉴定中心。
② 常林：《司法鉴定专家辅助人制度研究》，中国政法大学出版社2012年版，第2—3页。
③ 参见2005年《公安部关于贯彻落实〈全国人民代表大会常务委员会关于司法鉴定管理问题的决定〉进一步加强公安机关刑事科学技术工作的通知》。
④ 易广辉、段有政：《检察技术与技术检察——兼论检察机关技术部门的定位和名称问题》，《中国检察官》2006年第11期。

快科技强检步伐的决定》，检察系统成为仅次于公安系统的重要力量。到 2002 年底，全国检察机关已建有技术机构 1695 个，共有司法鉴定人员 6372 人，司法鉴定技术用房 12.34 万平方米，仪器设备投入 3.09 亿元。[①] 与公安系统的四级鉴定网络不同，检察系统形成了中央、省、市三级网络，基层检察院只配备部分技术人员。

法院系统技术工作的重建基于 1979 年颁布的《人民法院组织法》，该法第 41 条规定"地方各级人民法院设法医"。1986 年 12 月，最高人民法院发布了《关于加强法院法医工作的通知》，这是第一个关于法院司法技术工作的规范性文件。该文件要求各高、中级法院要建立法医技术室，基层法院应配备专职法医技术人员，与此同时，法院逐渐增设文书、痕迹鉴定等业务。根据法院内设鉴定机构普遍设立于中级以上法院，少量存在于县级法院。根据最高法院的要求，未设司法鉴定机构的法院应在法院的司法行政管理部门配备专职的司法鉴定人员。[②]

此时的公、检、法三部门各自为政，呈现出"多头管理"的局面。为了改善这一局面，1998 年国务院办公厅颁布了《关于印发司法部职能配置内设机构和人员编制规定的通知》，授予司法部指导社会鉴定机构工作的职能。1999 年，司法部颁布了《司法部面向社会服务的司法鉴定机构的公告》，司法行政部门管理的鉴定机构、鉴定人数量迅速增加。2000 年至 2004 年，司法部陆续颁布了《司法鉴定机构登记管理办法》《司法鉴定人管理办法》《司法鉴定执业分类规定（试行）》和《司法鉴定程序通则（试行）》等系统地规范司法鉴定活动的部门规章。到 2004 年 12 月，全国各省级司法厅（局）共审批设立司法鉴定机构总计 2864 个，核准执业的司法鉴定人总计 3.6417 万人。[③] 但是，司法行政部门的管理难以撼动公检法的条块割据状态，反而使得司法行政部门成为分散管理的另一力量。

---

① 参见周伟《司法鉴定管理立法与检察技术工作改革的思考》，《人民检察》2004 年第 3 期。

② 参见 2002 年《人民法院对外委托司法鉴定管理规定》第 2 条。

③ 李禹、李奇：《2004 年司法行政机关司法鉴定工作统计报告》，《中国司法鉴定》2005 年第 4 期。

司法鉴定分散管理局面的形成有其历史原因,并在一定时期内发挥出了良好的作用。在"文革"结束,法治建设百废待兴之际,无法进行统筹管理与规划,司法鉴定工作的展开多有赖于公检法等职能部门的自身努力。其为侦破案件或进行法律监督,努力开展了司法鉴定工作。司法鉴定工作的展开,有效缓解了公检法机关的办案压力,满足了解决改革开放背景下日益增多的民商事纠纷及犯罪案件的实践需要。

同时,分散管理使得司法鉴定呈现出权力制衡的局面,有助于保证鉴定质量。我国的诉讼结构长期以来呈"接力棒"模式,在缺乏技术监督的情况下,难以纠正侦查部门作出的错误鉴定结论。为此,检法机关(尤其是检察机关)都积极配置鉴定资源,目的就是进行法律监督,防止并及时纠正鉴定错误,相应地提升了司法鉴定的公信力。同时,分权的司法鉴定管理体制也在无形中规范了鉴定人的行为。同行评价所带来的压力使得鉴定人会更为谨慎地对待鉴定,很大程度上避免了"人情案""关系案"的影响。而不同系统之间的监督也带来了鉴定行业的良性竞争,为了避免自己所作出的鉴定意见被其他两家变更,各系统势必会加大对鉴定资源的投入,加强对鉴定人的培养,这在客观上提升了鉴定质量。

在存在竞争关系的同时,公检法机关也在许多方面进行了合作,如对技术标准问题的探讨,促进了系列操作细则或共识的达成,如专家会鉴制度的逐步构建,学术交流的增加等。极大地促进了司法鉴定这一新兴事物的发展,建立起了系统的司法鉴定学科体系,培养了大批鉴定人才。

然而,在分散管理推进了司法鉴定快速发展的同时,其所存在的深层次问题也开始逐步暴露。

首先是分散管理所带来的多头鉴定和重复鉴定问题。公检法部门在行政管理上各自为政,在鉴定标准上也往往各行其是,出现鉴定异议时罔顾鉴定意见质量,选择采信本部门的鉴定意见。如广西某市中级人民法院曾经针对150例法医鉴定进行重新鉴定,更改鉴定结论的达109例,更改率高达73%,而且被更改的几乎都是公安、检察机关的法医鉴定结论。①有学者一针见血地指出,"除非该市公安、检察系统

---

① 参见胡志强《沉重的法医鉴定》,《法制日报》2000年1月17日第3版。

的鉴定水平远远低于法院，或其故意错误鉴定，否则，如此高的更改率，不免令人怀疑法院重新鉴定的动机。"① 因此，多头鉴定和重复鉴定问题的出现，固然有管理体制和技术标准问题等客观原因，但主观上确有不同部门为巩固自身地位的思想作祟。司法鉴定的反复，各机关的扯皮与拆台，为当事人带来了困扰，极大地影响了司法鉴定的公信力。

其次，分散管理下，"自侦自鉴""自审自鉴"问题突出，为学界和社会所诟病，进一步影响了司法鉴定效果的发挥和公信力的实现。鉴定意见作为证据的一种，决定了司法鉴定应当服务于法庭审判阶段，而在"自侦自鉴"的情况下，鉴定服从于侦查权，这与侦查中心的诉讼制度相呼应。但是，在"自侦自鉴"下，鉴定主体的中立性无法保证，许多冤假错案也是因为侦查机关内设鉴定机构出具了错误的鉴定意见，处于弱势的审判权难以对其作出否定的判断和影响。与侦查机关"自侦自鉴"问题相对应的是审判机关"自审自鉴"问题的存在。在法院存在内设鉴定机构的情况下，法院既是运动员，又是裁判员，严重背离了法院居中裁判的原则。

最后，各部门利益争夺问题严重。在公安、检察院和法院分别设立鉴定机构的情况下，为了发展本部门的鉴定力量，不同部门需要分别购置鉴定器材，这就造成了器材的重复购买现象。尤其是部分价格昂贵且用途较窄的鉴定器材，部分地区仅需一台就能满足当地的鉴定需求，但在分散管理的模式下，各部门不得不分别购买，这为财政带来了极大的压力。而鉴定资源得不到合理配置，也造成了鉴定机构"小而散"的局面，影响了司法鉴定技术的进步和发展。除了利用财政发展本部门的鉴定力量，随着社会经济的发展，在社会鉴定机构尚未大规模成立的情况下，公检法内设鉴定机构纷纷开始接受社会委托，提供有偿服务。尽管这在一定程度上满足了当事人的鉴定需求，保障了当事人的鉴定权利，也为部门弥补了经费不足的问题，但公检法也陷入了争夺有限社会鉴定案源的困境，不免使得技术鉴定沦为权力与价值的附庸。②

---

① 陈如超：《司法鉴定管理体制改革的方向与逻辑》，《法学研究》2016年第1期。
② 常林：《司法鉴定专家辅助人制度研究》，中国政法大学出版社2012年版，第23页。

二 司法鉴定统一管理的发展阶段（2005—2014年）

基于分散管理的种种弊端，实行司法鉴定统一管理的呼声愈加高涨。如前文所述，自1998年起，司法部即开始了统一管理社会司法鉴定的尝试，并相继出台了系列规定。然而，司法部的加入并没有改变以往的混乱局面，反而使得司法鉴定市场愈加失序。自2000年第九届全国人大第三次会议以来，每次代表大会期间都有要求制定司法鉴定法的提案，学界的讨论也愈加深入。2005年，全国人大常委会通过了《关于司法鉴定管理问题的决定》，授权司法行政机关对司法鉴定行业进行管理，由此拉开了司法鉴定管理体制改革的序幕。根据《决定》的规定，司法行政部门对从事法医类、物证类和声像资料类鉴定以及根据诉讼需要由国务院司法行政部门商最高人民法院、最高人民检察院确定的其他鉴定事项的鉴定机构和鉴定人实行登记管理制度。

《决定》出台后，2005年7月最高人民法院、最高人民检察院、公安部、国家安全部、司法部联合发布了《关于做好〈全国人大常委会关于司法鉴定管理问题的决定〉施行前有关工作的通知》，2005年9月司法部发布了《关于学习贯彻〈全国人大常委会关于司法鉴定管理问题的决定〉的通知》，为司法行政机关实施统一管理做了必要的准备工作。随后，司法部发布了《关于统一开展编制和公告〈国家鉴定人和司法鉴定机构名册〉工作的通知》，并发布了新的《司法鉴定人登记管理办法》和《司法鉴定机构登记管理办法》。之后，又陆续发布了《司法鉴定程序通则》《司法鉴定教育培训规定》等一系列规范性文件，形成了较为系统的管理体系。

然而，司法行政部门的统一管理却面临着来自公检法部门的挑战。其中，公安机关率先独立。2005年4月，公安部发布了《关于进一步加强公安机关刑事科学技术工作的通知》，认为"《决定》中交由司法行政机关管理的仅是在诉讼中面向社会提供司法鉴定服务的鉴定人和鉴定机构，公安机关所属的鉴定机构和鉴定人不属于《决定》规定的'司法鉴定机构'和'司法鉴定人'的范畴，不在司法行政机关登记管理之列"。同年出台了《公安机关鉴定机构登记管理办法》和《公安机关鉴定人登记管理办法》，明确规定了公安将继续管理其所属的鉴定机构和鉴定人。

在公安部的带动下，最高人民检察院于 2005 年发布《关于贯彻〈决定〉有关工作的通知》，也明确表明了将继续实施对其所属的鉴定机构登记管理的态度。

由于"自审自鉴"问题的存在，法院内部的鉴定机构在此次司法鉴定管理体制改革中被率先撤销。最高人民法院于 2005 年 7 月发布了《关于贯彻落实〈决定〉做好过渡期相关工作的通知》，要求法院撤销司法鉴定职能，并在对外委托鉴定时选择省级人民政府司法行政部门登记和公告的鉴定人和鉴定机构。然而，2007 年 8 月最高人民法院下发《对外委托鉴定、评估、拍卖等工作管理规定》，开始实行对外委托名册制度，"三大类"鉴定从司法行政部门的名册中选取，而三类外的鉴定则在法院编制的名册中选取。这意味着法院将编制"册中册"，建立起属于自己的统一管理体制。

公检法所采行的措施不利于构建统一的司法鉴定管理体制，因此，2008 年，中央政法委发布《关于进一步完善司法鉴定管理体制遴选国家司法鉴定机构的意见》，试图协调公检法之间的权限，破除分散管理体制弊端。根据意见规定，公安、检察等机关所属鉴定机构和鉴定人，实行所属部门直接管理和司法行政部门备案登记相结合的管理模式，即公安、检察等机关可对本系统本所属的鉴定机构和鉴定人进行管理，并到同级司法行政部门免费备案登记。为落实该意见，同年 11 月，公检法司国安联合发布了《关于做好司法鉴定机构和司法鉴定人备案登记工作的通知》，规定由侦查机关行使实质管理权，并至司法行政机关进行备案登记。然而，通过笔者近几年从事的调研可以发现，司法行政部门的形式管理也难以落实，侦查机关往往以鉴定种类不同为由拒不备案。

同时，根据《决定》第 4 条的规定，"司法鉴定管理实行行政管理与行业管理相结合的管理制度"。司法鉴定行业协会在这一阶段得到了快速的发展，根据统计，截至 2015 年全国共有 29 个省、自治区、直辖市和 100 多个地（市）成立了省级司法鉴定行业协会。[①] 其基本架构大

---

① 霍宪丹主编：《司法鉴定统一管理机制研究》，法律出版社 2017 年版，第 60 页。至 2022 年，除西藏及港澳台地区外，其余省、自治区、直辖市均成立了省级司法鉴定行业协会。

致相同，多由日常执行机构，如秘书处或理事会，专门委员会和专业委员会构成。专业委员会除了传统的"三/四大类"专业委员会外，多设置了其他类司法鉴定专业委员会。

然而，行业管理尚未发挥出其应有的作用。在笔者的调研中，受访的1100余位受访者中，认为当前司法鉴定行业协会在司法鉴定管理中起到"很大作用"的仅占11.4%，认为"有一点作用"的占40.1%，认为"基本没有作用"的占30.4%（详见下图3.1）。行业管理收效甚微使得当前的司法鉴定管理并未实现行政管理与行业管理相结合的管理模式，也影响到了统一司法鉴定管理制度的实现。

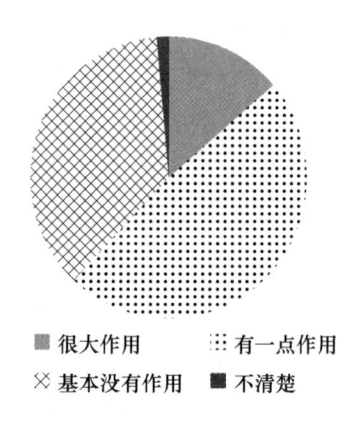

图3.1 当前司法鉴定行业协会在司法鉴定管理中发挥的作用大小

目前，行业管理收效甚微主要有以下原因：

第一，行业协会的管理权限模糊。构建司法行政部门与司法鉴定行业协会相结合的统一管理模式意味着要对二者的司法鉴定权限、范围进行相关的划分，然而，目前的法律法规均没有对司法鉴定行业协会的具体管理权限作出规定。《决定》仅规定了司法行政机关的管理职权和管理内容，而司法部的《司法鉴定机构登记管理办法》和《司法鉴定人登记管理办法》仅规定了"司法鉴定行业协会依法进行自律管理"，司法鉴定行业协会及其专业委员会活动的开展由司法行政机关负责监督指导。司法鉴定行业协会的自律管理应当包括哪些方面？可以作出怎样的惩戒措施？司法行政部门监督指导的界限又在何处？现有的法律法规并没有对这些问题作出解答。如前文所述,司法行政部门的管理力量不足,对于行业协会的监督指导难免力有不逮。

第二,各地司法鉴定行业协会"各自为政"。目前,各省市的司法鉴定行业协会架构不一,出现了各行其是的局面。各地司法鉴定行业协会缺乏标准化的行业标准建设、行业规范及行业工作规则,缺乏有效的行业惩戒办法,无法实现司法鉴定管理"两结合"的初衷。难以用统一的章程、办法来进行指导,这都加剧了行业协会管理的不确定性。同时,由于尚未有全国统一的司法鉴定行业协会,行业协作也无从谈起,这些都影响了司法鉴定的质量和效率,损害了司法鉴定的公信力。[①]

第三,行业协会经费有限。若司法鉴定行业协会要承担起相应的管理职能,则需要保证相应的人力、物力投入,这些都需要经费来进行保证。而截至 2014 年,在已经成立的 29 个司法鉴定行业协会中,17 个协会聘有专职工作人员,只有重庆市司法鉴定行业协会有专项财政经费。其他司法鉴定行业协会的资金来源主要包括以下四个方面:1. 会费收入。会费是司法鉴定行业协会的主要收入来源,直接决定了司法鉴定行业协会所能提供的服务数量和质量。目前,每个协会按年收取个人会员会费和团体会员会费。个人会员会费为 50—500 元/人/年,团体会员会费为 1000—10000 元/个/年。广西司法鉴定行业协会在统一收取团体会费的基础上,按鉴定机构执业项目的数量,按 1000 元/项/年收取执业项目会费。2. 有偿服务。对外有偿服务包括接受政府委托,提供有关服务而获得的收入;对外出版发行物的收入;对外提供咨询服务取得的收入等。对内服务主要是指向会员提供的有偿服务,此类服务主要针对非多数会员所需的服务,因而不能从会费中支取。3. 政府资助。主要包括开拓国外市场、研发与教育活动。4. 社会捐赠。包括企业捐赠与个人捐赠。[②] 除了会费收入,其他的各项收入都具有不确定性。长期、稳定经费的缺失,使得司法鉴定行业协会在管理方面难以投入更多力量,进一

[①] 陈君武、彭泓毅、陈子:《司法鉴定行业发展的瓶颈及其完善》,《中国司法鉴定》2021 年第 6 期。

[②] 徐为霞等:《关于我国司法鉴定行业协会运行的研究》,《辽宁警专学报》2009 年第 1 期。

步阻碍了其管理职能的实现。

尽管在该阶段，司法鉴定的统一管理尚未真正实现，但司法鉴定统一管理的发展也为诉讼制度、证据制度的发展和改革带来了积极的影响。例如，2012年修改的《刑事诉讼法》强化了鉴定人的出庭质证，明确了鉴定人无正当理由拒不出庭的后果，并建立了专家辅助人制度；2012年修改的《民事诉讼法》也对鉴定人的选任程序、鉴定意见书的形式要件和鉴定人出庭作证作出了新的规定。

三 司法鉴定统一管理的深化阶段（2014年至今）

司法鉴定统一管理暴露出的问题使人们开始进一步思考司法鉴定管理制度的未来走向，司法鉴定管理制度改革走到了新的十字路口，是持续深化改革，还是改变路径另起炉灶成为必须要作出的选择。[1]

为了破解这一境况，2014年10月，中国共产党第十八届中央委员会第四次全体会议审议通过的《依法治国决定》，在提出进行以审判为中心的诉讼制度改革的同时，也强调了"健全统一司法鉴定管理体制"和"完善证人、司法鉴定人出庭制度"。这是党中央在之前的司法鉴定管理制度改革成果的基础上，在以审判为中心的诉讼制度改革的背景下，对司法鉴定管理制度进行深化改革的要求。根据2015年中央政法工作会议和司法部关于贯彻落实党的十八届四中全会决定的意见要求，贯彻落实党的十八届四中全会决定，全面实现"健全统一司法鉴定管理体制"的目标，主要有三个方面的工作任务：（1）落实全国人大《决定》，健全司法行政机关统一管理的司法鉴定管理体制；（2）完善司法鉴定机构和人员监督管理制度；（3）加强高资质高水平公共鉴定机构建设，不断提高司法鉴定能力和社会公信力，切实满足司法机关和人民群众的鉴定需求。[2]

2015年初，中共中央办公厅发布《贯彻实施党的十八届四中全会决定重要举措2015年工作要点》，对改革进行了进一步的具体化：一是制

---

[1] 郭华：《健全统一司法鉴定管理体制的实施意见的历程及解读》，《中国司法鉴定》2017年第5期。

[2] 霍宪丹等：《司法鉴定统一管理机制研究》，法律出版社2017年版，第17页。

定建立完善司法鉴定管理与使用相衔接的运行机制的意见;二是出台将环境损害司法鉴定纳入统一登记管理范围的通知;三是提出健全统一司法鉴定管理体制试点方案。随后,最高人民法院、最高人民检察院、司法部联合印发了《关于将环境损害司法鉴定纳入统一登记管理范围的通知》,司法部、环保部联合印发了《关于规范环境损害司法鉴定管理工作的通知》,将环境损害司法鉴定纳入了司法鉴定统一管理的范围之内,这是《决定》颁布10年来第一个根据诉讼需要,由国务院司法行政部门商最高人民法院、最高人民检察院确定后纳入统一登记管理的其他鉴定事项。[①] 最高人民法院、司法部联合发布了《关于建立司法鉴定管理与使用衔接机制的意见》,意在进一步规范司法鉴定工作,提高司法鉴定质量。

除此之外,为了落实《依法治国决定》所推行的以审判为中心的诉讼制度改革对司法鉴定的新要求和与诉讼法涉鉴问题的新规定相衔接,司法部于2016年对《司法鉴定程序通则》进行了修订。新的《司法鉴定程序通则》进一步强调了司法鉴定的主要任务是为诉讼活动提供鉴定服务,突出了对司法鉴定实施程序的管理监督,强调了鉴定材料的收集与审查要求,细化了司法鉴定质量的保障措施,健全了鉴定人出庭作证的相关规定。[②]

为了进一步加快司法改革的进程,2017年3月17日,中央政法委员会第二十九次全体会议暨中央司法体制改革领导小组专题会议上审议了"关于健全统一司法鉴定管理体制的实施意见",并于7月19日在中央全面深化改革领导小组第三十七次会议上正式通过。会议指出,司法鉴定制度是解决诉讼涉及的专门性问题、帮助司法机关查明案件事实的司法保障制度。健全统一司法鉴定管理体制,要适应以审判为中心的诉讼制度改革,完善工作机制,严格执业责任,强化监督管理,加强司法鉴定与办案工作的衔接,不断提高司法鉴定质量和公信力,保

---

① 葛晓阳:《最高法最高检司法部环保部出台文件 环境损害司法鉴定实行统一登记管理》,《法制日报》2016年1月14日第1版。
② 邹明理:《司法鉴定程序公正与实体公正的重要保障——以新〈司法鉴定程序通则〉的特点与实施要求为基点》,《中国司法鉴定》2016年第3期。

障诉讼活动顺利进行，促进司法公正。《实施意见》成为指导司法鉴定深化改革的政策性文件，健全统一的司法鉴定管理体制成为该阶段的目标。

为贯彻落实《实施意见》，司法部于2017年底印发《关于严格准入严格监管提高司法鉴定质量和公信力的意见》，从严格准入、严格管理、严格监督三个方面，对登记范围、准入条件、日常监管等提出十二条要求（以下简称"双严十二条"）。为了进一步适应以审判为中心的诉讼制度改革，2020年司法部发布了《关于进一步规范和完善司法鉴定人出庭作证活动的指导意见》以及《关于进一步深化改革 强化监管 提高司法鉴定质量和公信力的意见》。

与此同时，公检法部门也出台了相应的与司法鉴定相关的规则及措施，例如2017年公安部发布了《公安机关鉴定规则》，2018年最高人民检察院通过了《最高人民检察院关于指派、聘请有专门知识的人参与办案若干问题的规定（试行）》。2018年，最高人民法院开通了"人民法院对外委托专业机构专业人员信息平台"。2019年最高人民法院修改了《关于民事诉讼证据的若干规定》，其中涉及了大量鉴定相关问题。2020年，最高人民法院发布了《关于人民法院民事诉讼中委托鉴定审查工作若干问题的规定》。2021年《刑事诉讼法司法解释》的修改也增加了与鉴定相关的专门性证据的新类型。

然而，尽管深化司法鉴定统一管理改革进入了深化阶段，但是，由于健全司法鉴定统一管理体制尚不健全，不同部门间的"各自为政"现象仍旧存在。例如，尽管2017年公安部的《公安机关鉴定规则》新加入了鉴定人出庭作证等与审判中心相适应的新规定，但对公安系统内部的鉴定机构和鉴定人进行管理的依据依然是2005年颁布的《公安机关鉴定机构登记管理办法》和《公安机关鉴定人登记管理办法》。[①]

[①] 《公安机关鉴定规则》第3条规定："本规则所称的鉴定机构，是指根据《公安机关鉴定机构登记管理办法》，经公安机关登记管理部门核准登记，取得鉴定机构资格证书并开展鉴定工作的机构。"第4条规定："本规则所称的鉴定人，是指根据《公安机关鉴定人登记管理办法》，经公安机关登记管理部门核准登记，取得鉴定人资格证书并从事鉴定工作的专业技术人员。"

国家监察体制的改革也对司法鉴定机构的原有设置提出了新的挑战。目前，监察委员会改革中明确的转隶机构并不包括原有的检察机关内设的鉴定机构，这一安排也符合鉴定机构"侦鉴分离"的发展趋势。① 而在职务犯罪侦查权从检察院转移到监察委员会之后，检察院的侦查职能已被削弱，是否还能依据《决定》第7条"侦查机关根据侦查工作的需要"自行设立鉴定机构也存在争议。但同时，这也为司法鉴定管理体制的进一步统一提供了契机。

而在固有的"旧疾"之外，"金钱鉴定、人情鉴定"等新问题在实践中愈加凸显。在社会司法鉴定机构市场化改革后，自收自支的压力使得部分鉴定机构与"鉴定黄牛"勾结，私自接受委托，违规提供鉴定意见，特别是在伤残等级鉴定中"故意提高或降低伤残等级等虚假鉴定"。而司法鉴定管理与使用的衔接不当也会为"人情鉴定"留下滋生的空间。这些新问题引发了大量关于司法鉴定的投诉及信访行为，损害了司法鉴定的质量及公信力。因此，需要进一步健全司法鉴定管理制度，完善与诉讼程序的衔接制度，保障司法鉴定的公益属性，最大限度阻隔或减轻"关系化、利益化、权力化"对司法鉴定行业的冲击。②

第二节　审判中心下司法鉴定管理制度的改革导向

在审判中心下破除当前司法鉴定管理所面临的困境，建立起统一的司法鉴定管理体制，应当遵循司法鉴定所具有的法律性、中立性、科学性，首先应当明确改革的导向。

一　价值导向：公开、公平、公正

司法鉴定的规制，应当遵循公开、公平、公正的原则，既要为司法

---

① 王连昭、杜志淳：《国家监察体制改革进程中司法鉴定管理改革探究》，《中国司法鉴定》2019年第1期。
② 郭华：《司法鉴定制度改革的十五年历程回顾与省察》，《中国司法鉴定》2020年第5期。

鉴定活动创造良好的执业环境，又要确保其能按照法律法规的要求开展执业活动。三公原则，公开是前提，公平是保障，公正是重心。①

首先，要坚持公开原则。司法鉴定管理活动，属于行政行为，也应当遵守政府信息公开的相关规定，及时公开相关信息，例如鉴定机构、鉴定人的准入、审批登记情况，投诉处理情况，违规查处情况等。同时，公开原则还要求扩大当事人的参与范围，如在处理当事人投诉时确保当事人的知情权，有条件的情况下可允许当事人跟进调查。

其次，要坚持公平原则。在日常的管理活动中，司法行政部门应当做到不偏不倚，既不能偏袒司法鉴定机构，也不能因担心当事人的信访而满足其无理诉求。同时，司法行政部门应当努力制定统一的司法鉴定标准，规范"鉴定黄牛"等扰乱鉴定市场秩序的现象，确保鉴定机构能够作出公平的鉴定意见。

最后，要坚持公正原则。尽管我们追求鉴定意见的正确性，也即实体公正，但由于鉴定事项的复杂性和人类认识的有限性，我们所得到的往往不是唯一的真相。司法行政部门作为管理机关，更是难以对鉴定意见的实体公正产生影响，因此，管理工作的重心要放在程序公正上。通过规范的管理工作，确保鉴定过程符合程序公正，并努力促进实体公正的实现，如对鉴定机构进行质量认证，对鉴定人进行培训等。法院在采信鉴定意见时也应当遵循程序公正原则，以提高当事人对鉴定意见的接受度。

二 实践导向：提升鉴定意见的证据能力和证明力

在实践层面，鉴定意见应当能为纠纷的解决提供具有较强证明力的证据，而其本身的证据能力又是能为案件提供证明的资格。因此，在审判中心视野下构建司法鉴定的管理机制，核心是保障鉴定意见在司法实践中的证据能力和证明力。

首先，对司法鉴定实施统一管理，可以保证鉴定意见的证据能力。尤其是部分"其他类"司法鉴定意见由于证据能力的欠缺，极大地影响了案件的正常审判。对审核鉴定机构的准入门槛，对符合条件的鉴定机

---

① 张新宝：《人身损害鉴定制度的重构》，《中国法学》2011年第4期。

构和鉴定人赋予鉴定资质,是司法行政部门进行行政管理的基础和首要条件。因此,应当及时完善"其他类"司法鉴定管理的相关法律法规以及管理措施,对符合条件的鉴定机构和鉴定人予以核准,使得"其他类"司法鉴定意见不会因为鉴定资质的缺失而丧失证据能力。

其次,提升鉴定意见的证明力,也是司法鉴定规制的应有之义。鉴定意见证明力的强弱,很大程度上取决于鉴定机构和鉴定人的专业性以及鉴定过程的严谨性,这都属于司法鉴定管理所规制的对象。因此,有效的司法鉴定管理,不应当只是对准入门槛进行管理,更多的是对整个过程实行动态管理,及时处理鉴定过程中产生的纠纷,严格淘汰不符合资质要求的鉴定机构。而且,应该认识到,不同鉴定机构存在鉴定能力的差异,这也影响到了鉴定意见的证明力。因此,应当注重对鉴定机构、鉴定实验室进行质量认证,着重提升其鉴定能力。

第三节 "侦鉴一体"之反思

现阶段的司法鉴定统一管理制度仅是司法行政部门对社会司法鉴定机构所实行的统一管理,尽管要求侦查机关内设鉴定机构至司法行政部门进行备案登记,但现实中通常难以落实。而即便侦查机关内设鉴定机构进行了备案登记,也无法改变侦鉴一体的实质。"侦鉴一体"的存在,本质上受到"侦查中心"的影响,因此,适应审判中心的诉讼制度改革,就要对"侦鉴一体"进行进一步的探索和研究。

一 "侦鉴一体"引发的鉴定问题

《决定》的颁布实质是对几个部门的权力进行重新划分,而这种权力再分配的司法鉴定体制改革触动了一些部门的利益,由于利益竞争,使得部门之间出现了话语权力的争夺现象。[1] 由于对于鉴定管理权的把

---

[1] 郭华:《司法场域的鉴定管理权争夺与厮杀——以人大常委会〈关于司法鉴定管理问题的决定〉为中心》,《华东政法学院学报》2005 年第 5 期。

握可以增强部门所拥有的权力，增强本部门在整个司法体系中的话语权，因此，原有的设立鉴定机构的部门大多不愿削弱自己的权力。同时，司法鉴定可以为各部门带来客观的经济收益，这进一步加剧了各部门的利益争夺。在《决定》颁布之后，公、检、法各部门开始或明或暗地为自己争取相应的管理权限。

侦查部门的鉴定机构在此次改革中得到了保留，公安部于2005年率先出台了《关于贯彻落实〈决定〉进一步加强公安机关刑事科学技术工作的通知》，认为司法行政部门只负责管理社会鉴定机构和鉴定人，公安机关所属的鉴定机构和鉴定人不在此列，要求"公安机关鉴定机构和鉴定人一律不准到司法行政机关登记注册"。在此基础上，公安部进一步制定了长达63条的《公安机关鉴定工作规则》，填补了公安部门多年来缺乏鉴定管理规范的空白。《决定》的颁布非但没有改变公安机关内设鉴定机构的现状，反而使得公安机关借此机会堂而皇之地取得了对其内设机构的管理权，并试图通过快速颁布相关鉴定规范的手段"控制法律'文本'的解释权，从而抢占司法场域司法鉴定管理的地盘"①。检察机关紧随其后，颁布了本部门的管理规范，规定由最高人民检察院和各省级检察院检察技术部门登记管理检察院鉴定机构、鉴定人，并负责登记审核、名册编制与公告、监督等工作。尽管后来在中央政法委的协调下，要求公安、检察等机关所属鉴定机构和鉴定人在由公安、检察等机关实行管理的同时，应到同级司法行政部门进行免费备案登记，但实践中该类登记难以落实。2017年公安部发布的最新的《公安机关鉴定规则》也依然沿袭了对其内部鉴定机构进行专门的管理。

"侦鉴一体"引发了诸多鉴定问题，为了对这些问题进行更为深刻的审视与分析，笔者选取了1998年以来的部分具有广泛影响力的且涉及司法鉴定问题的冤假错案案件进行实证分析。之所以选取1998年这一时间点，是因为1998年国务院办公厅颁布的《关于印发司法部职能配置内设机构和人员编制规定的通知》授予了司法部指导社会鉴定机构工作的

---

① 郭华：《司法场域的鉴定管理权争夺与厮杀——以人大常委会〈关于司法鉴定管理问题的决定〉为中心》，《华东政法学院学报》2005年第5期。

职能，社会鉴定机构开始得以发展，这意味着刑事案件中的当事人有了进一步选择的可能性。而且，早在1983年，我国的公安部门即已构建起了从中央到地方的四级鉴定机构，之后的司法鉴定统一管理的改革也并未触及侦查机关，尤其是公安机关内设的鉴定机构。因此，尽管部分案件历经时间较长，但我们依然可以从错案中探索并分析侦鉴一体存在的问题。值得注意的是，笔者选取错案进行实证分析，并不是由于侦鉴一体必然会导致错案发生，而是因为错案可以集中反映出侦鉴一体所存在的问题。所涉及的案件及鉴定有关情况如下表3.1所示。

表3.1　　　　　　　　　　错案情况

案件	涉嫌罪名	鉴定意见	鉴定意见对裁判的影响	案件结果
赵作海案（1998年）	故意杀人	因尸体高度腐败未进行DNA检测	尸体并未腐败到无法进行DNA鉴定的程度，且被害人赵振晌虽父母死亡，但依然有旁系血亲支持进行DNA鉴定，但办案机关用其亡母的腿骨进行鉴定，以致无法确认尸体身份	判处死缓，后赵振晌出现，宣告赵作海无罪
杜培武案（1998年）	故意杀人	昆明市中级法院对杜培武进行测谎，认定其说谎	案件直接证据不足，测谎结论"为侦破此案起到了决定性作用"	杜培武死刑改判死缓，后真凶杨天明落网，杜培武改判无罪
李久明案（2002年）	抢劫，故意伤害	现场毛发与嫌疑人的阴毛和血迹对比具有一致性	检材来源不明，存在提取嫌疑人本身的毛发或血迹进行同一鉴定的可能	判处死缓，后真凶蔡明新落网，李久明改判无罪
张辉、张高平案（2003年）	故意杀人，强奸	受害人指甲中的DNA混合谱带不属于嫌疑人张辉、张高平	法院不予采信该DNA鉴定结果	张辉被判死缓，张高平被判处有期徒刑15年，后出现新的嫌疑人勾海峰，2013年张辉、张高平被宣告无罪

续表

案件	涉嫌罪名	鉴定意见	鉴定意见对裁判的影响	案件结果
岳兔元案（2004年）	故意杀人	对被害人岳宝子的尸体和其母赵模心进行DNA鉴定，"无名尸与赵模心的MTD-NAHVI区序列相同"	基于错误的DNA鉴定认定被害人并逮捕嫌疑人岳兔元	岳宝子"亡者归来"，岳兔元因诈骗罪被判处有期徒刑1年半
念斌案（2006年）	投放危险物质	对被害人心血、尿液进行了毒物检验，不符合行业的认定标准。鉴定人将被害人呕吐物的质谱图当成了心血的质谱图。福州市公安局出具了门把上"倾向于认定"存在氟乙酸盐的《分析意见书》，并最终从炒菜铁锅里检验出氟乙酸盐毒物	侦查人员现场勘验检查笔录记载的现场物证送检时间与检验鉴定委托书记载的时间相差十余天之久，存在明显矛盾；几份质谱图样本来源不明；在对样本鉴定的过程中，鉴定机构未严格地进行空白对照试验，导致无法排除假阳性的可能性。法院依然采信了关于氟乙酸盐的鉴定意见	念斌经过4次被判处死刑后，于2014年被宣告无罪
王玉雷案（2014年）	故意杀人	对现场提取的手套未进行鉴定	仅有王玉雷有罪供述，无鉴定意见	检察机关作出不予批准逮捕决定，后经对手套内层提取物进行鉴定发现与嫌疑人王斌一致，后王玉雷被无罪释放，王斌被判处死缓

资料来源：参见裴煜《侦鉴分离制度研究》，华中科技大学出版社2017年版，第120—131页。

通过上文所列的错案情况表可以发现，侦鉴一体所带来的鉴定问题主要体现在以下几个方面：

第一，鉴定意见多直接进入审判环节并得到采信。在上述错案中，只有王玉雷案是在批准逮捕阶段即由检察院发现了案件中的证据问题，并通过补充侦查确认了王玉雷并非凶手。在其余案件中，错误的鉴定意见无一例外导致了错误的裁判结果。在侦查中心主义的诉讼构造中，公安、检察和法院呈现出"接力棒"式的流水作业模式，因此，侦查机关所发现的证据大多会被法院所采信。而鉴定意见这一需要专业知识才能作出的证据，本来就与纯粹的法律问题之间存在壁垒，作为"外行人"的法官自然难以作出判断，这进一步增加了法官直接采信鉴定意见的概率。侦查机关内设的鉴定机构几乎垄断了刑事案件中的司法鉴定，在侦查中心的影响下，法院会更加倾向于采信其所作的鉴定意见。而反之，法院采信这些鉴定意见的情况又促进了侦查机关对其内设鉴定机构的投入，进一步强化了侦查部门的权力。

第二，出现了应鉴定而未鉴定的情形。首先，鉴定相关技术条件不完备。尤其是在 20 世纪 90 年代时，我国可以进行 DNA 鉴定的机构数量有限，使得当时广泛采用血型一致来进行嫌疑人的比对和认定。而直到 2009 年，根据统计，刑事 DNA 技术在侦查中运用的比例仍然不足 2%，在强奸和杀人案件中进行 DNA 鉴定的数量不到 10%。[①] 因此，管理部门对于司法鉴定相关技术的了解和投入问题，都可能导致无法满足鉴定需要的情况出现。其次，缺乏统一的鉴定标准和技术规范，对于何种情形下应当如何进行鉴定缺乏统一的规范指引。在规范缺位的情况下，由于经济发展和鉴定投入的差距，不同地区、不同级别的鉴定机构、鉴定人水平不一，这就使得部分案件中出现了应做鉴定而未做的情况。最后，受侦查中心主义的影响，侦查机关对鉴定意见往往不会再进行深入的探究。再以未进行 DNA 鉴定的案件为例，上述案件未作 DNA 鉴定的情况均是基于已有了血型一致的鉴定意见，但因为作为证据的鉴定与作为侦查的鉴定的要求不同，血型一致不能作为认定人身同一的根据，仅可以作出排除的认定。应当注意，不能就此判断血型认定的结论本身是错误

[①] 陈学权：《刑事诉讼中 DNA 证据运用的实证分析——以北大法意数据库中的刑事裁判文书为对象》，《中国刑事法杂志》2009 年第 4 期。

的，错误的是以此来认定人身同一，"应当进一步采用其他鉴定技术进行鉴定"①。

第三，错误鉴定多有发生。作为一种科学活动，受制于人类认知的局限性，司法鉴定并不能保证百分之百的正确。因此，此处我们对于错误鉴定的探讨限于因鉴定过程不规范所致的错误鉴定和鉴定人本该避免的错误鉴定行为。以念斌案为例，本案中的鉴定过程多处呈现不规范的问题，例如，勘验记录所记载的检材移送时间与鉴定意见书上记载的检材移送时间存在十几天的时间误差；对于被害人的尿液进行鉴定时，检材与标样居然完全一致；误将被害人的呕吐物当成心血等问题不一而足。在鉴定过程中，检材的提取、保管，鉴定的实施，任何一个环节出现问题，都可能导致鉴定结果的错误。特别是对侦查机关内设鉴定机构来说，由于侦查的需要，更可能忽略鉴定过程应有的规范。除了司法鉴定过程的不规范，鉴定人的疏忽错误也可能导致错鉴的发生。以岳兔元案为例，尽管对被害人岳宝子和其母亲进行了DNA鉴定，但由于鉴定人对鉴定意见的错误解释，将被害人的尸体错误认定为岳宝子，发生了本应避免的错案。由于鉴定人与侦查机关之间存在人身隶属关系，因此，鉴定人多数情况下要为侦查需要所服务，本身即不具备应有的中立性。这也造成了侦查机关内设机构的鉴定人容易产生动机偏见，即鉴定人不再是单纯描述客观事实本身的中立者，②而是会有意无意地迎合侦查工作的需要，作出能够有助于尽快确定犯罪事实的鉴定意见。而在侦查中心的构造中，对于强大的侦查权缺乏合适的外部监督机制，属于侦查机关工作人员的鉴定人也难以得到有效的监督或追责。因此，在内外双重因素的作用下，鉴定人作出错误鉴定的机会增加，成本降低，进而导致了错鉴的发生。

二 "侦鉴一体"的弊端及成因

尽管侦鉴一体暴露出了较多的问题，但是，由于该种管理模式被广泛地认为有利于案件的侦破，因此，一直不乏支持者。支持者的观点如

---

① 郭华：《侦查机关内设鉴定机构鉴定问题的透视与分析——13起错案涉及鉴定问题的展开》，《证据科学》2008年第4期。
② 陈永生：《论刑事司法对鉴定的迷信与制度防范》，《中国法学》2021年第6期。

下：首先，该模式有利于加速案件的侦破。犯罪现场容易遭受破坏，现场中可能的证据往往容易随着时间的流逝而失去鉴定条件，因此，犯罪案件对鉴定效率的要求更高。作为侦查部门的内审机构，鉴定机构可以与侦查部门的勘验部门形成合力，勘验所提取的检材等可以迅速交由鉴定机构进行鉴定，省去了协调与分配任务的时间。这有利于准确划定侦查范围、确定侦查方向，可以及时排查重点嫌疑对象，为案件的侦破提供了宝贵的时间。其次，该模式有利于侦查阶段的保密工作。处于侦查阶段的案件往往需要保密，内设鉴定机构可以让案件始终处于侦查机关的控制之下，减少了在移送过程中可能出现的泄密问题。同时，鉴定人作为侦查部门工作人员，接受部门直接管理，更容易服从统一的指挥和领导，可以最大限度地防止泄密。最后，在侦查阶段的鉴定启动具有特殊性，具有前置性、主动性、无争议性的特点。[①] 在立案侦查阶段，由于犯罪嫌疑人、被害人等诉讼当事人的缺失，往往只能由侦查机关来提起鉴定。而且，案件还要经过侦查才能确认是否进入之后的诉讼程序，此时的鉴定尚不符合司法鉴定的条件和要求，这使得侦查机关内设鉴定机构成为必然。

诚然，侦鉴一体可以为案件的侦查带来便利，但是，对于发现事实真相这一实体公正的结果而言，发现过程的程序公正同样重要。错案所反映出的侦鉴一体的诸多问题，值得我们进行更深层次的反思。

（一）"侦鉴一体"强化了侦查中心

为了实现以审判为中心的诉讼制度改革，需要确立审判在整个侦查、起诉、审判阶段的核心地位。但是，当前我国的刑事司法结构总体呈"葫芦"形：侦查程序是"葫芦"的下部，审判程序则是上部，"无论从期限还是从权力运用的独断性上看，均无法与侦查程序活动相比"[②]。在这一结构中，侦查是最胀大的部分，审判的力量无法与侦查相比，而检察机关在其中则是具有"承上启下"作用的"细腰"。[③] 这反映出侦查活

[①] 参见邹明理《论侦查阶段鉴定的必要性与实施主体》，《中国刑事警察》2007年第2期。

[②] 张建伟：《审判中心主义的实质内涵与实现途径》，《中外法学》2015年第4期。

[③] 张建伟：《审判中心主义的实质内涵与实现途径》，《中外法学》2015年第4期。

动才是我国刑事司法活动的重心所在,也即我们通常所说的"以侦查为中心"。在侦查权占据重心地位的情况下,侦查机关,尤其是公安机关,因为其侦查活动涵盖了刑法大部分的罪名,取得了在国家权力结构中的优势地位,这突出体现在公安机关负责人在党政系统中的地位往往在法院院长和检察院检察长之上。在此种权力结构下,若想确立审判权的中心地位,势必要面临较大的阻碍。

确立以审判为中心的诉讼制度,意味着对案件的全面性、实质性的审查应当通过审判来完成。而在侦查中心之下,这一审查与判断的过程前移至了侦查阶段,使得侦查机关拥有了较大的调配各种侦查资源的权力,自行设立并管理鉴定机构即是其中之一。通过上文对司法鉴定管理的历程可以发现,公安机关内设的鉴定机构无论是从鉴定种类还是鉴定资源、鉴定力量来说,不管是与属于其他侦查部门的鉴定机构相比,还是与社会鉴定机构相比,都处于绝对领先的优势地位。因此,即使要通过庭审来对案件进行全面的判断,确立以审判为中心的诉讼制度,如果侦查机关依然通过侦鉴一体的形式垄断刑事案件中的司法鉴定活动,那么,法院仍然只能倚重侦查机关的鉴定意见和侦查活动。尤其是在鉴定意见愈加发挥出重要作用的今天,这也意味着鉴定在整个侦查活动中具有重要地位,在此情形下,侦鉴一体无疑可以强化侦查机关的权力,进而强化侦查中心的固有结构,不利于以审判为中心的诉讼制度改革。

(二) 不利于实现控辩双方的平等对抗

若要实现以审判为中心的诉讼制度改革目标,需要强化辩护一方的力量,实现控辩双方的平等对抗。公安等侦查机关具有侦查权,为了满足侦查的要求,侦查机关内部设有鉴定机构,以满足侦查阶段的鉴定需要。而与侦查机关可以内设鉴定机构权力相对应的,是辩方不仅没有启动鉴定的相关权利,也没有其他职权主义国家普遍具有的申请鉴定权。根据我国《刑事诉讼法》的规定,刑事诉讼中的当事人仅有在知晓鉴定意见后申请补充鉴定和重新鉴定的权利。而在目前"侦鉴一体"的结构下,犯罪嫌疑人、被告人也难以知晓具体的鉴定情况,这也是对其知情权的侵害,也进一步妨碍了其申请补充鉴定和重新鉴定的权利。

在为寻找犯罪嫌疑人、破获案件所进行的侦查鉴定中,由于当事人尚未出现，自然无法谈到权利的保障问题。而一旦发现了犯罪嫌疑人，鉴定作为一项调查证据的活动，不应该是独属于侦查机关的一项权力，它应当也是辩方的一项权利。对于是否启动鉴定，或者选择哪一机构进行鉴定，辩方理当具有"发言权"。而在当下，只有侦查机关享有鉴定的启动权，且还可以利用其内设鉴定机构进行鉴定，辩方则缺失这一权利，这实质上是法律对当事人在鉴定方面的一种"歧视"。[①]这不利于保障被追诉人的合法权益，并且，在许多证据需要采用鉴定才能得以获取的情况下，辩方鉴定启动权或是申请权的缺失，大大削弱了辩方的力量，难以与本就强势的控方形成平等的地位，也就无法实现审判中心所要求的"控辩平等对抗，法院居中裁判"的三角结构。尽管目前法律赋予了辩方聘请己方专家辅助人的权利，但是，专家辅助人在诉讼中的权限和地位尚不能与鉴定人相比，且目前专家辅助人的意见仅是法官裁判的参考，而非与鉴定意见相当的证据。尽管专家辅助人的使用可以在一定程度上增强辩方的力量，但仍不足以使辩方达到与控方平等对抗的地步。

　　针对这一情形，学界普遍认为应当赋予辩方与侦查机关、公诉机关平等的鉴定启动权，应当接受符合程序要件的鉴定启动申请。该构想基于平等的理念，希望赋予辩方与控方同样的鉴定申请权即可以实现二者在鉴定方面拥有平等的权利。但是，即使该权利得以落实，就一定能够实现控辩平等的目标吗？通过笔者2016年在Z省针对司法鉴定管理制度的调查，若以鉴定意见使用者，即法官和律师的角度来评价"哪一部门的司法鉴定内部管理制度体系更为完善"这一问题，可以发现，有47.2%的法官认为侦查机关的司法鉴定机构管理最为完善，有44.1%的法官认为司法行政机关管理的司法鉴定机关最为完善，相较之下，有68.2%的律师更倾向于司法行政机关管理的鉴定机构。与律师相比，法官更倾向于侦查机关的内设鉴定机构。经过笔者对部分法官群体的深入访谈，发现法官内心多有矛盾，基于国家司法机关工作人员的职业属性，在公安机关、检察机关和法院"相互配合"的宪法关系之下，尽管基于朴素正义的信念认可社会鉴定机构的中立性，但对公安机关、检察机关

---

① 裴煜：《侦鉴分离制度研究》，华中科技大学出版社2017年版，第450页。

的鉴定意见、内部管理有着天然的倾向性。即便辩方拥有了平等的鉴定申请权乃至鉴定机构的选择权,但如果依然采行侦鉴一体的现行制度,在辩方申请鉴定后,法院依然会倾向于由侦查机关内设鉴定机构作出鉴定,并且会倾向于选择侦查机关内设机构所给出的鉴定意见。因此,只要侦检一体化的问题存在,辩方就难以取得与控方相对等的地位,控辩不平等,势必让审判中心难以落实。

(三) 混淆了侦查鉴定与司法鉴定的区别

在刑事诉讼中,侦查机关的内设鉴定机构是为侦查工作所服务的。侦查阶段所需要的侦查鉴定,并非一定要满足同一认定的要求,能够起到线索作用即可。例如,在上文应进行DNA鉴定而未进行的案例中,尽管血型鉴定不能认定同一,但是在不一致的情况下可以排除相关嫌疑人,在一致的情况下也可以初步确定嫌疑人以及接下来的侦查方向。这既可以提升鉴定的效率,也有效避免了鉴定资源的浪费。同时,由于不同阶段对于证据标准的要求不同,侦查鉴定的标准确实可以低于作为证据的司法鉴定的标准。

而在侦鉴一体的情况下,面对着较低的侦查鉴定标准和较高的司法鉴定证据标准,侦查机关的内设鉴定机构往往不会仔细加以区分,在作出侦查所要求的相关鉴定后,如果没有明确规定应当进行某一更高标准的鉴定,侦查机关即会在判断该案是否符合定罪标准时使用这一鉴定意见。该鉴定意见即进入了之后的审查起诉阶段和审判阶段,并进而影响到了法官的裁判。

在审判中心下,要求在审判阶段对案件进行全面、实质的审查,因此,侦查阶段不需要完成所有的工作。为了完成这一目标,侦查阶段和审判阶段的任务是不同的。因此,对侦查所需的鉴定标准和裁判所需的鉴定标准,应当进行必要的区分,裁判所需的司法鉴定标准,应当明显高于侦查鉴定的标准。而侦鉴一体则使两者发生了混同,不利于这一目标的实现。

三 审判中心下侦鉴一体的逐步分离

在以审判为中心的改革中,刑事诉讼法不仅要追求实体公正,更要注重程序公正。通过前文所述可知,保留侦查部门的内设鉴定机构往往会带来鉴定人的倾向性,不利于司法鉴定的客观、中立以及公正。因此,我国司法鉴定管理制度的进一步改革应当着重强化鉴定机构的独立性,逐步实现侦鉴分离,由在刑事诉讼中不承担具体职能的司法行政机关部门进行统一管理。

在当前对侦鉴分离的反对声中,主要都认为将鉴定机构进行剥离将会损害侦查所需的效率要求和保密要求,但是,侦鉴分离不意味着要将侦查机关原有的内设鉴定机构推向完全的社会化司法鉴定机构,更不意味着改革后要走市场化路线。

对侦查机关内设鉴定机构,可以实施"三步走"的改革策略进行分离,以实现统一管理之目标。第一步,在侦查机关内部侦鉴分离。具体来说,一是部门的分离,即将侦查系统内的鉴定机构从侦查部门中分离出来,以权力最为庞大的公安机关为例,应当改变其司法鉴定部门隶属于刑侦部门的地位,设为独立部门,与侦查部门同级,实现权力间的制约与平衡;二是身份的分离,即在这一类鉴定机构中的鉴定人不应再具有警察身份,而应当以客观、中立的工作人员身份进行鉴定,同时,除非有需要鉴定人到场的情况,鉴定人不随勘验工作人员出勤现场,实现侦查与鉴定工作人员的分离。

第二步,逐步实现司法行政部门的统一管理。目前,《意见》明确了侦查机关司法鉴定人和司法鉴定机构由侦查机关进行资格审核和管理,由司法行政部门统一编制名册并公告。这使得司法行政部门的统一管理具备了初步的基础。司法行政部门对司法鉴定的统一管理,应当重在鉴定相关的实质性、标准化内容的管理,而非人、财、物以及运作方式等日常运营方面的管理。应当统一管理的内容主要包括统一的准入资格、统一的执业规则、统一的监察监督以及统一的技术标准。对于统一技术标准的制定,由于当前标准杂乱,部门间各行其是,可以由司法行政部门会同侦查机关商定相关技术标准。在鉴定机构的监察监督方面,应当依托行业协会及国家质量监督检验检疫总局、国家认证认可监督管理委员会,对鉴定机构进行统一的质量认证,以保证其鉴定的质量与能力,同时,也应当注意动态的监督,划定年限进行复核,以保证相应的鉴定机构与鉴定人始终着力于提高鉴定水平。

第三步,成立独立的犯罪实验室。改革并非是一个一蹴而就的过程,而且,英国FSS的破产也启示我们,将侦查相关的司法鉴定机构完全推向社会化和市场化,也存在着较高的风险。已有的社会司法鉴定机构的实践也证明了市场化下的第三方机构也存在着中立性不足的问题。因此,应当在内部侦鉴分离以及实现司法行政部门标准化层面的统一管理之后,逐步推进独立犯罪实验室的设置,已达到完全化的侦鉴分离的目的。值得注意的是,独立犯罪实验室与侦查机关内设勘验部门并不冲突,勘验属于一种侦查手段,其所获得证据多属于侦查鉴定,而非司法鉴定。独立犯罪实验室应当负责对要进入诉讼阶段的,与定罪量刑相关的物证的鉴定工作,进而实现侦查鉴定与司法鉴定的区分。独立犯罪实验室应由国家拨款,注意统筹规划、合理布局,根据当地的实际情况,在省、市、县三级建立不同数量、不同规模的实验室。应与社会司法鉴定机构一样,接受司法行政部门的统一管理。

第四节　司法鉴定管理与使用相衔接机制的完善

构建司法鉴定管理与使用相衔接的运行机制,可以进一步对司法权与司法行政权进行合理的配置,有助于实现以审判为中心的诉讼制度改革目标,也有助于健全统一司法鉴定管理制度。司法权以判断为本质内容,是判断权;[①] 而司法行政权以管理为本质内容,是管理权。[②] 因此,法院应当对鉴定意见进行裁判,判断其是否具有证据能力、证明力大小以及能否作为定案的依据。司法行政部门应当负责对司法鉴定的管理,为司法权的行使提供服务与保障。然而,二者的运行在当下出现了一定的错位和脱节。因此,本章将在分析二者错位、脱节的现象及成因的基

[①] 此处使用了"司法权"的狭义概念,即由人民法院行使的裁判权,通过将一般的法律规则适用于具体案件上,来发挥裁判案件的这一功能。详见陈瑞华《司法权的性质——以刑事司法为范例的分析》,《法学研究》2000年第5期。

[②] 霍宪丹:《司法鉴定统一管理机制研究》,法律出版社2017年版,第220页。

础上，结合最高人民法院和司法部联合发布的《关于建立司法鉴定管理与使用衔接机制的意见》，提出完善司法鉴定管理与使用衔接机制的基本路径。

一　司法鉴定管理与使用的错位

(一) 司法权对司法行政权的侵占

司法权对司法行政权的侵占，主要体现在应当行使司法权的法院通过编制"册中册""册外册"的方式进行实质意义上的司法鉴定管理，侵占了司法行政权的运行。

由于"自审自鉴"严重违背了诉讼中裁判中立的原则，因此，法院的内设鉴定机构在司法鉴定统一管理改革中最先被撤销。《决定》公布后，法院撤销了原有的内设鉴定机构，转化为负责委托鉴定以及为法官办案提供咨询的部门。但2007年8月，最高人民法院通过了《对外委托鉴定、评估、拍卖等工作管理规定》，开始实施对外委托鉴定名册制度，由最高人民法院司法辅助工作部门负责编制《最高人民法院司法技术专业机构、专家名册》，并监督其中的机构和专家。这意味着对"其他类"司法鉴定[①]，法院可以直接自行编制名册并进行实际意义上的监督，再加上对"三/四大类"司法鉴定[②]编制"册中册"的权力，法院实际上建立起了一套与司法行政机关并行的统一管理体制。并且，由于法院名册涵盖了"三/四大类"，其管理权限和范围实则超过了司法行政机关。尽管全国人大法工委在回应黑龙江省人大常委会《对如何处理省高级人民法院制定的规范性文件的意见》时表示，省高级人民法院统一编制辖区内法院系统司法鉴定工作名册与《决定》不符，超越了地方法院的职权范围，却并未完全改变法院的做法。

---

① "其他类"司法鉴定是指除司法行政部门统一管理的法医类、物证类、声像资料类、环境损害类司法鉴定（"四大类"司法鉴定）以外的其余类别的司法鉴定，如司法会计类、建筑工程类、知识产权类等，与《决定》第2条对司法鉴定管理类别的划分相一致。

② "三大类"是指2005年《决定》中规定实行统一管理的法医类、物证类以及声像资料类鉴定，2015年，环境损害类司法鉴定被纳入统一管理的范畴，与"三大类"司法鉴定并称为"四大类"。文中所出现的"三大类""四大类""三/四大类"称谓与环境损害类司法鉴定纳入统一管理的时间有关，均指根据《决定》由司法行政部门统一管理的司法鉴定，特作说明。

随着互联网平台的发展，许多省级人民法院都采用网上委托平台来进行对外委托鉴定。委托平台大多采用鉴定机构自行申报、注册的形式，且平台完全公开，较之前的单列名册更为中立和公正。但对于平台内的鉴定机构，若法院认为其存在问题，则可以自行暂停委托或将其逐出平台。尤其是对于无司法行政机关管理的"其他类"鉴定，法院可以完全自由裁量而无须告知其主管部门，实则享有了实质上的管理"其他类"司法鉴定的权力。由于上述情况的存在，不难看出，法院更加倾向于把握住已有的实质管理权限，从而掌控住司法鉴定对外委托权，这实质上分散了司法行政部门的管理权限。司法鉴定统一管理的改革，尤其是对"其他类"司法鉴定的统一管理将触动法院的既得利益，可能面临来自法院的阻挠，为规制"其他类"司法鉴定带来了困难。

（二）司法行政权对司法权的干涉

司法行政权对司法权的干涉主要是通过司法行政部门在有些情况下干涉司法鉴定机构的日常运行，影响到其鉴定意见的正常生成，甚至通过干涉律师行为而影响到本应属于司法权的范畴的鉴定意见的质证和采信。

司法行政部门对司法鉴定机构日常行为进行干涉的主因是为了规避因为投诉而带来的"闹鉴""因鉴上访"等行政管理压力，而出现这一问题的根源则在于对司法鉴定缺乏实质管理和动态监督。

在《决定》颁布之后，社会司法鉴定机构得到了迅速发展，这突出体现在数量的增加上，2007年全国共有司法鉴定机构4421家，比2004年的2864家增加了54.36%，此后，鉴定机构数量每年均呈现出快速增长的趋势，直至2012年开始首次出现负增长（详见下图3.2）。之后，由于"双严十二条"的规定，各省市开始清理"四类外"司法鉴定机构，司法行政机关登记管理的司法鉴定机构总数呈现下降趋势，截至2020年底，全国共有司法鉴定机构3100余家，截至2020年底，[①] 司法

---

① 司法部：《每年提供法律援助等各类服务1800多万件次》，中国政府法制信息网，http://www.moj.gov.cn/pub/sfbgw/jgsz/jgszzsdw/zsdwfzxczx/fzxczxxwdt/202203/t20220303_449487.html，最后访问日期：2023年3月21日。

鉴定机构有 2900 多家，① 截至 2021 年底，司法鉴定机构共 2883 家②。

图 3.2　2005—2017 年全国鉴定机构数量

资料来源：司法部司法鉴定管理局：《2005—2015 年我国司法鉴定发展情况分析》，《中国司法鉴定》2016 年第 2 期；党凌云、郑振玉：《2015 年度全国司法鉴定情况统计分析》，《中国司法鉴定》2016 年第 3 期；党凌云、郑振玉：《2016 年度全国司法鉴定情况统计分析》，《中国司法鉴定》2017 年第 3 期；党凌云、张效礼：《2017 年度全国司法鉴定情况统计分析》，《中国司法鉴定》2018 年第 4 期。

但是，由于《决定》对鉴定机构和鉴定人的登记管理仅做了形式上的要求，并未进行实质能力的要求，因此，社会鉴定机构和鉴定人未免出现了水平参差不齐的现象。尤其是小型鉴定机构占比较大，该情况直至 2017 年才有所改善，5 人以下的鉴定机构比例近年来首次下降，20 人以上的机构比例比上年提高。只有 1 项执业类别的鉴定机构比例近年来首次降低，但依然占据了半数之多（详见下表 3.2）。直至 2023 年，只有 1 项执业类别的机构占比仍旧达到了 49.7%，尚未有实质性改观。③

---

① 司法部：《法治护航 久久为功——"十三五"时期全面依法治国和司法行政工作取得历史性成就》，中华人民共和国国务院新闻办公室，http://www.scio.gov.cn/xwfbh/xwfbh/wqfbh/44687/45127/xgbd45134/Document/1700904/1700904.htm，最后访问日期：2023 年 3 月 21 日。

② 司法部公共法律服务管理局：《2021 年度全国司法鉴定工作统计分析报告》，《中国司法鉴定》2023 年第 1 期。

③ 司法部公共法律服务管理局：《2021 年度全国司法鉴定工作统计分析报告》，《中国司法鉴定》2023 年第 1 期。

鉴定机构的"小""散"情况使得鉴定资源较为分散，不易集中人力和财力发展相关的鉴定业务，削弱了鉴定机构的力量。而此类小型鉴定机构由于鉴定水平较低，更易引发投诉等行为，为行政管理带来了困难。

表3.2　　　　　　　　2014—2017年度鉴定机构状况（%）

年份	5人以下	20人以上	1项执业类别
2014	28.80	11.85	57.14
2015	29.57	12.20	57.25
2016	30.56	12.17	57.29
2017	28.19	12.33	55.14

而与登记管理相对应的是，目前我国缺乏对鉴定机构的全程动态监督和规范化的追责机制。就全国范围内司法鉴定的投诉来看，每年的投诉处理量在1600件左右，但其中不予受理的占三分之一左右，而最终查证不实或无法查证的数量有一半左右（详见下表3.3）。

表3.3　　　　司法鉴定2010—2017年投诉量及受理情况

年份		投诉量	不予受理量（%）	查证不实、无法查证量（%）
2017	鉴定机构	1624	无数据	52.3
	鉴定人			
2016	鉴定机构	1254	37.4	46.7
	鉴定人	371	30.5	53.6
2015	鉴定机构	1220	无数据	47
	鉴定人	449		38.3
2014	鉴定机构	1402	32.3	56.8
	鉴定人	647	28.4	58.7
2013	鉴定机构	1227	28.8	59
	鉴定人	499	27.5	62.1
2012	鉴定机构	1298	31.4	51
	鉴定人	433	19.6	60.2

续表

年份		投诉量	不予受理量（%）	查证不实、无法查证量（%）
2011	鉴定机构	922	36.9	40.8
	鉴定人	331	36.6	39.3
2010	鉴定机构	1034	44.6	无数据
	鉴定人	288	38.5	无数据

针对各类投诉，以司法行政机关作出行政处理为多，作出行政处罚的较少。在部分案例中，司法鉴定行业协会也作出了相关的行业处理，但该类情形尤为少见（见下图3.3）。值得注意的是，在作出行政处罚的案件中，也多以警告并责令改正为主；暂停执业的数量较少，每年在10余件左右；罕有作出撤销登记的情况，2012—2015年均没有对鉴定机构作出撤销登记的决定（有对鉴定人进行撤销登记的情况），直至2016年始有3件撤销登记的处理。①

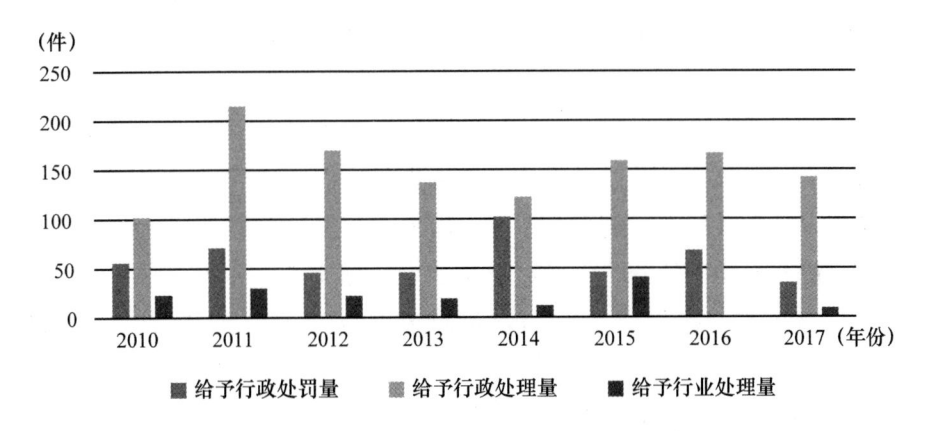

图 3.3 2010—2017 年全国投诉案件处理情况

资料来源：同图3.2。

从上述情形我们不难看出，当前司法鉴定的追责力度不足。调查问卷也佐证了这一结果，根据笔者的调研，有50.2%的人认为当前司法鉴定的

---

① 数据来源同图3.2。

追责力度较低，只有23.2%的人认为当前的追责力度合适（见下图3.4）。

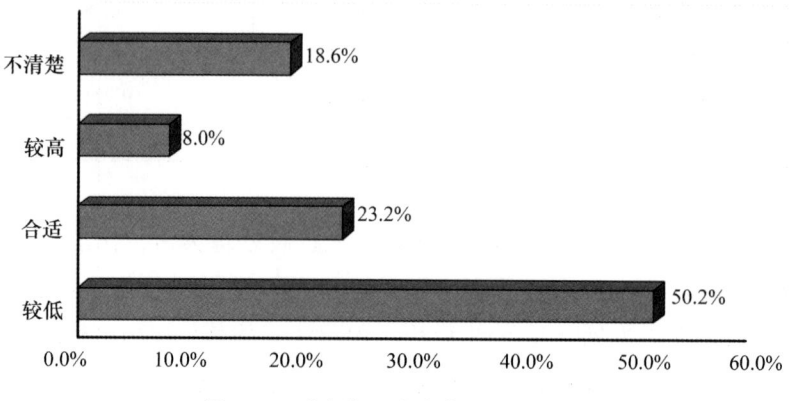

不清楚 18.6%
较高 8.0%
合适 23.2%
较低 50.2%

图3.4　对当前司法追责力度的认识

司法鉴定投诉量与投诉后的处理量出现了明显的差距。该差距的出现具有一定的客观原因，由于鉴定意见的判断属于法院裁判的范畴，因此，如果出现投诉人单纯不满于鉴定意见的结论，希冀通过投诉而改变鉴定意见的情况，司法行政部门无法处理此类投诉。除客观原因外，差距出现的主要原因有两点：首先，缺乏明确的责任处理标准，因此，司法行政部门会尽量维护鉴定机构与鉴定人，除非发生严重违反法律法规的情况，否则，对鉴定机构及鉴定人的追责力度较轻；其次，从事司法鉴定管理的工作人员多缺乏鉴定专业知识，自身能力不足以应对较为复杂的投诉调查，使得对于鉴定投诉的处理往往是"高高拿起，轻轻放下"。

这一巨大的差距往往会引发投诉人的不满，为此，"闹鉴""因鉴上访"、因鉴定引发的对司法行政部门的行政诉讼逐渐增多，为鉴定机构和鉴定管理部门都带来了较大的压力。为了回避这一压力，如果鉴定相关的案件当事人或委托人在鉴定启动前即表现出对鉴定不够理解乃至不够支持的情况，鉴定机构往往会拒绝受理。在面临较为复杂、棘手的鉴定时，鉴定机构拒绝受案的情况也多有发生。更有甚者，为了规避当事人投诉、上访所带来的行政管理压力，有些地区的司法行政部门会要求当地鉴定机构提高风险意识，减少受理可能带来纠纷的案件，甚至在具体案件中对相关的鉴定机构、鉴定人以明示或暗示等方式要求其放弃受理。这一所谓"规避风险"的行为尽管可能带来暂时的投诉量降低，但是，从长远来看，这一行为干扰了司法鉴定的正常秩序，影响了鉴定意见的产生，司法行政权进而干扰到了审判权的正常运行。同时，该行为放纵了真正存在问题的鉴定机构和鉴定人，使部分违规、违法，甚至已不符合鉴定资质的鉴定机构和鉴定人继续从事鉴定工作，扰乱了鉴定市场，影响到鉴定意见的质量。

二 司法鉴定管理与使用的衔接缺位

除了错位之外，司法鉴定管理与使用的运行还存在着衔接缺位的情况，这主要体现在对"其他类"司法鉴定的管理上。根据《决定》的要求，对实践中出现的实用性很广泛的鉴定种类，国务院司法行政部门经与最高人民法院、最高人民检察院商定，增加到对鉴定人和鉴定机构实行登记管理的范围中去。① 然而，目前实践中，尚有诸多诉讼急需的司法鉴定种类尚未纳入统一管理，这就使得司法鉴定的管理与使用出现了衔接缺位的情况，缺乏统一管理的"其他类"司法鉴定在实践中暴露出了诸多问题。

《决定》第2条明确规定了司法行政部门负责法医、物证和声像资料类鉴定的管理工作，"其他类"司法鉴定"根据诉讼需要由国务院司法行政部门商最高人民法院、最高人民检察院确定"。这一区分更多的是基于诉讼需求的视角，"三大类"司法鉴定所占比重较大，多数鉴定机构规模较小且质量参差不齐，同时更多地带来了"多头鉴定、重复鉴定"的问题。因此，由司法行政部门统一管理"三大类"司法鉴定在当时具有相当的合理性。但除浙江、西藏外，大部分省市的司法行政部门依然通过颁布地方《司法鉴定管理条例》的方式对"其他类"司法鉴定进行管理，"其他类"与"三/四大类"司法鉴定在鉴定机构和鉴定人数量上可谓"平分秋色"（详见下图3.5）。而根据《意见》的要求，2017

---

① 全国人大常委会法制工作委员会刑法室著：《全国人民代表大会常务委员会关于司法鉴定管理问题的决定释义》，法律出版社2005年版，第5页。

年司法部发布的"双严十二条"要求对于没有法律、法规依据的鉴定事项，司法行政机关一律不予准入登记。河南、湖南、湖北全面停止了对"其他类"鉴定事项的登记管理，其余省份多通过清理整改等减少了"其他类"鉴定机构数量,① 带来了2017年度"其他类"司法鉴定机构和鉴定人数量的大幅下滑（详见下图3.5）。② 随着各省市陆续开始清理"其他类"司法鉴定机构，由司法行政部门管理的司法鉴定机构总数也在不断下降。

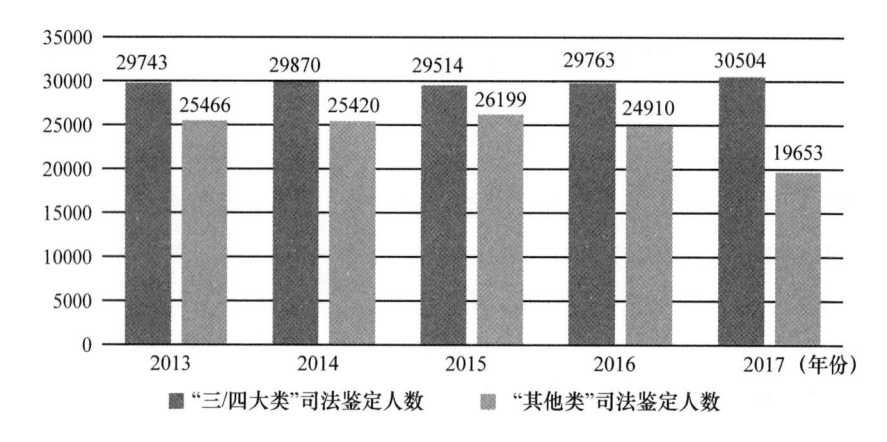

年份	"三/四大类"司法鉴定人数	"其他类"司法鉴定人数
2013	29743	25466
2014	29870	25420
2015	29514	26199
2016	29763	24910
2017	30504	19653

图 3.5 2013—2017 年司法鉴定人数量

资料来源：同图 3.2。

然而，单纯地对"四大类"司法鉴定进行更为严格的规范管理并不能完全达成为审判提供优质鉴定的目标。长期以来，缺乏明确规制的"其他类"司法鉴定较之"三/四大类"司法鉴定反而呈现出更多的问题。

第一，执业范围不明。根据相关规定，司法鉴定机构必须在其核准的执业范围内执业。然而，由于各省市对"其他类"司法鉴定的管理界定不一，造成了"其他类"司法鉴定机构的执业范围不明。例如，有些

---

① 蔡长春:《司法部对司法鉴定行业严格准入监管显成效》,《法制日报》2018年4月29日第1版。

② 由于2018年及之后的统计数据缺失，因此，本书并未对2018年后"其他类"鉴定机构进行单独统计。

鉴定机构将交通事故类司法鉴定等同为"痕迹类"司法鉴定,开展相关业务,实则违反了法律法规,进行了超范围执业。随着诉讼活动对"其他类"司法鉴定需要的增长,部分并无司法鉴定资格的机构也开始从事"其他类"司法鉴定,为统一管理带来了困难。

第二,鉴定公信力较低。对司法鉴定的投诉或上访一定程度上可以反映司法鉴定的公信力。据司法部信访工作统计,自2012年开始,司法鉴定信访量常年居于前三位。[①] 然而,若按照管理部门对司法鉴定投诉及上访进行细分,可以发现,"其他类"司法鉴定所引发冲突要远多于"三/四大类"。据司法部统计,2017年投诉发生率为0.071%,略高于上年的0.069%,其中,"四大类"鉴定的投诉发生率为0.066%,"其他类"鉴定的投诉发生率为0.143%,是"四大类"的一倍之多。[②] 再以浙江省人大的信访数据为例,按涉及鉴定信访的主管部门分类(如图3.6),司法行政部门管辖的司法鉴定15件,"其他类"司法鉴定(除去公安部门司法鉴定)则有75件之多。"三大类"司法鉴定在2008年、2011年、2012年、2014年、2015年出现了零信访。据此可知,"其他类"司法鉴定由于管理部门的缺位,与"三大类"相比,鉴定质量更加难以保证,也影响了鉴定公信力。

第三,司法鉴定管理规定与现有的证据规定产生了冲突。列入司法行政机关鉴定类别的鉴定种类只有"四大类",但是随着社会的发展,出现了愈来愈多"四类外"的"其他类"事项需要鉴定,根据学者统计,常见的"其他类"司法鉴定包括价格鉴、文物鉴定、珍贵、濒危动植物鉴定、会计鉴定以及名胜古迹损毁鉴定、商品真伪等其他类型的鉴定。[③] 过去这些"其他类"的司法鉴定意见往往因鉴定人欠缺合法的鉴定资质而经受证据能力的质疑,法官往往引用2012年《刑事诉讼法》司法解释第87条中关于"检验报告"可以作为定罪量刑的参考的内容

[①] 邓甲明、刘少文:《深入推进司法鉴定管理体制创新发展》,《中国司法》2015年第7期。

[②] 党凌云、张效礼:《2017年度全国司法鉴定情况统计分析》,《中国司法鉴定》2018年第3期。

[③] 吴洪淇:《刑事诉讼专门性证据的扩张与规制》,《法学研究》2022年第4期。

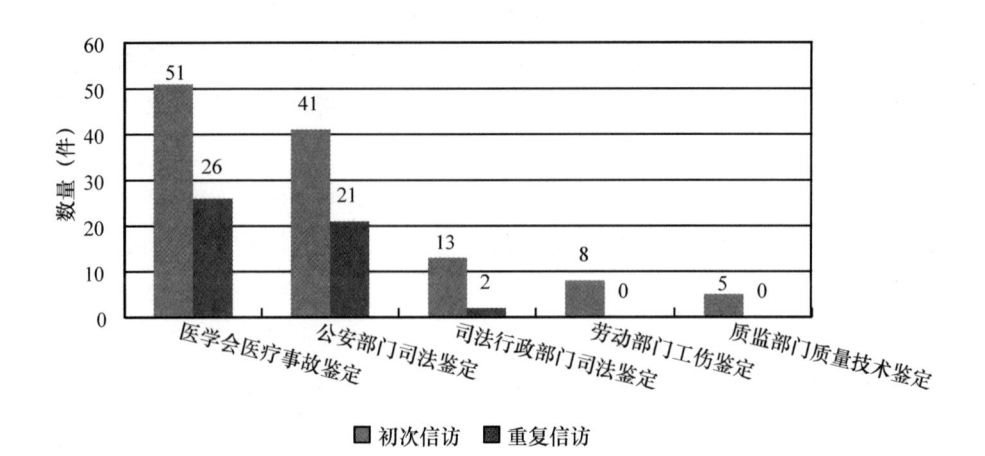

图 3.6　2005—2015 年度浙江省人大涉及鉴定信访分类

资料来源：潘广俊、蒋立臻：《司法鉴定管理体制改革评析——以浙江省人大常委会受理鉴定信访数据为视角》，《中国司法》2016 年第 6 期。

进行参照适用，部分地区的司法行政部门甚至强制要求律师不得在庭审中以资质问题作为抗辩事由。2021 年《刑事诉讼法司法解释》对原有的第 87 条进行了修改，肯定了"有专门知识的人就案件的专门性问题出具的报告"的证据能力，突破了原有的证据规定，也冲击了原有对专门性问题解决的"行政—司法"二元框架。对鉴定机构和鉴定人实施登记管理，可以确保鉴定机构和鉴定人的资质足以胜任司法鉴定工作，进而把控鉴定意见的质量，这也是司法部对"其他类"司法鉴定进行清退的重要原因。在原有的二元框架下对鉴定意见进行评价尚且出现了许多错误，基于司法活动中对司法鉴定的普遍迷信，仅凭借庭审对这类新证据进行审查，难免导致裁判者更为偏信这类证据，这也与审判中心所要求的证据裁判原则相悖。

三　审判中心下司法鉴定管理与使用相衔接机制的完善路径

2016 年，最高人民法院和司法部联合发布了《关于建立司法鉴定管理与使用衔接机制的意见》。2020 年的《意见》再次强调要"完善司法鉴定管理与使用衔接，促进司法鉴定管理与使用良性互动"。基于此，本书将在审判中心下,对司法鉴定管理与使用的衔接机制提出进一步的完善路径。通过上文的分析,司法鉴定管理与使用之间的衔接,是在各自职权基础上进行的衔接,而非不同职权间的僭越。

(一)构建司法鉴定过程的对接机制

对司法鉴定过程的对接,主要作用于司法鉴定的委托阶段,此处单指法院的委托。一是要注意司法行政部门颁布的司法鉴定相关的程序规则需要与诉讼法以及法院的规定相衔接,确保二者规范具有一致性,避免司法行政机关对鉴定机构接受法院委托的规定与法院决定委托司法鉴定的规定出现冲突或矛盾;二是处理好可以委托的鉴定机构、鉴定人的范围问题,法院的委托应当在具有相关鉴定资格的鉴定机构或鉴定人中进行选择,司法行政部门应该确保司法鉴定机构的范围满足诉讼活动的需要,避免出现"有对无接"或者"有接无对"的不衔接问题,引发诉讼程序空转,影响司法公正和诉讼效率;[①] 三是注意对检材的保管和移送,法院的委托部门和司法行政部门管理下的鉴定机构都要注意原始检材的保存,避免出现混同、污染、丢失等问题,以免影响到正常鉴定意见的作出,进而影响到裁判活动。

(二)构建法院与司法行政部门的双向反馈机制

为了加强司法鉴定管理与使用的衔接,司法行政部门与法院之间应当构建起双向反馈机制,主要应包括以下内容:

第一,加强沟通协调,严处违法违规行为。司法行政部门对违法违规的鉴定机构作出相应处分后,应当及时将情况反馈给法院,以供法院在委托鉴定机构时作为参考。法院在委托鉴定和审判工作中发现鉴定机构或鉴定人存在违规行为的,也应及时告知司法行政机关,以便后者及时调查,作出处理。尤其是对暂未纳入统一管理范围的"其他类"司法鉴定,人民法院在委托鉴定和审判工作中发现鉴定机构或鉴定人存在违规行为的,应当暂停其委托,情形严重的应停止其委托,并将结果告知司法行政机关或其他主管部门。

第二,对诉讼需要的司法鉴定种类进行及时的沟通。对"其他类"

---

① 霍宪丹等:《司法鉴定统一管理机制研究》,法律出版社2017年版,第240页。

司法鉴定，《决定》中仅笼统地规定了"根据诉讼需要由国务院司法行政部门商最高人民法院、最高人民检察院确定的其他应当对鉴定人和鉴定机构实行登记管理的鉴定事项"，然而，对何种司法鉴定属"诉讼需要"并无进一步的细致规定，这需要通过司法鉴定管理与使用的双向反馈机制来进行及时的沟通。主要应当注重以下方面的沟通：（1）诉讼中的司法鉴定数量。根据《司法鉴定程序通则》，司法鉴定应当为诉讼服务，因此，进入到诉讼中的司法鉴定数量是首要考虑因素，法院应当将诉讼中各类司法鉴定的数量定时反馈给司法行政部门，以便联合公安、检察部门，及时商定应纳入统一管理的鉴定类别；（2）潜在需求量。司法行政部门也应当具有主动性，如在法律发生变动的情况下，某类诉讼可能会对司法鉴定有着更大的需求量，此时，就需要司法行政部门在与法院沟通的基础上，提前做好规划，将其纳入统一管理范畴。

第三，构建司法鉴定信息平台。在当前大数据发展的背景下，应当结合"智慧司鉴"与"智慧法院""数字检察"等司法科技信息化建设的进程，积极构建联通司法行政管理部门与其他办案机关、使用部门的信息化平台，发挥司法鉴定信息平台在构建司法鉴定管理与使用相衔接机制中的作用。根据司法鉴定中委托鉴定、实施鉴定以及鉴定意见质证的流程顺序，相对应的司法鉴定信息平台可以包括委托平台、实施平台及质证辅助平台，[①] 完善各机关、部门之间数据的共建、共享、共用机制。通过该平台，法院可以了解司法鉴定机构的实际运行情况，了解其是否通过质量认证、是否受过处分、鉴定人是否资质完备、装备是否充分等情况。司法行政部门则可凭借平台了解鉴定意见的采信情况、鉴定人的出庭情况等，以便加强对鉴定机构和鉴定人的管理。信息平台的构建，使得司法鉴定过程可以全程处于监督之下，有利于司法行政部门实质性管理的推进。

（三）共同落实鉴定人出庭与专家辅助人制度

当前，鉴定人出庭率依然较低，专家辅助人制度的运行也没有取得预想中的效果。这些制度的落实与深化，同样需要司法行政部门和法院

---

① 刘静：《风险与应对：论大数据司法鉴定的平台构建》，《法学杂志》2021年第9期。

的协力。应当通过构建对鉴定人、专家辅助人的保障制度，完善鉴定人、专家辅助人出庭的各项规范要求，对拒不出庭的鉴定人进行相应的处罚等措施，提升鉴定人出庭率，落实专家辅助人制度。鉴定人出庭与专家辅助人制度的推行，在以审判为中心的视角下，更多地与当事人的对质权相关，因此，其现状、困境及完善措施，将在接下来的章节中进行详细分析。

第四章

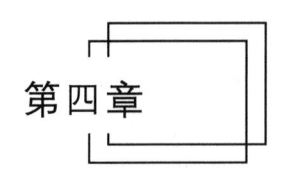

庭前鉴定意见开示的现状及完善

在上文，笔者论证了如何在以审判为中心的诉讼制度改革中推进司法鉴定统一管理制度的改革。统一的司法鉴定管理制度，有助于鉴定意见质量的提高。然而，在审判中心下，无论鉴定意见的质量如何，对鉴定意见的评价都应当在庭审中进行。为了更好地发挥庭审的作用，审前环节也不容忽视。完善的审前准备工作可以解决与审判有关的程序性事项，便于庭审的集中进行，提升庭审效率，实现庭审实质化。证据开示是审前准备工作的核心，其源自英美法系的"discovery"制度，"是一种发现或了解之前未知（信息）的过程"[①]。因此，在审判中心要求鉴定意见的评价重心由庭前转移到庭审的基础上，完善庭前鉴定意见的开示，殊为必要。

第一节 庭前鉴定意见开示与证据开示之异同

根据英美法系对"discovery"这一制度的定义可见，庭前证据开示即是在开庭审判前，由诉讼当事人按照一定的程序或方式，相互披露各自掌握或控制的诉讼证据和有关资料的活动。[②] 庭前证据开示是后续进

[①] Bryan A. Garner, *Black Dictionary* (*eighth edition*), Eagan：Thomson West, 2004.
[②] 孙长永：《当事人主义刑事诉讼与证据开示》，《法律科学》2000 年第 4 期。

行非法证据排除、整理案件争点的基础,有助于诉讼双方对案件信息的了解,防止出现"庭审突击"的情况,使得庭审更为有序,有助于司法公正价值的实现。

作为证据的一种,鉴定意见的开示属于证据开示的一种,是由双方当事人相互披露由司法鉴定作出的鉴定意见的程序,从而让双方知悉出具鉴定意见的鉴定机构和鉴定人、鉴定所依据的科学原理和方法、鉴定实施过程等鉴定意见相关情况。

鉴定意见开示除了具有证据开示的基本功能之外,由于其专业性和科学性,鉴定意见的开示,具有更为深远的意义。

首先,庭前鉴定意见开示有助于保障当事人申请补充鉴定、重新鉴定的权利。目前的司法鉴定实践中,重复鉴定、多头鉴定问题突出。除了司法鉴定多头管理、鉴定启动权配置不合理等原因外,还有一个重要原因即是当事人频繁申请重新鉴定,或者自行委托鉴定。在当下的司法鉴定实践中,尤其是在刑事案件的司法鉴定中,由于被告人没有鉴定启动权,法律赋予其申请补充鉴定及重新鉴定的权利,是在被告人对鉴定意见不满时的有效救济手段,可以防止鉴定意见"一言堂",增强被告人对鉴定意见的认同,具有积极的作用。但是,如果当事人仅凭鉴定意见是否对己方有利就申请重新鉴定或补充鉴定,不仅将带来重复鉴定的局面,而且会造成鉴定资源的浪费,使得诉讼效率下降。同时,多份不同鉴定意见的出现,也会给法官的审判带来相应的困难。而经过庭前鉴定意见开示这一程序,当事人可以在了解鉴定意见的基本情况后,通过进一步的咨询、思考之后再作出是否要申请重新鉴定、补充鉴定的决定,这将大大减少重复鉴定的发生。[1]

除了使得当事人可以更为理性地思考是否进行重新鉴定或补充鉴定之外,还可以更为充分地保障当事人的该项权利。根据现有的法律规定,当事人可以在审前或者庭审时提出补充鉴定或重新鉴定的申请。尽管在庭审过程中当事人也有权申请重新鉴定,但是,由于缺少了准备与思考的时间,在鉴定意见确有问题的情况下,在缺乏专业人士辅助的情况下,

---

[1] 陈邦达:《刑事司法鉴定程序的正当性》,北京大学出版社2015年版,第158页。

仅凭当事人及辩护人往往难以发现该问题，以至于错过了确实需要申请重新鉴定的机会，不利于该权利的保障。

其次，庭前鉴定意见开示有助于更好地准备鉴定意见的庭审质证。庭前鉴定意见开示的一个重要功能即是为后续的庭审质证做好准备，这也是保障当事人对质权的应有之义。鉴定意见的庭审质证主要包括鉴定人出庭以及相应的专家辅助人出庭，根据对质权保障的要求，并非所有的鉴定人都需要出庭，保障确有必要的关键鉴定人出庭即可满足该要求。减少不必要鉴定人的出庭，对关键鉴定人进行出庭询问，不仅能提高诉讼效率，保证法院集中力量对复杂案件进行审理，实现庭审的实质化，还可以节约相关的鉴定资源。在庭审前确认鉴定人是否有必要出庭，需要当事人对鉴定意见有基本的了解，因此，通过庭前鉴定意见开示，让案件当事人了解鉴定意见的基本情况，在对鉴定意见确有争议或有疑问的情况下再申请鉴定人出庭，可以更充分地发挥庭审质证的作用。

为了更好地对鉴定意见进行质证，除了申请鉴定人出庭之外，为了弥补当事人在专业知识方面的欠缺，相应的专家辅助人制度也必不可少。当前，专家辅助人制度的运转并没有达到立法者预期的理想效果，当事人不清楚何种情况下需要聘请专家辅助人是一个重要的原因。而通过庭前鉴定意见开示，当事人对鉴定意见有了初步判断之后，可以根据自身的实际情况，决定是否需要聘请专家辅助人，以及是否需要专家辅助人出庭。

第三，有助于防止庭审中鉴定意见的突袭。"突袭"是指当事人持有证据但不在开庭前向法院提交，而是当作"秘密武器"在庭审中突然提出，致使对方当事人因无从准备而处于不利的诉讼地位。[①]发生"突袭"的根本原因是两造信息的封锁，使得当事人无法了解对方所掌握的证据。"证据展示可以防止证据的突袭，开示程序的目的是为了让事实本身，而不是突袭或者技巧决定审判的命运，开示程序能够让诉讼各方在审前仔细推敲证据。"[②] 在审判中，由于鉴定意见所具有的科学性和专

---

① 参见陈桂明《程序理念与程序规则》，中国法制出版社1999年版，第31页。
② 龙宗智：《刑事诉讼中的证据开示制度研究》（上），《政法论坛》1998年第1期。

业性，如果出现突袭的情况，由于多数当事人并不具备应对鉴定意见的专业知识，更容易使其因准备不足而陷入不利的地位。因此，鉴定意见突袭的危害要大于普通的证据，其不仅损害了程序公正，也阻碍了事实的发现，严重损害了实体公正。庭前鉴定意见的开示为当事人提供了展示鉴定意见的途径，可以有效避免诉讼突袭，有助于司法公正的实现。

第二节　我国庭前鉴定意见开示之现状

在我国当前的民事诉讼中，庭前鉴定意见的开示已经通过以证据交换为核心的庭前会议方式完成，该制度是在具有多年实践基础的情况下被2012年修改的《民事诉讼法》所正式确立,[①] 而且，由于在民事诉讼中，双方当事人居于平等地位，对于鉴定的委托也要经协商一致确定，因此，民事诉讼中的庭前鉴定意见开示环节并无特殊强调之必要，可按照一般庭前会议的程序进行。而在刑事诉讼中，由于大部分鉴定意见仍由侦查机关内设鉴定机构作出，且相较控方，辩方所拥有的证据较为有限，因此，刑事案件中，庭前鉴定意见的开示程序尤为重要。为此，本部分将着重论述当前我国刑事诉讼中的庭前鉴定意见开示现状及存在的问题。

一　侦查阶段的告知制度与鉴定意见开示

现行刑事诉讼法第148条规定了侦查阶段侦查机关应当将用作证据的鉴定意见告知犯罪嫌疑人、被害人，即侦查机关负有告知义务。侦查机关履行该告知义务，可以保障犯罪嫌疑人、被告人在侦查阶段对鉴定意见的知情权，并为其申请补充鉴定或重新鉴定提供便利。然而，该项

---

① 民事诉讼中的庭前证据交换具有多年的实践基础，1998年最高人民法院《关于民事经济审判方式改革问题的若干规定》中初步确立了证据交换制度，各地法院也制定了庭前证据交换的操作办法。2001年最高人民法院《关于民事诉讼证据的若干规定》对庭前证据交换和举证时限进一步制度化，以证据交换为核心的审前准备程序初步形成2012年的新《民事诉讼法》及相关司法解释确立了庭前会议制度，标志着具有实质意义的审前准备程序已经形成。参见熊跃敏、张润《民事庭前会议：规范解读、法理分析与实证考察》，《现代法学》2016年第6期。

规定却不能与全面的庭前鉴定意见开示制度相等同。第一，根据该条款，侦查机关只需告知犯罪嫌疑人、被告人要"用作证据的鉴定意见"。这意味着该鉴定意见对确认犯罪嫌疑人、被告人的犯罪事实有所助益，即是对犯罪嫌疑人、被告人不利的鉴定意见，而可能存在的对其有利的鉴定意见，因为并不会被用作指控的证据，也就没有了告知的必要。然而，通过前文分析可知，侦查阶段的鉴定权往往掌控在侦查机关手中，一旦侦查机关不将对犯罪嫌疑人、被告人有利的鉴定意见进行告知，犯罪嫌疑人、被告人难以通过其他途径获取同样的鉴定意见，这不仅将使其处于不利地位，也在无形中增加了错判的风险。第二，在侦查终结后，案件即进入检察机关的审查起诉环节。在该环节中，若检察院对鉴定意见有疑问，可以询问鉴定人并制作笔录附卷，也可以指派检察技术人员或聘请有鉴定资格的人进行补充鉴定或者重新鉴定。法律或相应的司法解释均未明确规定检察院在审查起诉环节进行补充鉴定或重新鉴定后，是否应将补充或更改后的鉴定意见告知犯罪嫌疑人、被告人。因此，若仅在侦查阶段对犯罪嫌疑人进行告知，无法囊括在审查起诉环节发生变更的鉴定意见，也就无法起到庭前鉴定意见开示的作用。

二 审查起诉阶段的律师阅卷制度与鉴定意见开示

在审查起诉阶段，鉴定意见的开示主要通过律师阅卷的方式得以实现。律师的阅卷权随着法律的修改几经变动。1996年修改的《刑事诉讼法》吸取了"起诉状一本主义"的部分内核，将1979年《刑事诉讼法》所规定的"全部案卷移送制度"改为了"主要证据移送制度"，但在检察机关部分移送证据的情况下，律师及其他辩护人未必能了解到其所需要的鉴定意见及其他证据。鉴于该制度带来的"选择性移送"的弊端，2012年修改后的《刑事诉讼法》恢复了之前的全部案卷移送制度。人民检察院向人民法院提起公诉时，应一并将案卷材料、证据移送人民法院。辩护律师自人民检察院对案件审查起诉之日起，可以查阅、摘抄、复制本案的案卷材料，也可以向犯罪嫌疑人、被告人核实有关证据。犯罪嫌疑人、被告人可以通过律师阅卷之后的告知获知相关鉴定意见。

倘若检察机关对案件进行了补充鉴定或重新鉴定，律师可以通过阅卷了解到相关的鉴定意见，鉴定意见开示的范围已经大于侦查阶段，但该制度仍存在一定的问题。检察院所接收到的案卷材料，其中证据部分多来自侦查机关移送的案卷材料，正如上文所述，内载的鉴定意见是要作为证据使用的，对犯罪嫌疑人、被告人不利的意见，律师仍然不能通过阅卷制度了解鉴定的全貌，尤其是难以获取对犯罪嫌疑人、被告人有利的鉴定意见。其次，犯罪嫌疑人、被告人，尤其是在押的犯罪嫌疑人和被告人在该阶段获得鉴定意见的有关情况只能通过律师核实证据这一过程实现。然而，法律并没有说明哪些证据应当由律师向被告人核实，以及核实证据的具体方式。司法界多认同律师将可能发生争议的证据告知嫌疑人、被告人即可，而非从检察机关、法院所复制的全部案卷材料，而犯罪嫌疑人、被告人主动要求律师出示证据的规定阙如。① 如此一来，犯罪嫌疑人、被告人往往只能被动地了解鉴定意见，如果律师并未告知鉴定意见，且犯罪嫌疑人、被告人并不知晓鉴定意见的存在，也就无法在审前对鉴定意见有所了解。最后，对于自行辩护的犯罪嫌疑人和被告人来说，在缺少律师以及其他辩护人帮助的情况下，如果检察机关或法院不能为其查阅相关案卷材料提供协助，庭前鉴定意见的开示也将沦为空谈。

三　庭前会议制度与鉴定意见开示

庭前会议制度是2012年修改的《刑事诉讼法》新增加的一项制度，"在开庭以前，审判人员可以召集公诉人、当事人和辩护人、诉讼代理人，对回避、出庭证人名单、非法证据排除等与审判相关的问题，了解情况，听取意见"。鉴定意见开示，可以作为庭前会议内容的一部分进行，但根据学者在北京、无锡、盐城三地部分人民法院和检察机关进行实证调研的情况来看，目前的庭前会议存在适用率偏低的情况，而证据开示在庭前会议中的地位也较低。② 2013—2014年，江苏省盐城市两级法院仅有38件刑事案件召开过庭前会议，占总数的0.4%；北京市第二

---

① 陈瑞华：《刑事辩护的理念》，北京大学出版社2017年版，第294—295页。
② 卞建林、陈卫东等：《新刑事诉讼法实施问题研究》，中国法制出版社2017年版，第3—14页。

中级法院共有19件一审案件召开了庭前会议，占两年审结一审案件数的2%；无锡市两级人民法院共召开庭前会议26次。① 而在庭前会议应当主要解决哪些问题上，根据受访者反馈的情况来看，首要问题是非法证据排除，其后依次是出庭证人名单、回避、管辖权争议和证据开示（见下图4.1）。② 由调研可见，在司法人员心目中，证据开示并不是目前刑事庭前会议所解决的首要问题，其地位要远低于非法证据排除、出庭证人名单、回避等事项。证据开示的不受重视，势必将给鉴定意见的开示带来不利影响。

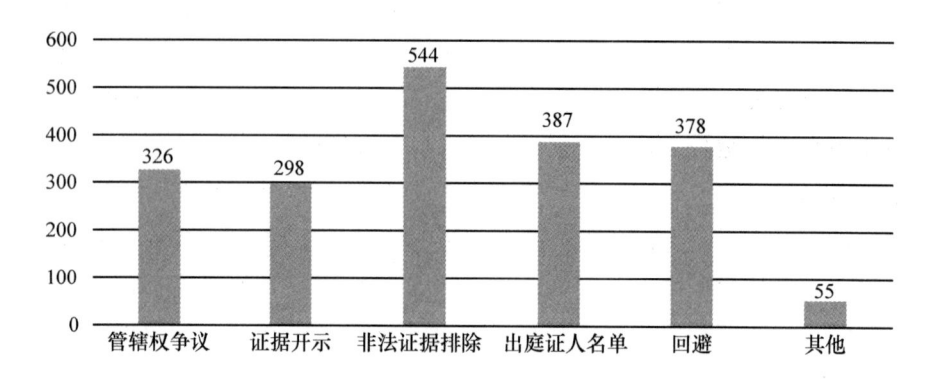

图4.1 庭前会议解决的主要问题

管辖权争议	证据开示	非法证据排除	出庭证人名单	回避	其他
326	298	544	387	378	55

资料来源：卞建林、陈卫东等：《新刑事诉讼法实施问题研究》，中国法制出版社2017年版。

根据2021年《刑事诉讼法司法解释》及2018年最高人民法院发布的《人民法院办理刑事案件庭前会议规程（试行）》（以下简称《庭前会议规程》）的规定，庭前会议的召开有"依职权"及"依申请"两种启动方式，但尽管控辩双方可以申请法院召开庭前会议，但最终裁量权依然归于法院，法院经审查认为有必要的才可以召开庭前会议。根据学者的统计，实践中，"依职权"启动的情况远多于"依申请"启动。在相

---

① 卞建林、陈卫东等：《新刑事诉讼法实施问题研究》，中国法制出版社2017年版，第5页。

② 卞建林、陈卫东等：《新刑事诉讼法实施问题研究》，中国法制出版社2017年版，第11页。

关的问卷研究中，表示法院主动依职权召开比例"极高（90%—100%）"的受访人员比率达52.8%，认为比例"很高（70%—90%）"和"较高（50%—70%）"的分别为23.0%和9.0%。① 因此，即使当事人对鉴定意见具有了解的意愿，如果法院经审查认为该案的鉴定意见开示并无必要，可以决定不召开庭前会议，这无疑大大限缩了鉴定意见开示程序的适用。

除了庭前会议在鉴定意见的开示上目前发挥的作用有限之外，还应当注意与之相反的另一种情形，即在庭前会议环节对鉴定意见进行了实质性的审查。在实践中，对证据的开示及相应的争点整理环节往往异化为实质性的证据调查，根据学者的调查研究显示，有20.8%的办案人员认为"控辩双方对证据发表实质性意见，跟正式庭审的举证、质证没有区别"②。特别是在鉴定意见的开示上，由于其专业性和复杂性，如果在该问题上耗费过多的时间进行实质性的调查，势必会带来正式庭审中的举证质证环节变短，出现庭前会议架空庭审的现象。由于庭前会议的不公开性，容易让人产生"暗箱操作"的怀疑，③ 也会损害司法鉴定的公信力。

四 庭前鉴定意见开示的问题分析

在我国并未规定专门的庭前鉴定意见开示制度的情况下，现有的起到开示功能的几项制度都或多或少有所缺陷，难以实现鉴定意见开示之目的。当前，我国庭前鉴定意见开示主要存在以下问题。

首先，对于鉴定意见开示，当事人并不掌握主动的话语权。在上述几种制度中，在侦查阶段，犯罪嫌疑人、被告人只能被动地等待侦查人员告知鉴定意见；在审查起诉阶段，则由律师行使阅卷权，犯罪嫌疑人、被告人主要通过律师主动向其核实证据的方式来了解鉴定意见；庭前会议是否召开，最终的裁量权在法院手中。可以看到，犯罪嫌疑人、被告

---

① 贾志强：《刑事庭前会议制度实施状况研究》，《中国刑事法杂志》2020年第6期。
② 贾志强：《刑事庭前会议制度实施状况研究》，《中国刑事法杂志》2020年第6期。
③ 李小猛：《刑事庭前会议制度的功能异化及其因应——以证据展示和调取及争点整理功能为中心》，《西南民族大学学报》（人文社会科学版）2023年第2期。

人作为鉴定意见质证的主体,却几乎没有任何的主动权来决定鉴定意见开示的启动。主动权的丧失,使得当事人无法全面了解鉴定意见,势必将影响到后续庭审中的质证效果,更是对当事人对质权的损害。

其次,鉴定意见开示更多地是对当事人不利的鉴定意见的开示。对当事人来说,了解对其不利的鉴定意见诚然具有重要意义,可以使其尽早发现鉴定意见存在的问题,提前考虑是否要申请鉴定人出庭,是否要聘请专家辅助人进行协助等问题,有效地防止了控方在庭审中提出不利鉴定意见的突袭。但是,在侦查机关内设鉴定机构垄断了大部分侦查司法鉴定的情况下,如果当事人可以全面了解侦查过程中的相关鉴定意见,尤其是可能对其有利的鉴定意见,将会更有助于当事人进行全盘考虑。通过前文的错案分析也可以发现,很多情况下,侦查机关的鉴定已经作出了对鉴定人有利的意见,但出于案件侦破的需要,这些有利的鉴定意见或多或少被侦查机关所忽视,也导致了冤假错案的出现。如果当事人可以在审前了解到这些鉴定意见,可以有效地制约侦查机关的权力滥用,有助于更好地发现案件事实。

最后,鉴定意见开示并未规定相关的开示范围及限度。目前,对于鉴定意见开示的具体内容,法律法规及相关的司法解释都未有明确规定。鉴定意见开示的主要目的是让辩方更好地了解鉴定意见的基本情况,以为其后续的质证提供便利。但是,开示程序毕竟不等同于庭审程序,二者之间应如何衔接有赖于对鉴定意见开示的范围及限度作出更为详尽的规定,例如,应当说明鉴定意见的哪些基本内容,在双方当事人存在争议的情况下如何处理,《庭前会议规则》所规定的鉴定人出庭具有何等效用。对这些问题的回答,决定了我国鉴定意见开示程序的具体样貌,是一个无法回避的问题,也是目前所亟须规范的内容。

第三节 庭前鉴定意见开示的比较法考察

具有对抗制传统的美国具备较为完善的专家证言开示程序。而日本则吸收了当事人主义的特点,持续推进的审判中心改革使得相关的证据开示制度也随之不断改进,可以为我国庭前鉴定意见的开示提供可资借鉴的范本。为此,笔者将选取美国专家证言开示制度和日本的鉴定书开示制度作为比较法研究的对象。同时,值得注意的是,由于此类开示也属于证据开示,因此,在研究的过程中,不免要对整体的证据开示制度进行相应的阐释。

一　美国的专家证言开示

美国作为对抗制诉讼制度运行较为成熟的法治国家,其包括专家证言在内的证据开示制度经历了多年的发展,有着更为健全的相关配套措施,对审判起到了重要作用。因此,本部分将以美国刑事诉讼中的专家证言开示程序为主要研究对象,以同属英美法系的英国专家证言开示程序为参照,着力探求专家证言开示程序的范围、时间、方式等,以为我国鉴定意见开示制度的构建有所助益。

美国的专家证言开示包含在证据开示当中,因此,在研究专家证言开示之前,需要分析证据开示制度的相关内容。美国证据开示制度的确立和发展经历了较长的时间,才逐步得以完善。在美国建国之初,其刑事诉讼制度延续了英国的普通法传统,在竞技性司法理论的指引下,控辩双方都没有提前开示证据的义务,法院也没有下令进行证据开示的权力。[1] 尽管部分州法院肯定了证据开示的尝试,如时任纽约州上诉法院首席法官的卡多佐在莱蒙诉最高法院案(Lemon v. Supreme Court)中认为在审前偶尔进行证据开示是适当的,但是,大部分法院依然不会下令进行证据开示,甚至也不承认初审法院的证据开示。[2]

20世纪初期,当事人诉讼主义的基础理论发生了变化,"真实论"逐渐取代了"竞技论"。证据开示逐渐成为民事诉讼所广泛认可的规则,《联邦民事程序规则》第26条第2款规定了民事案件中专家证言的开示,"(A)一般情况。除了规则26(a)(1)要求的开示之外,当事人必须向其他当事方披露其可能在审判时使用的根据联邦证据规则702,

---

[1] Moore, "Criminal Discovery", *Hastings Law Journal*, Vol. 19, 1968, p. 865.
[2] Moore, "Criminal Discovery", *Hastings Law Journal*, Vol. 19, 1968, p. 865.

703 或 705 条作证的专家证人的身份。(B) 必须提供书面报告的证人。除非法院另有规定或命令，否则本公开必须附有由证人准备并签名的书面报告，如果证人是被保留或专门雇用以提供案件的专家证词，或证明其作为该当事方的雇员定期参与提供专家证词"。民事诉讼中证据开示的发展，引发了刑事司法界关于是否在刑事案件中进行证据开示的思考。反对者多认为，刑事诉讼与民事诉讼之间存在区别，刑事诉讼中的被告方享有不得强迫自证其罪的宪法权利，因此无法像民事诉讼中一样做到对等的开示，而辩方了解到更多控方的证据将为其作伪证带来便利，也使得证人的人身安全容易受到威胁。① 支持者对上述观点进行了驳斥，认为由于刑事诉讼中控方力量本就强于辩方，证据开示反而可以保障辩方权利，实现控辩平等，而对辩方伪证的担忧则是一种有罪推定，是对无罪推定规则的漠视，而证人的人身安全则可以通过合理的制度进行保障。②

基于宪法正当程序条款对当事人权利的保障，联邦最高法院通过一系列判决形塑了刑事诉讼中的证据开示制度。布伦迪诉马里兰州（Brady v. Maryland）一案可谓具有开创性的意义，联邦最高法院认为，"无论控方是否出于善意，隐瞒或不开始对辩方有利的关键性的定罪或量刑证据，都会违反正当程序"③。在合众国诉阿格斯（United States v. Agurs）一案中，联邦最高法院进一步明确，无论辩方是否具体要求提供证据，控方都负有正当程序义务开示"实质性"的有利证据。④ "实质性"的证据是指"存在合理的可能性使得若证据被开示，则诉讼结果会有所不同"⑤，"实证性"并不要求一定会致使犯罪嫌疑人、被告人被无罪释放，具有合理的概率即可，确定实质性需要综合考未被开示的证据，而非逐项考量。⑥ 之后，开示有利证据的义务从检察官所知的证据延伸至"在案件

---

① 马鹏飞：《刑事证据开示制度研究》，博士学位论文，中国政法大学，2009 年。
② 马鹏飞：《刑事证据开示制度研究》，博士学位论文，中国政法大学，2009 年。
③ Brady v. Maryland, 373 U. S. 83 (1963).
④ United States v. Agurs, 429 U. S. 97 (1976).
⑤ United States v. Bagley, 473 U. S. 667 (1985).
⑥ Kyles v. Whitley, 514 U. S. 419 (1995).

中代表政府行事的其他人，包括警察"所知的证据。①

随着证据开示制度的发展，控方证据开示范围不断扩大，控方呼吁其应具有与辩方平等的证据知悉权，证据开示应当像民事诉讼中一样被设计为"双行道"（two-way street），而不应仅是"单行道"（one-way street），以提升现有的控方力量。1970年，联邦最高法院在威廉姆斯诉佛罗里达州（Williams v. Florida）一案中，确立了被告人告知控方不在犯罪现场抗辩证据的义务并不违反正常程序以及不得强迫自证其罪，②这标志着证据开示开始迈向双行道。为了防止控辩不均衡，联邦最高法院在沃迪乌斯诉俄勒冈州（Wardius v. Oregon）一案中强调了"互惠机制"（reciprocal disclosure），要求被告披露提出不在犯罪现场辩护的意图以及不在犯罪现场的证人的姓名和地址，而不对检方施加对等的互惠披露义务，从根本上是不公平的，是对正当程序的违反。③

联邦最高法院的系列判例从宪法层面规定了证据开示制度，《联邦刑事诉讼规则》（Federal Rules of Criminal Procedure）以及《美国律师协会刑事司法标准：证据开示与陪审团审理》（ABA Standards for Criminal Justice：Discovery and Trial by Jury，以下简称《律协标准》）进一步细化了证据开示的相关内容。在专家证言的开示方面，《联邦刑事诉讼规则》《律协标准》以及各州都规定了专家证言的开示。《联邦刑事诉讼规则》第16条（a）（1）（G）项涉及控方向辩方开示专家证人的情况，"（a）政府开示。（1）信息开示。（G）专家证人。在被告的要求下，控方必须向其提供书面摘要，说明控方打算根据联邦证据规则第702，703或705条在要审理的案件中使用的任何证词……根据本条提供的摘要必须说明专家证人的意见，这些意见的依据和理由，以及专家证人的资格。"根据证据开示的互惠机制，如果被告人要求控方根据第16条（a）（1）（G）项披露专家证言，且控方遵守了这一规定，那么被告人也应在控方的要求下提供打算在庭审中使用的专家证言的摘要。《联邦刑事诉讼规则》要求控方开示打算在审判中作为证据使用的专家证言摘要，《律协

---

① Kyles v. Whitley, 514 U.S. 419 (1995).
② Williams v. Florida, 399 U.S. 78 (1970).
③ Wardius v. Oregon, 412 U.S. 470 (1973).

标准》的规定则更为宽泛，要求控方应当开示与案件有关的所有的专家证言摘要，无论控方是否要在审判中作为证据使用，摘要也应当包括《联邦刑事诉讼规则》中要求的内容。① 尽管《律协标准》并不具有法律效力，但关于扩大证据开示范围的规定代表了美国律师界要求改革这一制度的普遍呼声。②

《联邦刑事诉讼规则》并未明确规定庭前证据开示的具体时间，《律协标准》给出了开示时间的参考意见，认为证据开示应尽早进行，通常应由控方先进行开示，经过合理的时间后再由辩方进行开示，③ 以便于辩方能够在充分准备的基础之上，经过辩护策略的思考后再来开示相关的证据。为了保证证据开示的完整性，《联邦刑事诉讼规则》进一步规定了"持续开示义务"，"在审判前或审判期间发现其他证据或材料的一方必须在下列情况下及时向另一方或法院披露：（1）证据或材料符合本条开示的要求；和（2）另一方先前要求或法院下令开示。"专家证言的开示方式是提供专家证言的摘要，按照《律协标准》，向对方提供可以查阅、复制、检测及拍照的机会（不管是在检察官办公室还是在其他适当的地点）即可满足开示要求。④ 若遇到一方未按照规则的要求开示证据，法庭可以通过命令该方进行开示，延期审判案件，或者禁止将未开示的证据在法庭出示等措施来进行救济。

美国的专家证言开示制度具有两个重要的特点。第一，在强调保障辩方权利的基础上实行"互惠性"开示。在美国，专家证言的开示主体不仅包括控方，也包括辩方，但控方的开示是辩方开示的前提和基础，且控方应当向辩方披露对其有利的证据。根据《联邦刑事诉讼规则》，只有在控方应辩方要求开示过专家证言的基础上，才能要求辩方进行同等的"互惠性"开示。这不仅武装了辩方在刑事诉讼中的权利，有助于控辩双方的平等对抗，还有利于事实的发现。第二，强调证据开示的完整性。随着诉讼过程的推进，势必会出现一些之前没有发现的证据，而

---

① ABA Standards for Criminal Justice：Discovery and Trial by Jury, 11 - 2.1（a）（iv）.
② 陈瑞华：《比较刑事诉讼法》，中国人民大学出版社2010年版，第395页。
③ ABA Standards for Criminal Justice：Discovery and Trial by Jury, 11 - 4.1（a）（b）.
④ ABA Standards for Criminal Justice：Discovery and Trial by Jury, 11 - 2.1（a）.

如果这些证据符合《联邦刑事诉讼规则》证据开示的条件或者控辩双方进行申请，即应当开示。

二　日本的鉴定书开示

明治维新时期，日本受大陆法系影响，采行职权主义的诉讼构造，在公诉方式上实行"卷证并送主义"，即检察官提起公诉时一并向法院移送案卷和全部证据材料，其中也包含了鉴定书。根据《大正刑事诉讼法》第 40 条的规定，辩护人在案件被付公判后，可以在法院阅览并誊写关于诉讼的书类及证据物。同时，《大正刑事诉讼法》第 325 条规定了"检察官、被告或其辩护人可以在庭审日前向裁判所提交证物或书面证据"。在"卷证并送"的情况下，辩方可以通过阅卷权来获取鉴定书以及相关的鉴定证据。

第二次世界大战后，日本根据以美国为代表的英美法系来修改本国法律，引入了当事人主义来取代职权主义。[①] 由原有的"卷证并送主义"转为"起诉状一本主义"，但修改后的《刑事诉讼法》第 40 条第 1 款仍旧沿袭了旧法条的内容，规定公诉提起后，辩护人可在法院对与诉讼相关的文件和证据进行阅览和誊写，但誊写证据必须经过审判长的许可。然而，在起诉状一本主义下，由于相关的侦查材料等依旧保存在检察官手中，并不具有证据开示的意义。此时的日本仅对个别证据的开示作出了规定，《刑事诉讼法》第 299 条第 1 项规定："检察官、被告或者辩护人请求对证人、鉴定人、翻译人进行证据调查的，必须事先给予对方当事人知晓该人姓名、住址的机会。请求调取书证或物证的，必须事先给予对方当事人阅览此类证据的机会。但是，对方当事人没有异议的，不受上述限制。"因此，对于检察官意图在庭审当中使用的鉴定意见，辩护方具有请求进行调查的证据开示机会。但是，该种机会往往会受到较大的限制，检察官只需给予被告人及辩护人知悉相关鉴定人姓名、住所的机会，并无供其阅览鉴定书的义务，而且，实践中，检察官经常拒绝

---

① 参见［日］松尾浩也《日本刑事诉讼法（上卷）》（新版），丁相顺译，中国人民大学出版社 2005 年版，第 10 页。

开示不打算请求调查的证据。

2004年，日本对《刑事诉讼法》进行了重大修改，增设了"争点及证据整理程序"，采取了三阶段的刑事证据开示制，分别为检察官请求调取证据开示、类型证据开示与争点证据开示，并为其设置不同的启动要件。① 在检察官请求调取证据开示阶段，若当事人请求询问鉴定人时，应当给予知悉其姓名及住所的机会，对鉴定人所作的陈述，应当给予阅览及复制的机会。如果相关的陈述笔录不存在时，或者认为不适宜阅览时，也应当给予阅览及复制明确记载上述人预定在公判期日陈述内容的概要。② 在请求证据开示后，为了使被告人一方可以决定是否以及如何举证，或者使被告人一方可以适当地判断相关证据的证明力时，法律进一步规定了类型证据开示。其中，鉴定书即属于该阶段需要开示的八种证据之一。③ 在类型证据开示后，检察官应当开示与被告方主张相关联的证据，即争点证据开示。争点证据开示需满足关联性、适当性以及有开示请求的条件，在此阶段也可以要求开示与鉴定意见相关的文书，例如，若主张被告在犯罪时因疾病而处于心神丧失状态，可以要求开示被告的精神鉴定书，此时的鉴定书被认为有关联性及必要性。④

尽管经过2004年的修法，日本的证据开示制度得以法定化，但是，该阶段的刑事证据开示依附于"争点整理"，而忽视了对当事人权利的保障。日本国会于2016年通过了以构建适应时代的新刑事司法制度为主旨的《刑事诉讼法等部分修正的法律案》，再次修改了刑事证据开示制度，一方面维持和扩大了现行刑事证据开示制度在理论层面以及实践活动中所起到的积极作用，另一方面则通过立法对长期以来对于围绕着刑事证据开示制度的纷争予以回应。⑤

---

① 马方、吴桐：《日本刑事证据开示制度发展动向评析及启示》，《证据科学》2018年第6期。
② 马鹏飞：《刑事证据开示制度研究》，博士学位论文，中国政法大学，2009年。
③ 八种类型证据包括：（1）证物；（2）法院或法官的勘验笔录；（3）检察官的勘验笔录及警察机关的勘验报告；（4）鉴定书；（5）记录检方证人陈述内容的文书；（6）记载被告以外的人陈述的文书；（7）记载被告供述内容的书面资料；（8）记载调查时状况的书面资料。陈邦达：《刑事司法鉴定程序的正当性》，北京大学出版社2015年版，第169页。
④ 马鹏飞：《刑事证据开示制度研究》，博士学位论文，中国政法大学，2009年。
⑤ 董林涛：《日本审判中心改革动向与评析》，《河南财经大学学报》2016年第5期。

修改后的刑事证据开示制度将请求证据目录交付一览表的权利由法院扩大至了当事人，检察官在根据第 316 条第 14 款第 1 项开示证据之后，若被告或者辩护人有请求，应迅速及时向被告人或辩护人交付检察官保管证据的一览表。通过该种方式，被告人及其辩护人可以快速地知晓鉴定书以及相关的鉴定材料，其权利得到了实质上的扩充与增强。[①] 同时，还扩大了类型证据的开示范围，首次承认了检方以及被告人、辩护人在审前整理程序和期间整理程序中的请求权。[②]

第四节　我国庭前鉴定意见开示制度之构建

尽管刑事证据开示制度源于英美法系的当事人主义诉讼模式，但是，却符合我国当下以审判为中心诉讼制度改革的要求。为了保障当事人庭审中的对质权，应当首先保障其知情权，刑事证据开示为控辩双方在庭审前提供了知悉、质疑相关证据的机会，是庭前程序改革中的重要环节。因此，应当结合我国现有的阅卷权制度和庭前会议制度，借鉴美国的相关经验，在推进以审判为中心的过程中，构建我国的鉴定意见开示制度，以起到保障当事人对质权之作用。

一　开示主体

鉴定意见开示制度的目的是保障当事人的对质权，因此，相应的制度构建应当以当事人为主导，注重保障当事人之利益，尤其是在我国具有职权主义诉讼传统的情况下，辩方的力量本就不可与控方同日而语。因此，鉴定意见开示制度构建的初衷应当是以当事人利益为先。目前，侦查机关内设鉴定机构承担了主要的刑事司法鉴定工作，因此，对于对当事人有利的关键性鉴定意见，无论当事人是否要求控方开示

[①] 闻志强：《日本〈刑事诉讼法〉2016 年修法动态》，《国家检察官学院学报》2016 年第 6 期。

[②] 马方、吴桐：《日本刑事证据开示制度发展动向评析及启示》，《证据科学》2018 年第 6 期。

证据，控方都负有主动向当事人开示的义务，即强制开示的规定。在其他情况下，只要当事人有了解鉴定意见的要求，控方也应当向其开示。

根据《刑事诉讼法》第42条规定，辩护人应当将收集到的有关犯罪嫌疑人不在犯罪现场、未达到刑事责任年龄、属于依法不负刑事责任的精神病人的证据及时告知公安机关、人民检察院。其中，"未达到刑事责任年龄、属于依法不负刑事责任的精神病人"是可以通过司法鉴定获得的证据，因此，如果辩方有此类鉴定意见，也应当向控方开示。而随着专家辅助人制度的进一步发展，作为与鉴定意见功能、地位类似的专家辅助人意见，在控方应辩方要求开示过控方鉴定意见后，辩方也应根据控方的要求，向其开示专家辅助人意见。

而在自诉案件中，由于双方具有平等的举证、质证、委托鉴定等各项诉讼权利，因此，双方都应当应对方的要求进行证据开示。

二 开示方式

鉴定意见的开示方式，可以根据是否举行庭前会议进行区分。如果举行庭前会议，根据庭前会议的相关规定可知，庭前会议的一个重要功能即是通过证据开示来明确案件事实、整理案件争点，以确保庭审充分审理、高效审理。在庭前会议中，人民法院可以组织控辩双方展示证据，归纳控辩双方争议焦点。[1] 在举行庭前会议的情况下，鉴定意见与其他证据可一并进行开示，当事人可以通过庭前会议了解到鉴定意见的基本情况，并决定是否申请鉴定人、专家辅助人出庭。根据《庭前会议规程》第17条的规定，控辩双方如果申请鉴定人、专家辅助人出庭，应当说明理由，法院经审查认为理由成立的，应当通知有关人员出庭。

值得注意的是，应当把握好庭前会议与庭审的功能差异，庭前会议环节的鉴定意见开示只是为了使控辩双方了解鉴定意见的基本情况，使

---

[1] 戴长林、鹿素勋：《人民法院办理刑事案件庭前会议规程（试行）理解与适用》，《人民法院报》2018年1月31日第6版。

法官得以整理控辩双方的证据争议,而不能异化为举证、质证程序,更不能弱化乃至取代庭审。① 若控辩双方均认可该鉴定意见,也应当在之后的庭审中,由法官向双方核实后再行确认;若双方未达成一致,应当经由庭审中的举证、质证环节之后,由法官依法作出处理。②

如果不举行庭前会议,或者还未确定是否要举行庭前会议,可以通过保障律师的阅卷权得以实现,或者在符合强制开示条件下,采取由控方直接向辩方开示的方式。此时,鉴定意见的开示可以通过对鉴定报告或相关的报告摘要进行复制、拍照的方式进行。若采取该方式,需要保障当事人对鉴定意见的知悉权,即无论当事人是否在押,或是否聘请律师及其他辩护人,若当事人要求进行鉴定意见开示,则律师、法院及检察院都应为其提供协助。如果在庭前会议后又进行了新的补充鉴定或重新鉴定,则也应当采取该种方式,以满足证据开示完整性的需要。

三　开示范围

鉴定意见的开示范围,既包括何种情况下的鉴定意见应当开示,也包括具体的鉴定意见开示内容。

在确定何种情形下鉴定意见应当开示时,也应当注意以保障犯罪嫌疑人、被告人的利益为先。因此,如果控方掌握了对犯罪嫌疑人、被告人有利的鉴定意见,则必须开示,其他情形下可应当事人要求进行开示。在现阶段,控方向犯罪嫌疑人、被告人开示的鉴定意见依然是打算用于庭审中作为证据的鉴定意见,这并不符合鉴定意见开示的有利被告人以及完整性原则,应当在构建庭前鉴定意见开示制度中,由开示用于审判的鉴定意见,逐步过渡到全面开示侦查与审查起诉过程中的全部鉴定意见。

鉴定意见开示的具体内容可以包括以下几个方面:1. 鉴定意见的结论。为了让对方当事人了解鉴定意见的基本情况,首先给出鉴定人在鉴

---

① 戴长林:《庭前会议、非法证据排除、法庭调查等三项规程的基本思路》,《证据科学》2018 年第 5 期。

② 戴长林:《庭前会议、非法证据排除、法庭调查等三项规程的基本思路》,《证据科学》2018 年第 5 期。

定意见中的结论是不可或缺的；2. 鉴定所依据的方法和理由。需要完整表述鉴定人表达的所有意见及其依据和理由，在鉴定时所考虑的事实或数据，能够支持该结论的出版物；3. 鉴定机构及鉴定人资格。除了要列明鉴定机构和鉴定人符合《决定》要求，具有鉴定的法定资质外，如果鉴定机构实验室已通过质量认证，则也应当写明，鉴定人的话则需载明过去5年的发表论文或者出版图书馆的情况，及作为鉴定人或专家辅助人出庭作证的情况。

四　开示救济

"无救济则无权利"，为了保障鉴定意见开示制度的顺利运转，对于违反鉴定意见开示的情形应当作出相应的救济。首先，法院可以命令进行开示。若符合强制性开示的情形而对方拒不开示时，法院可以下令要求进行开示；其次，法院可以决定进行延期审理。若开示的时间已经较晚，应当事人申请，法院可根据鉴定意见是否复杂、是否需要准备鉴定人出庭、是否需要聘请专家辅助人等情形进行综合考量，如果确实难以有充足的时间来准备对鉴定意见的质证，则法院可作出延期审理的决定；最后，鉴定意见不得作为证据使用。若经法院命令后仍拒绝开示相关鉴定意见，则该鉴定意见不得作为证据使用，由此带来的损失将由拒绝开示的一方承担。而如果因该种情形导致重新鉴定，则拒绝开示的一方需要承担重新鉴定的相关费用。

第五章

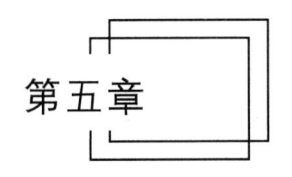

庭审中鉴定意见质证之实证研究

作为司法鉴定证据制度的重要组成部分，鉴定意见的质证连接起了诉讼制度与司法鉴定制度。在审判中心的要求下，鉴定意见的评价都应当在庭审中进行，这也是适应审判中心要求下以对质权保障为重心的需要。在以审判为中心的诉讼制度中，保障当事人的对质权，并不意味着所有的证人都要出庭作证，应当解决的是关键证人出庭的问题。通过关键证人出庭接受质证，改变庭审的证据审查方式和质证规则，"通过体现对抗性的庭审承载刑事审判的实质化"[①]，进而实现以审判为中心的改革目标。具体到鉴定意见的质证，需要实行三项制度：（1）鉴定人出庭作证及相应的保障机制；（2）专家辅助人制度的落实；（3）鉴定意见质证规则的完善。本章将围绕上述问题展开，详细分析庭审中鉴定意见质证的完善。

第一节 鉴定人出庭、交叉询问与刑事被告人的对质权

无论是英美法系，还是大陆法系，都注重对刑事被告人对质权的保

---

① 胡铭：《审判中心、庭审实质化与刑事司法改革——基于庭审实录和裁判文书的实证研究》，《法学家》2016年第4期。

障。对质权的保障,已成为当今国际社会的共识,多项人权公约及各国相关法律均有相关规定落实对质权的保障。例如,《公民权利与政治权利国际公约》第14条第3款戊项即明确规定了被告人的对质权,"讯问或业已讯问对他不利的证人,并使对他有利的证人在与对他不利的证人相同的条件下出庭和受讯问"。此处的"证人"是一个广义的概念,包括了专家证人以及功能对等的鉴定人。美国宪法第六修正案英文规定了被告人的对质权(right of confrontation),"在一切刑事诉讼中,被告人可以行使……与不利证人进行对质的权利"(Right to be confronted with the witnesses against him)。《欧洲人权公约》第6条规定了被告人在刑事诉讼中所拥有的最低限度的权利,其第3款d项规定:"询问不利于他的证人,并在与不利于他的证人具有相同的条件下,让有利于他的证人出庭接受询问"。

"所谓'对质'者应指被告与证人同时在场彼此面对面且互为质问之义"。① 其中,"面对面"(face to face)包含两方面要求:(一)被告人有在审判中在场目视证人的权利。被告人于庭审中目视证人作证,有利于自身对证人展开质问,为在法庭上的刑事辩护做好准备。(二)被告人有使证人目视自己的权利。要求证人目视自己是被告人面对不利证人时所展露出的人的天性,同时也符合公平审判的要求。"互为质问",是指在主询问人询问完毕后,由对方当事人对证人再进行盘诘性询问,即交叉询问(cross-examination)。根据《布莱克法律词典》的解释:"交叉询问是在审判或听证中由相反一方的当事人或者律师对证人进行的询问,其目标主要在于瓦解对方证人的作证资格、降低对方证人的可信度或从对方证人证言中获得有利信息,以支持本方的诉讼主张。"② 美国证据法学者威格摩尔曾称交叉询问是发现事实真相的最有效的法律装置。③

保障刑事被告人的对质权,可以使得被告人与证人通过庭审中的举证、质证来发现证据的瑕疵,探明案件事实真相,有助于一改"案卷笔录中心主义"下庭审虚化的现象,实现庭审的实质化,是"庭审鲜活起

---

① 王兆鹏:《美国刑事诉讼法》,北京大学出版社2005年版,第366页。
② Bryan A. Garner, *Black Dictionary (eighth edition)*, Eagan: Thomson West, 2004, p. 1138.
③ 参见王兆鹏《辩护权与诘问权》,华中科技大学出版社2010年版,第120页。

来的基础"①。因此，对质权的保障是实现以审判为中心诉讼制度改革的重要一步。通过前文可知，对质权所要求的"证人"意指广义范围的证人，即包含专家证人在内。因此，保障被告人的对质权，也应当保障被告人与鉴定人进行对质的权利。

目前，鉴定人出庭率低已经成为困扰许久的一个问题，根据实务部门及学者的统计，我国当前的鉴定人出庭率几乎难以超过1%。② 值得注意的是，鉴定人出庭率低只是鉴定意见质证环节缺失这一问题的表象，其深层次的原因是对质权在我国长期以来的刑事司法语境下的缺位问题。在此次以审判为中心的诉讼制度改革中，党的十八届四中全会强调"推进以审判为中心的诉讼制度改革……完善证人、鉴定人出庭制度，保证庭审在查明事实、认定证据、保护诉权、公正裁判中发挥决定性作用"，这体现了对质权的重要性。因此，强化鉴定人的出庭制度，确保鉴定意见在庭审中接受质证，是适应审判中心诉讼制度改革的必要措施。

为了强化鉴定人出庭制度，2012年修订的《刑事诉讼法》新规定了专家辅助人制度。③ 专家辅助人是具有某一专门领域的专门知识，并经控辩双方申请出庭，依据其专业的知识、技能就对方提供的鉴定意见辅助进行质证的诉讼参与人。目前，我国证据制度的重心开始从满足职权

---

① 胡铭：《审判中心、庭审实质化与刑事司法改革——基于庭审实录和裁判文书的实证研究》，《法学家》2016年第4期。
② 例如，有学者对几种鉴定人出庭的数据进行了比较分析，认为很难说哪种统计数据更为权威，但鉴定人出庭率都很低，在0.6%—2%之间，参见刘建伟《论我国司法鉴定人出庭作证制度的完善》，《中国司法鉴定》2010年第5期；如有学者经统计新《刑事诉讼法》颁布后北大法宝数据库中的案例，发现自2013年1月1日到2014年3月17日期间，涉及鉴定的刑事案件有46832件，鉴定人出庭的仅有18件，占比约为0.038%，参见胡铭《鉴定人出庭与专家辅助人角色定位之实证研究》，《法学研究》2014年第4期；如根据浙江省司法厅的数据，2013年浙江省司法鉴定人出庭作证只有167次，涉及诉讼案件的出庭率仅为0.45%，参见潘广俊《司法行政机关对司法鉴定人出庭作证保障制度研究》，《中国司法鉴定》2016年第2期。
③ 在2018年修正的《刑事诉讼法》中，第197条第2款规定："公诉人、当事人和辩护人、诉讼代理人可以申请法庭通知有专门知识的人出庭，就鉴定人作出的鉴定意见提出意见。"此处的"有专门知识的人"，即是我们所称的专家辅助人。但要注意，这并非一个法定概念，而是一个学理上的称谓。专家辅助人既非我国传统意义上的鉴定人，也与英美国家一般意义上的专家证人有所区别。关于该术语来源的讨论，详见李学军、朱梦妮《专家辅助人制度研析》，《法学家》2015年第1期。

便利转变为重视权利保障。[①] 以审判为中心的诉讼制度改革要求实现控辩双方的平等对抗,然而,目前的刑事鉴定多由侦查机关指定鉴定人进行。因此,尽管公诉人、当事人和辩护人、诉讼代理人均可以申请专家辅助人,但就这项权利的实际价值来看,显然可以更好地保障当事人一方的权利。通过专家辅助人制度的实施,专家辅助人能够弥补当事人一方在科学技术等专业领域的不足,凭借其专业知识更好地对鉴定人的鉴定意见提出质疑,达到质证的根本目的,保障当事人享有的对质权。

通过对对质权含义的剖析,可以发现,完善鉴定人出庭制度,保障被告人的对质权,不仅应当要求鉴定人到场,更重要的是保证被告人可与其互相质问,以便探求案件事实,实现司法公正。因此,本章除了着眼于鉴定人出庭率低的成因之外,还会进一步对鉴定人的质证规则及相关的专家辅助人制度进行探究,以便更好地实现被告人的对质权,确保庭审中的鉴定意见质证能满足审判中心之要求。

第二节 我国鉴定人出庭作证的经验考察

在2012年修订的《刑事诉讼法》中,强化了鉴定人出庭的相关制度。现行《刑事诉讼法》第192条规定:"公诉人、当事人或者辩护人、诉讼代理人对鉴定意见有异议,人民法院认为鉴定人有必要出庭的,鉴定人应当出庭作证。经人民法院通知,鉴定人拒不出庭作证的,鉴定意见不得作为定案的根据。"而现实中鉴定人出庭作证的情况究竟如何呢?"行动中的法"与"纸面中的法"究竟有何差异?这些问题的解答都有赖于对鉴定人出庭作证的情况进行经验分析。为此,本书将采取问卷调查、座谈访谈以及案例分析等方式,对鉴定人出庭作证及接受质证的情况进行分析,试图发现实践中鉴定人出庭作证制度的真实运行情况。

由于对鉴定人出庭的实践情况进行全国性的调查具有一定的难度,因此,笔者选取了我国 Z 省份作为代表进行了问卷调查。笔者于 2013 年

---

① 王敏远:《论我国刑事证据法的转变》,《法学家》2013 年第 3 期。

和2016年针对鉴定人出庭作证的有关情况分别进行了两次问卷调查,其中,2013年的问卷调查对象包括法官、律师、鉴定人及其他法律相关职业者,共发放问卷600份,回收有效问卷584份;2016年的问卷调查对象覆盖范围较广,共发放问卷1205份,回收有效问卷1161份,其中有法官167人,检察官176人,公安250人,律师157人,鉴定人264人。由于2016年的问卷调查覆盖范围更广,且距2012年《刑事诉讼法》施行已近四年的时间,能够更好地反映我国当下鉴定人出庭作证的现状。因此,本书将主要利用2016年的问卷数据进行分析,并在部分问题上以2013年的情况作为参照,以便更为全面地了解鉴定人出庭作证情况的发展变化。

一 鉴定人出庭作证制度概况

对"鉴定人是否应当出庭"这一问题,54%的受访者都选择了"对鉴定意见有异议时"应当出庭,36.3%的受访者选择了"应当出庭",仅有9.7%的受访者选择了"没必要,书面意见即可"。由此可见,绝大部分的受访者都认可鉴定人应当出庭,其中,超过半数的受访者则认为只需在鉴定意见有异议时出庭,这一态度与对质权保障中的构建关键鉴定人出庭的目标相一致。因此,鉴定人出庭的问题,在多数情况下应当是在鉴定意见有异议时出庭的问题。而根据这一情况,可以推知,当前因实际需要出庭的鉴定人率应当会高于现有各类统计数据中的鉴定人出庭率。

在实践中具体的鉴定人出庭情况方面,选择"有,但不多"的人数最多,占到了55.6%,选择"较少"的占30.2%。而在2013年的调查中,选择"有,但不多"和选择"较少"的人数几乎持平,分别占到了43.3%和43.2%(详见下图5.1)。由此可见,经过新《刑事诉讼法》的实施,尽管选择"出庭较多"的依然比较少,仅占9.7%,但鉴定人的整体出庭作证情况得到了一定程度上的改善,这也说明了强化鉴定人出庭的条款以及相关的保障措施对促进鉴定人的出庭具有一定的效果。

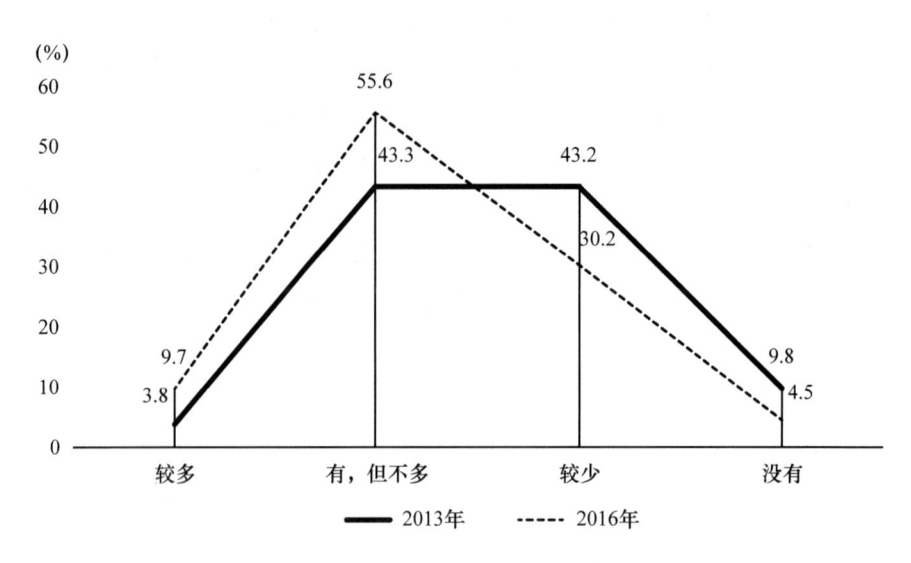

```
(%)
60                55.6
50        43.3          43.2
40
30                          30.2
20
10   9.7                         9.8
     3.8                         4.5
 0
    较多    有，但不多    较少    没有
         ——— 2013年  ----- 2016年
```

图 5.1　司法实践中鉴定人的出庭情况

同时，根据调查数据显示，鉴定人出庭与法官采纳意见存在着紧密的联系。绝大多数的被调查者（67.1%）认为鉴定人出庭与法官采纳鉴定意见呈正相关关系，认为鉴定人出庭对鉴定意见采纳有负影响的仅占3.8%，而认为无关的占27.6%。这一数据再次说明了鉴定人出庭具有重要作用。

二　鉴定人出庭率低的成因分析

在经过鉴定人出庭的整体概况进行数据统计之后，可以发现，尽管鉴定人出庭率较三年前有了提升，但总体的出庭情况依然不甚乐观。通过对"鉴定人出庭人数较少的最主要原因"这一问题的回答，可以发现，被调查者认为造成司法鉴定人出庭率低的原因是多方面的，除了不存在争议不需出庭的情况外，既有司法鉴定人不愿意出庭的原因，也有法官不愿意司法鉴定人出庭的原因，还有律师和当事人不了解司法鉴定人出庭作证制度的原因（详见下表5.1）。

表 5.1　　　　　　　鉴定人出庭人数较少的最主要原因

		频率	百分比（%）	有效百分比（%）	累积百分比（%）
有效	鉴定人不愿出庭	296	25.5	27.8	27.8
	法官不希望鉴定人出庭	102	8.8	9.6	37.4
	当事人不了解此程序	273	23.5	25.7	63.1
	鉴定意见争议少，不需要出庭	327	28.2	30.7	93.8
	其他	66	5.7	6.2	100.0
	合计	1064	91.6	100.0	
缺失	系统	97	8.4		
	合计	1161	100.0		

根据表 5.1，在需要出庭而未出庭的原因中，认为"鉴定人不愿出庭"的占比最多（27.8%），认为"当事人不了解此程序"的次之（25.7%），而认为法官不希望鉴定人出庭的人数则最少，仅有 9.6%。从表面来看，似乎鉴定人出庭率低的最主要原因是鉴定人不愿出庭，而假如将该问题与被调查者的职业进行相关性分析，则可以发现二者之间存在正相关关系（详见下表 5.2）。由于在职业统计数据中，法官记为 1，鉴定人记为 5，在鉴定人出庭人数较少的最主要原因中，鉴定人不愿出庭记为 1，因此，这一数据表明，在"鉴定人不愿出庭"这一选项上，选择该选项的法官人数较多，而鉴定人人数较少。因此，不同的职业对该问题的认知存在着相当的差异。正是基于该种差异的存在，不同群体间的交流偏少，使得法官与鉴定人之间存在着一定的隔阂。而法官自认为鉴定人不愿出庭，导致了法官在裁量是否需要鉴定人出庭的情况中，往往倾向于选择不需要鉴定人出庭，这也导致实践中的鉴定人出庭率偏低。而在鉴定人方面，通过对鉴定人的访谈，鉴定人表示，尽管有时自己并非愿意主动出庭，但由于法律的规定，如果不出庭则鉴定意见不能作为证据使用，因此，不管自身意愿如何，多数鉴定人在法官要求出庭的情况下都必须要出庭。由此可见，现有的法律规定对于强制鉴定人出庭具有一定的积极作用。

表 5.2　职业与鉴定人出庭人数较少的最主要原因的相关性

		鉴定人出庭人数较少的最主要原因
职业	Person 相关性	0.145
	显著性（双侧）	0.000

细究鉴定人缘何不愿出庭，可以发现既包括鉴定人本身的原因，又有外界因素的影响。28.2%的被调查者认为"鉴定意见已经表述清楚，没必要出庭"，27.6%的被调查者认为"出庭作证应对能力不足，担心庭审时表述不清"，21.9%的被调查者认为"人身安全难保障，害怕打击报复"，19.1%的被调查者则出于"时间、交通、精力、经济因素的考虑"。调查问卷中预设的几个选项选择人数较为平均（详见下图5.2），这也反映出导致鉴定人不愿出庭的因素错综复杂。

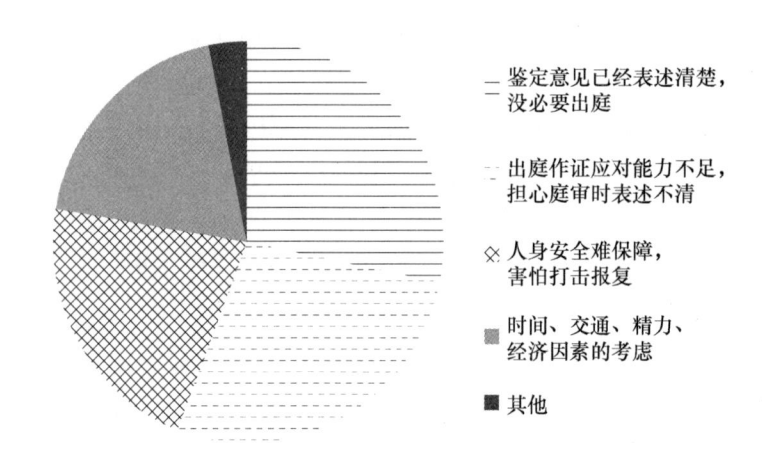

图 5.2　鉴定人不愿出庭的原因

第一，鉴定人与法官、当事人对鉴定意见的认知存在差异。鉴定意见是鉴定人本人所出具的，因此，鉴定人对于自己所作的鉴定意见往往十分熟悉，并且认为自己所出具的鉴定文书已经表述清楚了案件中的问题。但是，作为外行人的法官和案件的其他当事人由于不具备相关的专业知识水平，且不熟悉鉴定意见制作的过程，因此，他们往往对鉴定意见存在较多的疑惑。因此，在鉴定意见是否表述清楚这一问题上，鉴定人与法官及其他的诉讼当事人存在天然的差异，这也导致了部分鉴定人并不理解为何鉴定意见会产生异议，进而导致了鉴定人不愿出庭。

第二，鉴定人在出庭作证方面具有天然的劣势。鉴定人的长处在于其专业知识领域，可以凭借其专业解决诉讼中无法凭借常识所处理的证据。然而，在遇到需要出庭作证解释鉴定意见，接受对方当事人的询问和质疑时，鉴定人就具有了相当的劣势。与单纯凭借实验等专业技术手段给出鉴定意见不同，庭审质证的过程还对鉴定人的表达能力、反应能力提出了较高的要求，因此，假如鉴定人空有专业技能，而缺乏对其进行释明的能力，反而可能使得鉴定意见受到更多的质疑。

第三，鉴定人出庭缺乏相应的保障。对鉴定人的保障主要应包括安全保障及经济保障，如果将这两项合为一项进行考虑，可以发现，选择"人身安全难保障，害怕打击报复"和"时间、交通、精力、经济因素的考虑"合计占到了41%。由此可见，鉴定人不愿出庭的最大担忧在于目前的出庭保障机制仍不够完善。目前，法律规定了鉴定人出庭的相关安全保障机制，《刑事诉讼法》规定，在危害国家安全犯罪、恐怖活动犯罪、黑社会性质的组织犯罪、毒品犯罪等案件中，鉴定人因在诉讼中作证而致使本人或者其近亲属的人身安全面临危险的，人民法院、人民检察院和公安机关应当采取保护措施，鉴定人也可以主动向人民法院、人民检察院、公安机关请求予以保护。但法律规定的保护措施集中于不公开个人的真实信息以及不暴露个人外貌、声音的出庭作证措施，对于庭下保护措施仅作了较为笼统的规定，如禁止特定人员接触鉴定人及其近亲属、专门保护人身和住宅等，尚缺乏更为具体的规定，而各部门间如何通过配合来保障鉴定人及其近亲属的人身安全存在一定的难度。同时，法律规定所涵盖的鉴定人保护的范围不够广泛，使得许多存在人身安全风险的鉴定人被排除出了被保护的范畴。对于鉴定人出庭的经济保障，最高人民法院、最高人民检察院、公安部、国家安全部、司法部联合发布的《关于推进以审判为中心的刑事诉讼制度改革的意见》中规定了要"建立证人、鉴定人等作证补助专项经费划拨机制"，但经费应如何拨付、如何减少鉴定人出庭的后顾之忧，仍有待于在实践中继续思考和探索。

而在法官不愿意鉴定人出庭的原因上,半数的被调查者选择了"需要耗费大量司法资源,使得庭审冗长,诉讼效率降低",其他几项的选择则较为平均,分别为"当事人对鉴定意见没有异议"(19.1%),"无法听懂鉴定专门知识,避免尴尬"(16.5%)以及"过于相信鉴定意见"(11.2%)(详见下图5.3)。

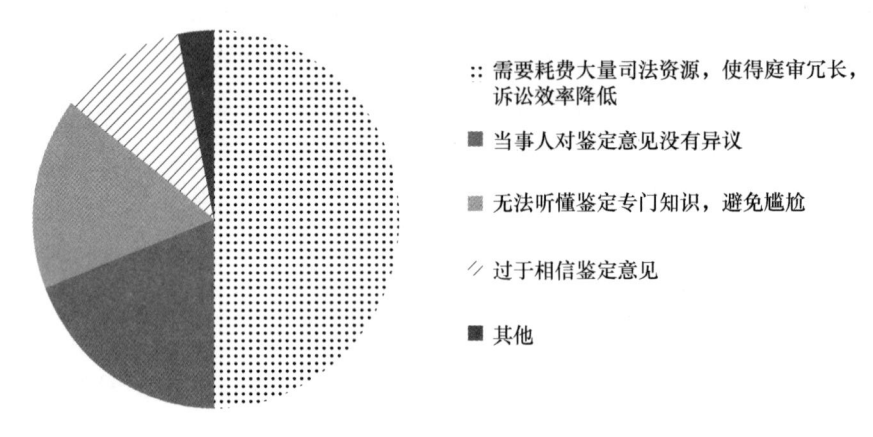

图5.3　法官不愿鉴定人出庭的原因

第一,是出于对诉讼效率降低的担忧。要求鉴定人出庭进行质证,需要调用更多的人力、物力资源,难免会增加庭审时间,延长审判的时限。而在传统的案卷笔录中心主义下,鉴定意见被视为权威的"鉴定结论",法官仅需凭借鉴定意见报告即可以进行判断,在发生争议时也只需要鉴定人作出回应的书面说明。这样的举措尽管忽略了对被告人对质权的保障,但不可否认的是,简化的庭审举证、质证环节会极大地提高诉讼效率。因此,在案多人少的大背景下,即便鉴定意见存在争议,在可以通过其他方式解决时,要求鉴定人出庭也并非法官的第一选择。当同一个案件存在多个不同鉴定意见时,有六成的被调查者认为应当"通过司法鉴定协会组织相关专家进行评议论证,供法院审判参考",有21.9%的被调查者认为应当"通过庭审质证方式"加以解决,有8.9%的被调查者认为应当选择"资质等级更高鉴定机构出具的意见",另有7%的被调查者认为应当选择"自己委托的鉴定意见"。据此,通过庭审质证来解决鉴定意见争议的仅占两成,更多的人寄希望于能够直接由更为权威的专家或机构给出确定的意见。除鉴定人出庭外，其余方式都不需要鉴定人的出庭，也不需要法官通过鉴定人出庭接受质证进而自行判断，仅需要一份书面的参考意见或者从所有的鉴定意见中按照某一固定方式进行选择即可。由此可见，鉴定人出庭并非法官在面对鉴定意见争议时的优先选择，这势必将会影响法官判断鉴定人是否应当出庭的决定，减少了鉴定人的出庭。

第二，法官缺乏引导鉴定意见举证、质证的相关能力。在以审判为中心的诉讼结构中，法官不再扮演积极的调查者的角色，而是居于中立的裁判地位。但是，法官的中立地位并不意味着法官只需要做一个庭审的旁观者，法官应当引导法庭调查的进行，使得双方当事人可以有序地进行举证、质证。然而，由于案卷笔录中心主义的影响，法官多在庭审前即有了内心预判，庭审本身的重要性自然也大大降低，多数法官缺乏指挥庭审的能力。而具体到鉴定意见的举证和质证上，由于鉴定意见本身的专业性，使得法官对其的理解存在天然的困难，这增加了法官对于鉴定人出庭的恐慌。难以听懂专业的鉴定意见，法官所感到的不仅是尴尬，更多的是对法官裁判权威地位的打击。尽管许多法院采取了对法官进行专业知识方面的引导和培训，但毕竟难以与专业的鉴定人相比，而法官也多表示自己对于经常发生的、与社会生活联系较为紧密的几类鉴定比较熟悉，例如建筑工程类鉴定、司法会计类鉴定等，但对于其他类别的鉴定理解确实存在一定的困难。为此，出于维护自身权威以及"面子"的需要，法官并非十分乐于见到鉴定人频繁出庭。

第三，长期以来法官对鉴定意见所产生的依赖心理。如前文所述，鉴定意见在之前被称为"鉴定结论"，其在法官心目当中具有权威性，往往意味着绝对正确，这也就使得法官并不需要通过庭审质证来判断是否采信该鉴定意见。尽管法律已经进行了修改，"鉴定结论"也已经成为需要质证的"鉴定意见"，然而，长期以来法官对"鉴定结论"所形成的依赖心理难以在短时间内消除。随着科技的发展，鉴定意见的应用愈加广泛，法官在案件审理过程中会遇到更多的鉴定意见，甚至有些案件，例如专利权方面的纠纷，多数法官缺乏判断此类纠纷的专业知识，必须要依据鉴定意见才能作出最终的裁判，这都加剧了法官对鉴定意见的依赖，使得法官易于相信鉴定意见。依赖心理的存在，使得法官对鉴定人出庭更不具有主动性。

除了鉴定人自身和法官之外，当事人也是影响鉴定人出庭的重要因素。法官对于鉴定人出庭的决定权力仅限于刑事诉讼，在民事诉讼中，只要当事人对鉴定意见有异议，鉴定人就应当出庭。然而，调查问卷反映出，在被调查者心目中，当事人不了解鉴定人出庭的程序也是导致鉴定人出庭率的一个重要原因。而通过笔者对法官、检察官以及律师的相关访谈、座谈可以发现，与法官及检察官相比，律师普遍对鉴定人制度的运作以及鉴定人的出庭情况了解较少。在 2013 年的调查中，有 71.4% 的律师从未经历过鉴定人出庭，而除法官、律师、鉴定人之外，剩余的被调查者中有 80.9% 的人从未经历过鉴定人出庭，这也侧面反映出当事人与律师对鉴定人出庭程序并不了解。当事人和律师本应是申请鉴定人出庭的主要人选，而在不了解鉴定人出庭程序且缺乏专业知识的情况下，不管是当事人还是律师，都很难清楚地判断鉴定意见是否存在争议，申请鉴定人出庭也就无从谈起。而即便鉴定人出庭，缺乏专业知识和充足准备的律师也难以针对鉴定意见提出有效的质询。为此，当对鉴定意见存在争议时，与申请鉴定人出庭相比，律师和当事人更倾向于申请重新鉴定，这导致了鉴定人出庭比例不高。①

三 鉴定意见质证规则尚不完善

上文分析了鉴定人出庭率的现象及其背后错综复杂的成因，然而，值得注意的是，仅要求鉴定人出庭与被告人进行"面对面"并不能当然地保障被告人的对质权，被告人对鉴定意见的质证尤为重要。法官通过质证来采信鉴定意见，更是审判中心的应有之义。但目前，我国的鉴定意见质证规则尚不完善，如果不能做到对鉴定意见的充分质证，那么，鉴定人出庭也不过只是一种形式上的要求，其所能起到的实际效果将非常有限。为此，本部分将着重关注我国庭审中鉴定意见质证的相关情况。

---

① 俞世裕、潘广俊等：《鉴定人出庭作证制度实施现状及完善——以浙江省为视角》，《中国司法鉴定》2014 年第 5 期。

我国法律并未直接规定针对鉴定人的询问方式，《刑事诉讼法》仅规定了公诉人、当事人和辩护人、诉讼代理人经审判长许可，可以对鉴定人发问，审判人员也可以询问鉴定人。对于鉴定人的发问顺序，现行《刑事诉讼法》并未作出明确的规定。《刑事诉讼法司法解释》中规定了鉴定人出庭作证参照适用证人出庭的规定，根据该规定，鉴定人应当先向法庭陈述鉴定意见，然后举证方发问，最后是对方发问。如果是法庭依职权通知鉴定人出庭的，则发问顺序由审判长根据案件情况确定。但从实践操作看，鉴定人先向法庭陈述鉴定意见的方式未有明确规定，是通过审判人员发问来陈述，还是让鉴定人向法庭自由陈述其所做鉴定的相关情况，或者是控辩双方可以通过提问的方式向鉴定人询问与鉴定意见有关的问题来实现？这有待于在司法实践中进一步明确。[1] 需要注意的是，如果该过程交由审判人员主导，则具有强烈的职权主义色彩，与以审判为中心的构造不符。因此，对于实际的鉴定人质证情况，无法仅凭法律的模糊规定得出结论，需要进行相关的实证分析。

为了能够对实践中的鉴定意见质证有较为清晰的了解，本部分选取了中国法律服务网（12348中国法网）中司法行政（法律服务）案例库中的"鉴定人出庭作证"案例作为分析对象，包括2017—2022年各地司法行政机关及鉴定机构报送的136个鉴定人出庭作证的案例，由于存在案例重复情况，最终共有135个案例。选取该样本主要是基于这些案例较为详细地阐述了鉴定人出庭作证的有关情况，较之最终记载结论的裁判文书更能展示质证的过程，且被报送的鉴定人出庭案例往往经历了较为复杂的庭审质证过程，能更好地反映出质证环节的运行。但由于此类案例多由各地自行报送，自然会优先选择被采信的鉴定意见，因此无法反映鉴定人出庭作证与鉴定意见采信之间的关联。基于本章主要讨论质证环节的相关运行情况，而非着眼于鉴定意见采信的情况，因此，尽管案例带有一定的偏向性，但由于与本章主题无涉，仍不失为合适的分析对象。

根据这些案例中提出质询的主体来划分，案例可以细分为：1. 双方

---

[1] 毛立新：《三项规程对证人出庭制度的完善》，《证据科学》2018年第5期。

当事人均发问；2. 双方当事人与法官均发问；3. 一方当事人发问；4. 一方当事人与法官发问；5. 仅法官发问；6. 仅由鉴定人阐述鉴定意见及理由（详见下表5.3）。

表5.3　　　　　　　　　对鉴定人进行发问的主体

发问主体	案例数
双方当事人	12
双方当事人与法官	5
一方当事人	67
一方当事人与法官	9
法官	3
仅由鉴定人陈述	25
其他	14

因为部分案例未明确记载对鉴定人进行质询的主体，只记载了鉴定人的答复情况，因此归为"其他"类。"其他"类中还有一起是对重新鉴定后的鉴定意见进行质证，重新鉴定的鉴定人与作出第一份鉴定意见的鉴定人参与了此案的质证。在有明确发问主体的案件中，可以发现，案件的当事人（包括公诉方）参与质证并发问的共有93起，占到了案例总数的68.9%。然而，仅有法官提问或者全程仅有鉴定人进行陈述的案件也不在少数，合计占到了28件，占比20.7%。值得注意的是，由于本部分选取的分析对象为各部门报送的典型鉴定人出庭案例，其中多数是经过了充分质证、鉴定人出庭发挥了较大作用的案例，这些案例中有明确质证过程的本就应当占据较高的比例。而在这些鉴定人出庭的典型案例中，尚且有23%的比例是鉴定人仅出庭而未进行质证的，其中更有部分案例鉴定人只是重复了已作出的鉴定意见。可想而知，在未被列入典型的案例中，即便鉴定人出庭作证，在缺乏质证的情况下，无法彰显鉴定人出庭的意义，反而还会造成诉讼效率低下以及司法资源的浪费，进一步减少了当事人及法官对于鉴定人出庭这一程序的使用。

在当事人参与到质证的案件中，质证的情况也并非十分乐观。有37

个案例中的当事人或其代理人对鉴定人的发问少于 3 个问题,甚至部分只问了一个问题。在许多案例中,都会有这样的描述,"法官询问被告方,对宣读的鉴定意见是否有需要质询的?一段时间内被告方处于沉默状态。在法官的再次询问下,原告、被告双方针对司法鉴定科学技术研究所司法鉴定中心的鉴定内容均未提出疑问。法官宣布,若无疑问鉴定人可以退庭,等待法庭调查结束后,鉴定人在庭审记录上签字"。[①] 因此,可以发现,当事人并非对鉴定意见全无异议,而是限于自身能力无法提出合理的质疑,也因此消耗了重要的质证机会。

在对鉴定人的质证中,假设性问题(hypothetical question)是十分重要的,尤其是当鉴定人缺乏第一手的认知时。对方当事人可以利用他们的科学技能和专业知识做出假设来询问鉴定人。假设性问题可以包括如下几类:1. 用证据中的其他事实补充假设,并就修改后的假设征求鉴定人的意见;2. 提出基于鉴定人在本案中的理论而作出的替代假设;3. 向鉴定人出示基于假设事实,而非证据中事实的意见。根据美国法律的相关规定,律师可以使用以下假设性问题:"假设这些事实是真实和正确的,你是否可以作为专家合理确定地发表意见,是否(陈述问题)?""你以前是否曾被给予同样的假设事实供学习和检验?是什么时候?谁给你的?""你今天给出的意见是你认真研究以前给你的假设事实的结果吗?"[②] 而在上述案例中,仅有 3 起案例中的当事人提出了假设性问题,且均只有一个假设性问题。其余的提问多是根据鉴定的实际情况对存在疑惑的地方进行发问,要求鉴定人解释为何要选取该种鉴定方法、鉴定标准等。

除了运用假设性问题之外,对鉴定人的质询还可以直接攻击其所运用的科学方法或者哲学方法。在英美法系中,律师对专家证人所使用的科学方法与哲学方法的攻击往往会利用权威出版物当中所记载的理论。

[①] 《司法鉴定科学技术研究所司法鉴定中心鉴定人就民间借贷纠纷司法鉴定意见出庭作证》,中国法律服务网,http://alk.12348.gov.cn/Detail?dbID=57&dbName=SJCZ&sysID=7,最后访问日期:2023 年 1 月 30 日。

[②] Andre A. Moenssens, *Scientific Evidence in Civil and Criminal Cases*, New York: Foundation Press, 2007, p. 96.

因为即便律师直接攻击了所运用的科学方法或哲学方法，由于法官及陪审员不具备专业知识，往往也无法直接对方法是否合理产生怀疑，有时反而会给对方提供重申其所用方法合理性的机会，会增强其证言的可信性。因此，律师在没有绝对把握的情况下往往不会采取直接攻击的方法，而是会指出专家证人所采用的方法与权威出版物当中所记载的原理的不同之处，并要求专家证人对此给出合理的解释。① 然而，在上述案例中，没有一起案例采用了该种手段对鉴定人所用的方法进行攻击，仅有部分案件在质证时指出鉴定人并未运用某一标准规则，但经过鉴定人的解释后法官均选择了采信其鉴定意见。

与英美法系的交叉询问不同的是，我国对鉴定人的质证往往不包括对鉴定人本身的质证。以美国为例，对方当事人可以在交叉询问中攻击专家证人的能力并弹劾专家证人。以下是关于弹劾专家证人的一些问题示例："问：（如果交叉询问的人员有理由相信对方律师和他的专家没有在审判前提出而是直接提出了一个长而复杂的假设性问题）你在答复律师的假设性问题时指出你是认为……能请你重复一下你作出回答的问题吗？""问：（确定专家证人的职业，以及他们是否'因为金钱动机而有偏见'）""在您出庭作证的案件中，以及在其他咨询过您但您并未出庭的案件中您获得了多少薪酬？""你今天在这里作证可以得到多少钱？"但是，我国对于鉴定人身份的核验是由法官直接进行的，鉴定人进入法庭后，由法官核实鉴定人身份，并要求出示鉴定机构和鉴定人的相关执业资格证书。即便询问鉴定人本身是否适格，也往往不会着眼于其本身的专业水平，甚至存在对鉴定人进行人身攻击的情况。

第三节 专家辅助人制度实践映像

为了进一步了解专家辅助人制度的运作和实践，本部分将通过实证分析的方法，主要以2013年的问卷为基础，结合学界近年来针对专家辅

---

① 徐继军：《专家证人研究》，中国人民大学出版社2004年版，第151页。

助人制度所进行的实证研究,试图对专家辅助人制度的运行进行检视,以发现目前实施中面临的困境。

一 专家辅助人制度的运行概况

专家辅助人制度的存在可以对鉴定人制度产生相应的影响。根据问卷调查显示,有47.5%的被调查者认为专家辅助人可能"给出庭的鉴定人带来压力",有37.1%的被调查者认为该制度会"促使更多的鉴定人出庭",仅有3.9%的被调查者认为专家辅助人制度会"给法官带来压力",另有11.5%的被调查者认为"没有影响"(详见下图5.4)。由此可见,无论是正向地促进鉴定人出庭,还是可能带给鉴定人压力,专家辅助人的存在都将极大地影响到鉴定人的工作。

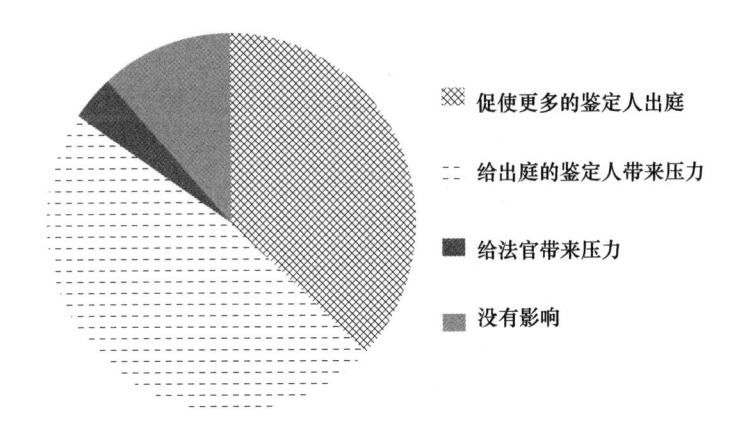

图5.4 专家辅助人制度是否影响鉴定人出庭

在使用专家辅助人的案件中,通过问卷调查显示,所占比例最高的为医疗纠纷类案件,达到了39.9%(详见下图5.5),法医临床类为占比最高的鉴定类别,为37%(详见下图5.6)。由此可见,专业性较强且利益纠葛较多的案件更需要专家辅助人。通过对法官进行的访谈,法官多数都提到了专家辅助人在医疗纠纷案件解决中起到的作用,因为当事人普遍并不了解医学问题,专家辅助人的阐释有助于澄清其对法院和医学会的顾虑。①

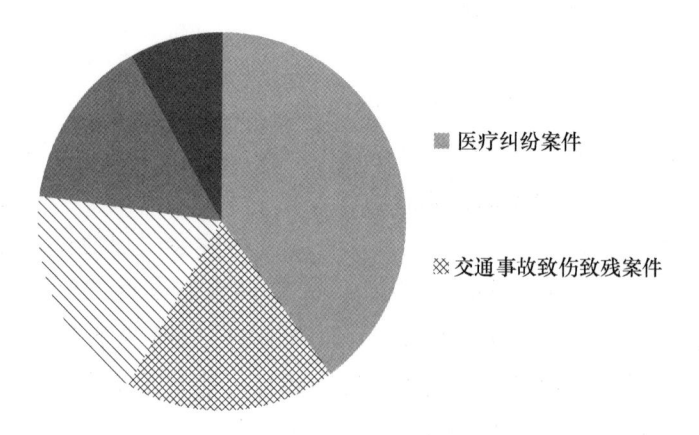

图 5.5 涉及专家辅助人案件类型

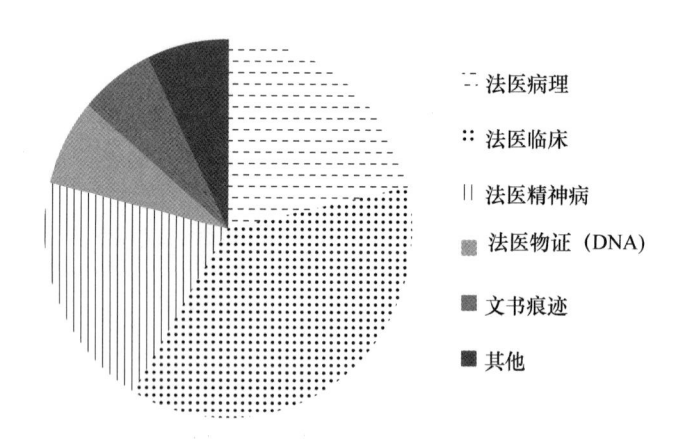

图 5.6 涉及专家辅助人鉴定种类

二 专家辅助人对诉讼过程的参与

专家辅助人参与诉讼的资格条件、启动程序、参与质证等尚未有法律的明确规定，这也引发了实践中的认知差异。

---

① 2002 年 9 月 1 日开始实施的《医疗事故处理条例》规定，医疗事故的技术鉴定由中华医学会及设区的市级以上地方医学会组织实施。中华医学会成立于 1915 年，是全国医学科学技术工作者自愿组成的依法登记成立的学术性、公益性、非营利性法人社团。参见陈志华《医学会从事医疗损害鉴定之合法性研究》，《证据科学》2011 年第 3 期。

（一）专家辅助人资格不清

与要求必须具有法定资质的鉴定人不同，目前我国并没有规定专家辅助人的资格。与之类似的是英美法系对专家证人资格的要求，法律没有明文规定其资格，需要在法庭中审查专家证人是否具备相应的资格，这也往往会成为庭审中攻击的重点。①

目前我国专家辅助人的资格具有不确定性，在专家辅助人的资格方面，绝大多数的被调查者认为应当限制我国专家辅助人的资格，为404人，占69.2%，认为"看具体案件类型而定"的为97人，占16.6%，认为"不应当，只需具备相应的专业知识即可"的为79人，占13.5%。由于鉴定人与专家辅助人紧密相连，在"鉴定人能否自然成为专家辅助人"这一问题上，有290人选择了"可以，但须设置条件"，约占一半左右，认为"可以"的为134人，"不可以"的有152人，人数大致均衡。有学者对医疗损害责任案件中专家辅助人的资格情况进行了分析，在裁判文书中详细载明了专家辅助人的姓名、工作单位、职务职称等详细信息的案件共19件，占案例总数的24%，其中，4个案件中的专家辅助人为本单位（院方的医生、医师等）职工，5个案件的专家辅助人为其他医院的医生、医师等工作人员，4个案件中的专家辅助人为其他（非本案）鉴定机构的鉴定人。② 由此可见，许多法院并未对专家辅助人的资格设置过多的条件，只要专家辅助人具备相关的专业知识技能，即可担任该角色。而鉴定人不在本案中鉴定机构任职的情况下，也可以被聘请为专家辅助人。但是，根据裁判文书的记载，专家辅助人具体情况不明确的比例占到了64%。法律没有规定法院应对专家资格予以审查，但根据问卷调查可以发现大众对专家辅助人的资格依旧抱有较高的期待，因此，裁判文书中显现出来的专家必备信息的缺失，会使得对方当事人以及社会大众对专家的适格性产生怀疑，这势必将影响到专家辅助人制

---

① 《美国联邦证据规则》第702条规定：如果科学、技术或其他专业知识有助于事实审判者理解证据或者裁决争议事实，则凭借知识、技能、经验、训练或教育而够格成为专家的证人，可以以意见或其他形式就此作证。

② 杨小利：《庭审中心主义架构下专家辅助人制度实证研究——以医疗损害责任案件为切入点》，《中国司法鉴定》2018年第3期。

度的运作。

通过数据分析可以发现,大多数法律工作者都认为应该适当限制专家辅助人的资格,这也导致了当事人倾向于聘请名气较大的教授、鉴定人等作为专家辅助人,使得这部分人员供不应求,无法处理所有的委托,造成当事人处于无专家辅助人可用的局面。而另一方面,很多同样具备专业知识的可以胜任专家辅助人工作的人却无法为当事人提供相应的帮助。但与当事人寻找专家辅助人存在困难相对应的是,控方或者诉讼中掌握更多资源的一方将有更大的机会寻找到适合自己的专家辅助人。专家辅助人制度存在的最大意义是保障当事人一方的对质权,但在此种情况下,当事人聘请专家辅助人的权利受限,控方的权力得到进一步的强化,实则背离了该制度创设之初衷。①

(二) 启动条件存疑

根据法律规定,专家辅助人出庭需要由公诉人、当事人和辩护人、诉讼代理人向法院申请,即法院掌握着启动专家辅助人的权力,但法院应如何确定启动专家辅助人制度尚缺乏细化的规定。过于宽松的标准可能会造成专家辅助人的滥用,降低诉讼效率,妨碍查明案件事实。过于严苛的标准则会减少专家辅助人的使用,不利于实施专家辅助人制度。

根据学者的统计,未成功启动专家辅助人制度既有当事人的原因,也有法院未予准许的原因。当事人方面的原因主要包括:(1) 当事人认为法院未告知其有权聘请专家辅助人而致使其未能申请的;(2) 当事人误以为自己不能委托专家辅助人,应当由法院进行委托;(3) 其他客观原因致使专家辅助人未出庭。② 法院未准许当事人的专家辅助人申请主要有以下几点理由:(1) 法院认为不符合法律规定的出庭作证的条件;(2) 法院认为缺乏直接法律依据;(3) 法院认为一方当事人提供的专家意见是未经对方质证和认可的单方意见,不同意专家辅助人出庭质证;(4) 法院认为该专业性问题已有明确的鉴定意见,不再准许专家辅助人

---

① 潘广俊、陈喆、胡铭:《专家辅助人制度的现状、困境与改善建议——以浙江省为例的实证分析》,《证据科学》2014 年第 6 期。

② 杨小利:《庭审中心主义架构下专家辅助人制度实证研究——以医疗损害责任案件为切入点》,《中国司法鉴定》2018 年第 3 期。

出庭。① 由此可见，由于法律对于专家辅助人的启动存在模糊性，导致不同的法官和当事人存在着不同的看法，法官在是否准许启动专家辅助人出庭这一问题上评判不一，实则损害了当事人合理使用专家辅助人制度的权利。

而对于法院是否有权申请专家辅助人出庭这一问题，79.6%的被调查者认为"有权"，仅有18.7%的被调查者认为"无权"。这说明，在特定的情况下，法律工作者认可法院直接申请专家辅助人出庭。

（三）质证规则不够完善

《刑事诉讼法司法解释》中已经规定了一些专家辅助人质证的规则，如第261条规定了向专家辅助人发问应当遵循向证人发问的规则：(1)发问的内容应当与本案事实有关；(2)不得以诱导方式发问；(3)不得威胁证人；(4)不得损害证人的人格尊严。第263条规定了审判人员认为必要时，可以询问鉴定人及专家辅助人。第264条规定了向鉴定人和有专门知识的人发问应当分别进行。

司法解释中规定了专家辅助人的质询规则以及审判人员和控辩双方都可以询问专家辅助人，并未涉及鉴定人和专家辅助人是否可以相互质询。然而，作为保障当事人对质权的一项重要制度，专家辅助人应当具有在庭审中与鉴定人相互质询的权利，78.4%的被调查者认为"鉴定人和专家辅助人可以相互质询"。通过学者针对案例进行的实证分析，在55个案例中，专家辅助人参加庭审、进行质证、发表意见的为33个，占60%；仅出庭参加庭审，未发表专家意见的为4个，占7%；仅有专家意见，未表明是否参加庭审质证的为13个，占24%；仅提到专家辅助人，未表明其是否参加庭审、进行质证、发表意见的为5个，占9%。② 尽管绝大多数的法律工作者都认可应该让鉴定人和专家辅助人相互质询，以便更好地厘清鉴定意见，查明事实，确保公平正义，实践中专家辅助人参与庭审质证并发表意见的情况也占到了六成，但与前文所

---

① 杨小利：《庭审中心主义架构下专家辅助人制度实证研究——以医疗损害责任案件为切入点》，《中国司法鉴定》2018年第3期。
② 杨小利：《庭审中心主义架构下专家辅助人制度实证研究——以医疗损害责任案件为切入点》，《中国司法鉴定》2018年第3期。

提到的鉴定人仅出庭阐述鉴定意见而不接受质证一样，实践中也存在着专家辅助人仅发表意见而未参与质证，甚至仅出庭而未发表任何专家意见的情况。这都影响了专家辅助人参与质证的效果。

专家辅助人和鉴定人同时出庭，通过对鉴定意见的相互质询，才可以让法官更好地进行判断，缺少该过程将会损害当事人的对质权。基于此，绝大多数的法律工作者认同鉴定人和专家辅助人可以相互质询，但通过上文的分析可以发现，实践中并非所有专家辅助人出庭的案件都存在与鉴定人的质询。同时，正如在鉴定人部分所述，质证环节中交叉询问的顺序、要求也亟待细化。

三　对专家辅助人诉讼地位、意见属性的认知差异

对专家辅助人诉讼地位和意见属性的认识，决定了专家辅助人的资格、启动等其他方面的问题，也是专家辅助人制度中最为基础的问题。而在法律尚未作出明确规定的情况下，通过问卷调查可以发现，法律工作者对于该问题也存在着较大的认知差异。

在专家辅助人的诉讼地位上，认为"类似鉴定人"的比例最高，为36.8%，"类似证人"的次之，为32.7%，认为是"独立的诉讼参与人"占20.9%，认为"类似辩护律师"的只占很少的一部分，为8.2%（详见下图5.7）。

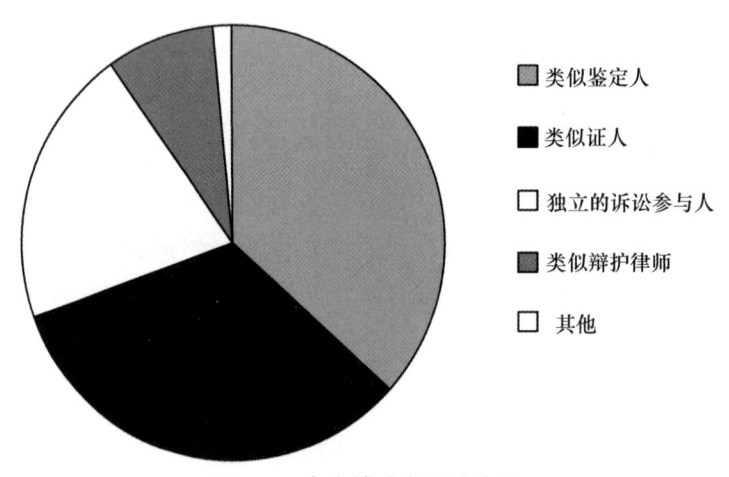

图5.7　专家辅助人诉讼地位

我国目前的法律尚未赋予专家辅助人"诉讼参与人"的地位，新《刑事诉讼法》第108条第4款规定的"诉讼参与人"是指"当事人、法定代理人、诉讼代理人、辩护人、证人、鉴定人和翻译人员"，其中并没有专家辅助人的位置。而若想要专家辅助人更为积极、广泛地参与到诉讼活动中来，势必需要赋予其一定的诉讼地位。由于引入专家辅助人制度的一大重要目的是促进鉴定人出庭、帮助法官审查判断鉴定意见，因此，专家辅助人制度与鉴定人制度存在密切的关系，这也导致了被调查者中选择专家辅助人"类似鉴定人"的人数最多。在实践中也存在着部分将专家辅助人视同鉴定人的情况，例如在上文中所述的法院拒绝专家辅助人出庭的理由就有"法院认为该专业性问题已有明确的鉴定意见，不再准许专家辅助人出庭"，该决定实则将专家辅助人视同为鉴定人，因为已经存在鉴定人所作出的明确的鉴定意见，法院便认为不再需要专家辅助人的出庭。

除了与鉴定人存在密切的关系之外，由于法律法规及司法解释往往将"有专门知识的人"与"证人""鉴定人"进行并列规定，如在《刑事诉讼法》司法解释中，第261条规定对专家辅助人的询问适用证人的规则，第263条规定"审判人员认为必要时，可以询问证人、鉴定人、有专门知识的人"，第265条规定证人、鉴定人、有专门知识的人经控辩双方发问或者审判人员询问后，审判长应当告知其退庭，不得旁听对本案的审理。这也使得部分被调查者认为专家辅助人的地位应当类似于证人。

然而，专家辅助人与鉴定人和证人均有区别。鉴定人需要具备法定的资质，是受公安司法机关或个人的指派或聘请，运用自己的专业知识或技能，来分析判断案件中的专门性问题并提出意见的人，鉴定人的意见是法定证据种类之一，经审查核实后可以作为定案的根据。而专家辅助人并没有法定的资格要求，根据现有法律，其意见尚不能作为定案的证据。证人是就自己真实所见的案件有关事实作出陈述的人，具有不可替代性。而专家辅助人则是凭借专业知识协助质证的人，是可替代的。而专家辅助人和诉讼代理人尽管都具有辅助一方的作用，但诉讼代理人一般只有法律相关知识的要求，并无专业知识上的要求。

因此，专家辅助人不应该是鉴定人，更不应该是证人，但法律的模糊规定以及部分共通条款引发了实践中的混同，这严重影响到了专家辅助人制度的正常运转。

对专家辅助人诉讼地位的认识进一步影响到了对其发表的意见的属性认识。由于法律规定的缺失以及现实中的认知差异，关于专家辅助人意见的相关司法解释也存在着矛盾之处。《刑事诉讼法》司法解释第293条规定："法庭笔录中的出庭证人、鉴定人、有专门知识的人、调查人员、侦查人员或者其他人员的证言、意见部分，应当在庭审后分别交由有关人员阅读或者向其宣读。"把专家辅助人在法庭上的发言视为证言并不符合我国立法和司法解释的精神，也就是说，专家辅助人的言辞是以"意见"的形式呈现的，明确了专家辅助人意见仅作为一种质证意见。这意味着专家辅助人意见同证人证言和鉴定意见一样会影响到法官的自由心证，从而需要被质证。①而在《民事诉讼法》司法解释中，第122条规定"具有专门知识的人在法庭上就专业问题提出的意见，视为当事人的陈述"，将专家辅助人的意见视为当事人陈述。

同时，法律工作者对诉讼意见的法律属性也没有达成共识，34.1%的被调查者认为应"仅作为一种质证方式"；33%的被调查者认为"可作为鉴定意见"，二者占比相当；另有27.9%的被调查者认为应"作为证人证言"（详见下图5.8）。

若将性别与年龄作为因变量进行相关性分析可以发现，被调查者对专家辅助人的诉讼地位及其意见法律属性的认知与其性别、年龄无显著联系。而被调查者学历普遍在本科及以上，并无明显差异，因此不再对被调查者的文化程度做进一步分析。而不同的职业影响到被调查者在诉讼中的角色和职责，因此，此处确定职业为自变量，假设职业与专家辅助人的诉讼地位和意见属性相关。

通过将职业与对专家辅助人诉讼地位的认知进行相关性分析，可以得到相关系数 $r = 0.138$，显著性水平 $p = 0.001 < 0.05$，说明在诉讼过程

---

① 胡铭：《专家辅助人：模糊身份与短缺证据——以新〈刑事诉讼法〉司法解释为中心》，《法学论坛》2014年第1期。

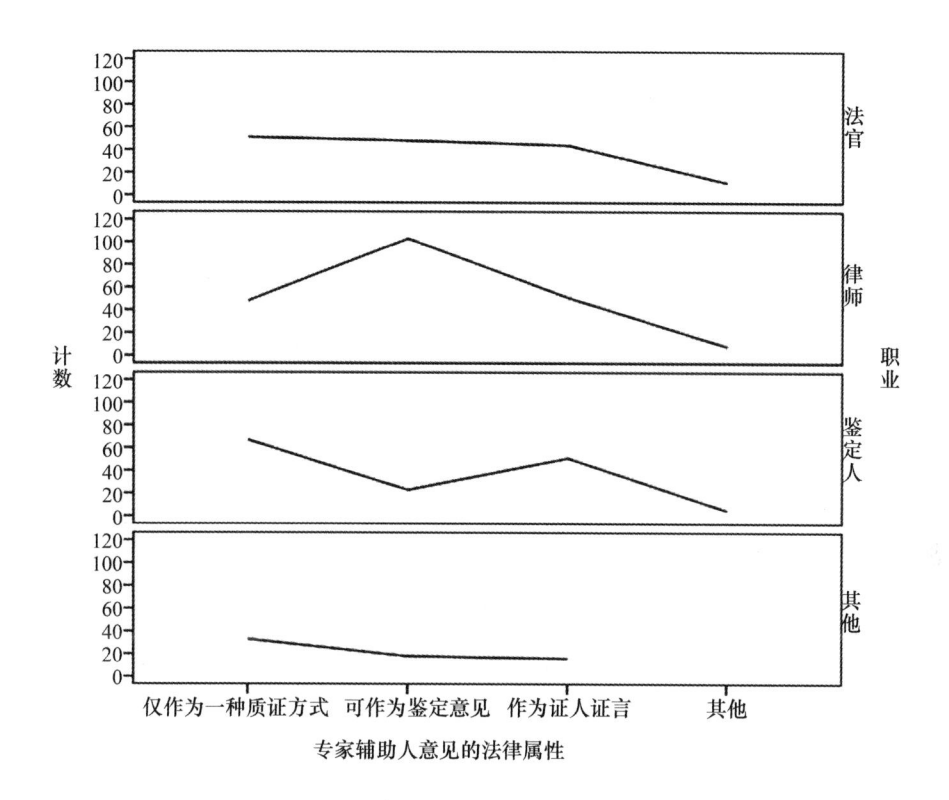

图 5.8　专家辅助人意见的法律属性

中，职业确实影响了被调查者对专家辅助人诉讼地位的认识。通过图 5.9 可以看到，法官和律师倾向于将专家辅助人的角色定位于类似鉴定人，而由于专家辅助人对鉴定人权威地位的挑战，多数鉴定人不认同专家辅助人取得类似鉴定人的地位，认为其地位应该类似于证人。同时，与法官和鉴定人比起来，有更多的律师认为专家辅助人应该是一类独立的诉讼参与人。

　　进一步把职业与专家辅助人意见的法律属性进行相关性分析，可以得到显著性水平 $p=0.005<0.05$，二者具有相关性。从上图 5.8 可以发现，法官对专家辅助人的意见属性选择较为平均，尚未达成共识。而律师和鉴定人则观点大相径庭——多数律师认为专家辅助人的意见可以作为鉴定意见，而选择这一选项的鉴定人比例最小。更多的鉴定人认为专

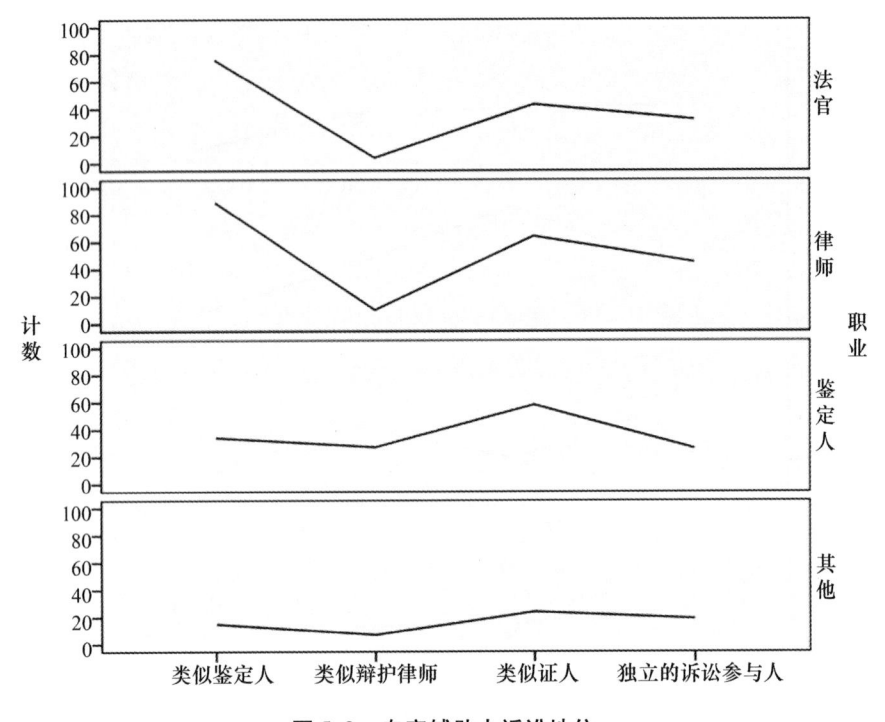

图 5.9　专家辅助人诉讼地位

家辅助人的意见仅可用来质证，这样可以避免专家辅助人意见对鉴定意见产生较大的影响。然而，如果专家辅助人跟鉴定人完全不对等，尽管有质证的机会，但专家辅助人意见难以被法庭重视，无法实质上影响审判，当事人对质权的保障也就无从谈起，更不符合审判中心的要求。

第四节　鉴定人出庭与专家辅助人制度的强化

一　关键鉴定人出庭制度

在以审判为中心的视野下完善鉴定人的出庭制度，首要的是落实关键鉴定人出庭制度。关键鉴定人，指的即是《法庭调查规程》第13条中"控辩双方对鉴定意见有异议"时的鉴定人。

1. 通过建立合适的制度来发现关键鉴定人。如何发现关键的鉴定人，需要庭前鉴定意见开示制度作为支持。正如前文所述，庭前鉴定意见开示可以使得当事人尽早了解鉴定意见，从而对鉴定意见进行评估，并且给当事人时间以决定是否寻求专家辅助人等专业人士的帮助，进而全面地判断是否对鉴定意见存有异议，从而更为理智地决定是否申请鉴定人出庭。同时，庭前鉴定意见开示也能让当事人和鉴定人都有时间为鉴定意见的质证做好准备。除了通过鉴定意见开示来发现鉴定意见的异议之外，还应当持续推行案件繁简分流制度，使得真正需要通过庭审来解决争议的案件能够有充足的时间进行。

2. 提升当事人对鉴定人出庭程序的使用率。鉴定人出庭往往需要当事人一方的申请，因此，应当提升当事人对鉴定人出庭程序的使用率，这也是维护当事人自身对质权的需要。根据调研，当事人及律师一方对于鉴定人制度不够熟悉，因此，需要向当事人和律师普及司法鉴定的相关知识。由于律师在辩护中所起到的重要作用，可以在律师的继续培训中强化对于鉴定人出庭方面的程序学习，并强化律师对鉴定人质证技巧的培训。由于律师和鉴定人同属于司法行政部门管理，因此，可以由司法行政部门协调建立起行业间的交流机制，以进一步提升鉴定人出庭质证的效果。除了加强当事人一方对鉴定人制度的认知以外，还要通过庭前鉴定意见开示制度，给予当事人提前了解鉴定意见的机会，使当事人可以充分考虑是否申请鉴定人出庭，以及有更多的时间为与鉴定人当庭对质做好准备。

3. 适当规制法官对于鉴定人出庭的裁量权。目前，在刑事诉讼中，对于鉴定人是否出庭，法官具有最终的裁量权，但是，在当事人有异议申请鉴定人出庭的情况下，当事人可以通过审判中的质证环节直接向鉴定人提出疑问，若最终法官认为鉴定意见不应被采信，通过该方式可以更好地发现其存在的问题，若鉴定意见最终被采信，通过质证环节也能提高当事人对鉴定意见的可接受度。因此，庭审中对鉴定意见的质证具有保障当事人权利，实现司法公正的重要意义。为了实现这一目的，法官原则上应当尊重被告人申请鉴定人出庭的权利。如果法官不同意鉴定人出庭，应当以书面形式告知被告人不同意的理由，在被告人对鉴定意见有疑问的情况下，除了告知不同意的理由之外，还应当同时附鉴定人对被告人疑问的回应。若当事人对鉴定人不出庭的决定仍有异议，应赋予其申请复议的权利。

4. 应当完善鉴定人拒绝出庭的相关惩戒措施。目前，根据《刑事诉讼法》及《法庭调查规程》的相关规定，如果鉴定人不出庭则鉴定意见不能被采纳为证据，鉴定人拒不出庭仅需承担不能获得报酬的后果，是一种相对强制措施。为此，对鉴定人拒不出庭的情况，应当建立更为严格的强制出庭制度，若鉴定人再次拒绝，可以对其进行罚款、警告、训诫乃至拘留等措施。同时，因鉴定人拒不出庭而造成当事人损失的，当事人有权对其提起侵权之诉。鉴定人应出庭而未出庭的情况侵犯了被告人的对质权，应当被视为程序违法，如果一审中出现了该情况，二审需要通过撤销原判、发回重审予以修正。①

二 鉴定人的出庭保障

对鉴定人出庭的保障应当包括安全保障、经济保障以及能力保障三个层面。

1. 加强对鉴定人出庭的人身安全保障。首先，扩大保护范围，除了法律所列举的几类重大刑事犯罪案件，在其他情况下鉴定人认为其自身或近亲属的人身安全受到威胁的情况下，法院以及其他司法机关也应当对其进行保护。在鉴定人需要出庭的情况下，应当由审判人员在开庭前对其进行身份核验以及资质审查，鉴定人签署的如实作证的保证书也不得公开。在庭审中，法官应当视情况隐去鉴定人的真实姓名、住址和工作单位等个人信息，或者以不暴露鉴定人的外貌、真实声音等措施对鉴定人进行保护。同时，还可以推行远程视频开庭的方式，鉴定人可通过远程视频，采取隐藏自己外貌及真实声音的方式进行作证。

2. 加强对鉴定人出庭的经济保障。首先，《法庭调查规程》的规定，鉴定人出庭作证所支出的交通、住宿、就餐等合理费用，除由控辩双方

---

① 胡铭：《鉴定人出庭与专家辅助人角色定位之实证研究》，《法学研究》2014年第4期。

支付的以外,应当列入出庭作证补助专项经费,在出庭作证后由人民法院依照规定程序发放。其次,除了金钱因素外,鉴定人不愿出庭的一大顾虑在于时间成本。根据法律要求,出庭作证的鉴定人不得旁听庭审,然而,鉴定人往往要等到庭审全部结束后才能在庭审记录上签字离开,这增加了鉴定人的等待时间。为此,可以参照浙江省法院的相关做法,在鉴定人出庭作证结束后,先向其出示相关部分的庭审记录,鉴定人确认无误后即可先行离开。根据之前所做的调研,鉴定人对该措施普遍表示欢迎,认为此举大大提升了其出庭作证的效率。最后,若因交通、鉴定人在庭审期间行动不便、自然灾害等不可抗力及其他正当原因造成鉴定人出庭确有困难的,在征求申请出庭人同意后也可以通过远程视频的方式进行作证,以保障当事人的质证权。

3. 提升鉴定人出庭作证的能力。鉴定人尽管掌握了所在领域的专业知识,但是,却未必能够具备相应的表达能力,这一点也在问卷调查中得到了印证。因此,法院和司法行政部门应当进行合作,对鉴定人进行出庭作证能力方面的培训,提升其应对质证的能力。这有利于庭审质证环节发挥更大的作用,彰显鉴定人出庭作证的意义。同时,还应当注意给予鉴定人充分的出庭准备时间。合理利用庭前鉴定意见开示以及庭前会议等制度,使得诉讼双方尽早确定是否要申请鉴定人出庭。确定需要鉴定人出庭的,法院应当制作统一的鉴定人出庭作证通知书,写明出庭的时间、地点、联系人、联系方式和付费方式等,并提前通知鉴定机构和鉴定人。

三 确立专家辅助人的诉讼地位和意见的证据能力

我国的专家辅助人制度与两大法系相类似的制度均有差异。英美法系中采用专家证人制度,专家证人由当事人一方召集,其职责是运用自己领域的专业知识为当事人一方提供技术性的证据来对抗另一方的律师和证人。[1] 跟事实证人不同,专家证人可以提出不属于正在处理的案件中当事人的行为,可以对相关的证据、事实给出意见。[2] 大陆法系的一

---

[1] See Samuel R. Gross, "Expert Evidence", *Wisconsin Law Review*, 1991, pp. 1113 – 1232.

[2] See Neil Vidmart, "Shari *Seidman* Diamond, 'Juries and Expert Evidence'", *Brooklyn Law Review*, Vol. 66, 2001, p. 1121.

些国家在诉讼制度改革中吸收了英美法系国家的对抗制因素，创造了与专家辅助人制度相类似的诉讼参与人制度，其中比较具有特色的是意大利的技术顾问任命制度。《意大利刑事诉讼法典》第225条规定："在决定进行鉴定后，公诉人和当事人有权任命自己的技术顾问，各方任命的技术顾问数目不得超过鉴定人的数目。在国家救助法规定的情况和条件下，当事人有权获得由国家公费提供的技术顾问的协助"。①

通过对专家辅助人诉讼地位的检视，可以发现，专家辅助人与鉴定人、证人以及诉讼代理人这些诉讼参与人均有不同。但是，专家辅助人也是诉讼程序中重要的参与者，并且势必将在以审判为中心的诉讼制度中发挥出更大的作用，理当列入诉讼参与人的范畴。而且，在司法解释中也有将专门知识的人同证人、鉴定人并排列举的规定，如前文所述的《刑事诉讼法司法解释》第216条规定了向证人、鉴定人、有专门知识的人发问应当分别进行。在以审判为中心的诉讼制度中，赋予专家辅助人独立的诉讼参与人地位，可以提高其参与诉讼的积极性，更好地为他们提供保障，从而使当事人的对质权得到全面的保障。

在英美法系中，专家证人所作的意见即为专家证据（expert evidence，或称 expert testimony），是一种由对专业问题熟悉的或者在特定领域受过训练的有资格作证的人在具有科学性、技术性、专业性或其他特定性问题上给出的证据。② 而与之相似的意大利的技术顾问进行技术工作所得出的评论和意见却不是鉴定结论，他们可以就案件中的专门问题提出意见，并向法院提交备忘录。③

对于专家辅助人的意见属性，争议大多集中在是否应给予其法定证据的地位。若完全依据《刑事诉讼法》将专家辅助人出庭的任务限定于"就鉴定人做出的鉴定意见提出意见"的规定，将会"限制专家辅助人做出一个与既有鉴定意见完全独立的专业判断"。④ 笔者认为，如果没有

---

① 黄风译：《意大利刑事诉讼法典》，中国政法大学出版社1994年版，第78页。
② Bryan A. Garner, *Black Dictionary* (*eighth edition*), Eagan: Thomson West, 2004, p. 1681.
③ 参见黄敏《我国应当建立"专家辅助人"制度——意大利"技术顾问"制度之借鉴》，《中国司法鉴定》2003年第11期。
④ 吴洪淇：《刑事诉讼中的专家辅助人：制度变革与优化路径》，《中国刑事法杂志》2018年第5期。

以审判为中心的诉讼制度改革，参照意大利模式将专家辅助人的意见作为质证的参考并无不可。但是，在以审判为中心的诉讼制度下，为了实现控辩双方平等对抗之原则，由于多数情况下控方掌握了司法鉴定的启动权和实施权，如果当事人一方的专家辅助人仅能起到辅助质证的作用，对于增强当事人一方在专业知识方面的力量是远远不够的。因此，基于该种考量，应当赋予专家辅助人的意见以证据能力。

在实践中，已经出现了法官直接采信专家辅助人意见的案例。例如，在"邹亮故意伤害案"中，[①] 被告人邹亮以两份鉴定认定轻伤二级的主要依据矛盾、第二份鉴定的依据不足为由，依法向法院提出申请通知有专门知识的人出庭，就鉴定人作出的鉴定意见提出意见。法院聘请武汉大学医学院法医教研室副主任、副教授张某1作为本案的专家辅助人出庭。张某1经阅读临床资料、鉴定意见书结合开庭前检查刘某损伤情况后，认为应当重新启动鉴定程序。被害人在进行重新鉴定时故意不配合，使得鉴定人无法出具明确的鉴定意见，不予受理重新鉴定。法院认为，之前所作的鉴定意见与其他证据存在无法排除矛盾和无法解释的疑问，依法不能作为本案定案的根据。鉴于被害人重新鉴定时不能配合进行体格检查，公诉机关无证据证实被告人邹亮的伤害行为致刘某轻伤，本案证据不足，不能认定被告人邹亮有罪，按照疑罪从无原则，公诉机关指控的犯罪不能成立。在本案中，法院采纳了专家辅助人原鉴定意见不能作为定案依据和应当进行重新鉴定的意见，并因被害人不配合进行重新鉴定而按照疑罪从无原则，判处被告人无罪。

给予专家辅助人意见以被法官直接采信的证据能力，并不必然会影响到鉴定人制度的运转以及鉴定意见的地位。相反，鉴定意见"证据之王"的地位，使得鉴定意见一旦被做出便很难通过庭审质证的方式撼动，而赋予专家辅助人意见以证据能力，可以增强当事人一方的力量，破除过去裁判对鉴定意见的依赖，使得鉴定意见能够更为科学地经历质证，使得法官可以更为客观、中立地对鉴定意见进行评判。

[①] 以下内容根据"邹亮故意伤害二审刑事裁定书"整理，详情见中国裁判文书网：http://wenshu.court.gov.cn/content/content? DocID = 4d2aba07 - 713a - 4926 - 80ae - a84e0138eb3e，最后访问日期：2023年2月2日。

四　规范专家辅助人参与诉讼的程序

法院在决定专家辅助人是否出庭时，需要考察以下几点：（1）专家辅助人是否适格。为了适应审判中心改革下当事人对质权的保障，如果仅需要专家辅助人出庭质证，那么，专家辅助人可以只需掌握一定程度的专门知识。如果专家辅助人提出了与鉴定意见不同的意见，那么，需要在庭审中调查其是否具有相关的专业资格以及相应的知识；（2）申请人提出的理由是否具有合理性。申请人应当向法院说明申请专家辅助人出庭的理由，再由法官初步判断，由于法官并不具有相关的专业知识，因此，只要申请人对鉴定意见有异议且有充分的证明，即可以同意该申请，不应过于严苛；（3）法院申请专家辅助人的问题。除了诉讼双方进行申请之外，法庭认为确有必要时，也可以申请专家辅助人出庭。

为了规范专家辅助人参与庭审的程序，也需要明确专家辅助人的权利和义务。其中，首要的是赋予专家辅助人获得有关鉴定意见基础性资料的权利。现实中，侦查机关经常以侦查工作需要或者保密为由拒绝专家辅助人查阅相关材料。[1] 而鉴定文书的原始档案中隐藏着许多值得质疑的关键点，这些在鉴定报告中往往无法得到呈现，在缺乏这些基础性材料的情况下，专家辅助人无法为庭审做好充分的准备，对鉴定意见的质疑往往会大打折扣，影响了专家辅助人出庭的效果。[2] 其次，赋予专家辅助人一定的调查权。尽管大部分被调查者认同应该给予其了解案情和资料的权利，但不赞成赋予专家辅助人调查权。鉴于许多法律工作者反映，如果专家辅助人只单纯地阅览资料，出庭效果将大打折扣。因此，笔者认为，应当在赋予当事人参与鉴定过程的基础上，赋予专家辅助人现场监督权，即对鉴定的过程进行监督。最后，因为专家辅助人参与庭审质证，理应还享有出庭质证权，可以出庭与鉴定人进行质证。此外，专家辅助人还要有提供咨询和建议权，可以为当事人提供意见和建议，

---

[1] 常林：《司法鉴定专家辅助人制度研究》，中国政法大学出版社2012年版，第293页。

[2] 吴洪淇：《刑事诉讼中的专家辅助人：制度变革与优化路径》，《中国刑事法杂志》2018年第5期。

以便其参考。而在义务方面，专家辅助人有对等的披露义务、①保密义务、科学客观义务、不得干扰鉴定人进行鉴定等义务。②

五 完善鉴定意见质证规则

第一，确定交叉询问的基本顺序。在实行对抗制庭审的国家，交叉询问由当事人主导，对专家证人进行交叉询问的基本程序是：举证方的主询问（examination-in-chief）—对方的反询问（cross-examination）—举证方的再主询问（re-examination）—对方的再反询问（recross-examination）—举证方结束询问。③其中，主询问又被称为"直接询问"（direct-examination），是以举证方的开庭陈述为基础，询问己方所聘请的专家证人，从而向法庭出示或说明对自己有利的证据和意见。反询问则是对对方当事人所聘请的专家证人所进行的询问，目的在于降低对方专家证人的可靠性及可信性，削弱其证言价值，同时，还可以使对方证人承认某些有利本方的事实。再主询问是反询问接受后举证方的再次询问，力图在于抵消反询问阶段对专家证人的不利影响，恢复其证明力。再主询问之后，也允许实施反对询问的当事人或律师实施再反询问。最后由举证方结束询问。④

然而，通过前文可知，目前我国的交叉询问并没有明确的规则，尽管《法庭调查规程》调整了原有司法解释中的作证、质证顺序，厘清了作证、质证应有的次序，但是，"先向法庭陈述证言"这一过程究竟由谁主导并未有明确的说明。《法庭调查规程》中，只有第一轮的直接询问和反询问是由当事人自由主导的，如果再有新的问题需要询问，应当取得审判长的准许。因此，目前我国的庭审质证环节还具有职权主义色彩，应当确定以当事人为主导进行交叉询问。鉴定人可以在开始环节自由陈述其鉴定意见以及相关的理由和依据，再由举证方进行直接询问，

---

① 吴洪淇：《刑事诉讼中的专家辅助人：制度变革与优化路径》，《中国刑事法杂志》2018年第5期。
② 参见李雪蕾《刑事诉讼专家辅助人制度初探》，《人民检察》2012年第24期。
③ 龙宗智：《论我国刑事审判中的交叉询问制度》，《中国法学》2000年第4期。
④ 龙宗智：《论我国刑事审判中的交叉询问制度》，《中国法学》2000年第4期。

发问完毕后再由对方当事人进行询问，之后进入再直接询问、再反询问的环节。对于与案情无关的或者可能对鉴定人产生攻击的问题，由对方向法庭表示反对，法官判断该反对是否成立。如果法官认为反问的问题确实不合适，法官也可以禁止向鉴定人询问该问题，但整体上法官应当尊重控辩双方对鉴定人质证环节的主导地位。

第二，明确询问鉴定人的主要内容。在当前的庭审质证中，对鉴定人发问的问题主要集中于鉴定的过程，采用的标准等方面，而且多是依据鉴定意见本身所存在疑虑的地方进行发问，很少存在科学的假设性问题。为了提升鉴定人出庭作证的效果，现阶段可以制定相关的质证规范来进行指引。在鉴定意见质证的内容上，应当主要包括以下几个方面：1. 鉴定人的中立性问题。侦查机关内设鉴定机构的鉴定人往往会更倾向于控方，而自行聘请的鉴定人又可能会存在因金钱而产生偏见的可能，因此，无论何种情况，都应当注重对鉴定人的中立性进行质证；2. 鉴定人的能力问题。尽管我国的鉴定人需要具备相应的资质，但是，合法的资质并不意味着鉴定人具备相当的能力，应当更注意对其专业性的询问，尤其是在当鉴定人作出鉴定意见的依据并非其主要的研究领域时；3. 鉴定意见的规范与标准问题。鉴定意见作出的过程是否规范？鉴定意见的检材是否来源可靠、未被污染？鉴定意见所依据的标准是否恰当？这些都是鉴定人作证中应当解释清楚的问题；4. 鉴定意见依据的科学性。科学性是鉴定意见的最重要属性，也是质证中所关注的重点。因为科学应当具有可重复性和可验证性，因此，发问一方可以使用假设性问题来对鉴定意见的科学性提出疑问，例如根据某一假定事实可以得出怎样的结论等，以便全面审查鉴定意见是否科学。

第三，通过专家辅助人制度来强化质证。通过上文，可以发现，对鉴定人进行质证同样也需要对鉴定意见的了解，因此，专业知识和技能在对鉴定人进行质证时尤为重要。经过同为专业人员的专家辅助人的协助，能够更好地针对鉴定意见进行质证，可以使得庭审质证更具有科学性。部分法律工作者在访谈时表示，在专家辅助人和鉴定人同时出现的案件中，对鉴定意见的评判更为公正透明。如果专家辅助人只参与质证环节，在由相对一方进行反询问时，可以就鉴定意见和鉴定人相互质询、辩论。如果需要提出自己的意见，在只有一方申请专家辅助人出庭时，在鉴定人出庭宣读完鉴定意见后，应当首先请专家辅助人出庭宣读专家辅助人意见。之后，专家辅助人可以就鉴定意见和鉴定人相互质询、辩论。审判人员认为必要时，可以询问专家辅助人。同时，公诉人、当事人和辩护人、诉讼代理人也可以对专家辅助人发问。而在双方都聘请专家辅助人出庭的情况下，法庭在鉴定人出庭宣读完鉴定意见后，应当按照申请专家辅助人出庭的先后顺序，由先申请一方专家辅助人出庭宣读专家辅助人意见并进行质证过程，再由次申请一方的专家辅助人出庭完成质证。[①] 在法院认为确有必要而申请专家辅助人出庭的情况中，可以参照只有一方当事人申请时的相关质证规则。

---

① 左宁：《我国刑事专家辅助人制度基本问题论略》，《法学杂志》2012 年第 12 期。

第六章

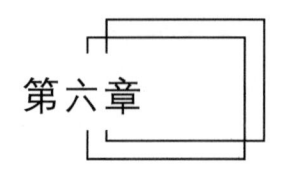

鉴定意见采信规则的构建

前文所述的对质权对于鉴定人、专家辅助人的质询都提出了更高的要求，在双方提出的意见都可以成为证据的情况下，法官应当如何进行判断？因此，需要有更为清晰的规则来指导鉴定意见的采信。本章将对我国鉴定意见采信的情况进行实证分析，并借鉴国外相关的采信规则，运用证据法的理论知识，构建我国的鉴定意见采信规则。

随着科学技术的发展，鉴定意见在司法诉讼中愈加重要。然而，由于鉴定意见自身的科学属性和对专业知识的要求，相较其他证据来说，鉴定意见的采信对审判提出了更大的挑战。审判中心的诉讼制度改革对证据的采信提出了更高的要求，法官应当在审判过程中，就控辩双方提供的证据进行审查判断，确认其证据能力和证明力。因此，证据的采信，是作出裁判结果的前提，也是整个审判活动的一个中心内容。控辩双方在取证、举证、质证之后，由法官判断是否采信无疑是决定证据取舍的关键环节。有学者认为，"证据的认定可以说是审判中心主义的核心环节"。[①] 然而，我国目前尚缺乏明确清晰的鉴定意见采信规则。相较于我国当前模糊不明的规则，学者们往往将目光投向科学证据研究较为系统、发达的美国，尝试借鉴美国的规则来完善我国的相关制度。但值得注意的是，弥合法律与科技间的鸿沟并非独属于我国的问题，即使在规则已经发展了近百年的美国，关于专家证言的采信也存在着诸多困惑与质疑。

---

① 陈卫东：《以审判为中心要强化证据的认证》，《证据科学》2016 年第 3 期。

因此，本章将以我国鉴定意见采信现状分析为基础，进一步放宽比较的视域，参照美国、加拿大、德国等国家的不同做法，力图找出鉴定意见采信规则发展的一般规律，以期为我国构建科学合理的采信规则提供建议。

第一节　鉴定意见采信的中国问题

我国过去一直采用"鉴定结论"这一概念，"结论"带有最终决定以及争议终止的含义，这也使得"鉴定结论"往往不经审查判断而直接成为定案的根据。2005年的《决定》首次使用了"鉴定意见"这一概念，2012年修订的《刑事诉讼法》和《民事诉讼法》也将原有的"鉴定结论"改为了"鉴定意见"。"鉴定意见"意味着作为一项证据，应当接受经由审查和判断后得以采信，而非直接可用的"结论"。法律法规和司法解释也对如何采信鉴定意见作出了相应的规定。

一　鉴定意见采信的规范分析

首先，鉴定意见应当由有资格的鉴定人作出。《决定》第4条规定了鉴定人的资格问题："（一）具有与所申请从事的司法鉴定业务相关的高级专业技术职称；（二）具有与所申请从事的司法鉴定业务相关的专业执业资格或者高等院校相关专业本科以上学历，从事相关工作五年以上；（三）具有与所申请从事的司法鉴定业务相关工作十年以上经历，具有较强的专业技能。因故意犯罪或者职务过失犯罪受过刑事处罚，受过开除公职处分的，以及被撤销鉴定人登记的人员，不得从事司法鉴定业务。"如果在需要鉴定的案件中存在某些具体问题，但缺乏法定的司法鉴定机构或法律、法规的规定，可以任命或雇用具有专业知识的人员进行检验，检验报告可以作为定罪量刑的参考。

其次，《刑事诉讼法》司法解释规定了法院应当在哪些方面审查鉴定意见，包括：（1）鉴定机构和鉴定人是否具有法定资质；（2）鉴定人是否存在应当回避的情形；（3）检材的来源、取得、保管、送检是否符合法律、有关规定,与相关提取笔录、扣押物品清单等记载的内容是否相符,检材是否充足、可靠;(4)鉴定意见的形式要件是否完备,是否注明提起鉴定的事由、鉴定委托人、鉴定机构、鉴定要求、鉴定过程、鉴定方法、鉴定日期等相关内容,是否由鉴定机构加盖司法鉴定专用章并由鉴定人签名、盖章;(5)鉴定程序是否符合法律、有关规定;(6)鉴定的过程和方法是否符合相关专业的规范要求;(7)鉴定意见是否明确;(8)鉴定意见与案件待证事实有无关联;(9)鉴定意见与勘验、检查笔录及相关照片等其他证据是否矛盾;(10)鉴定意见是否依法及时告知相关人员,当事人对鉴定意见有无异议。

最后,司法解释还规定了在什么情形下科学证据不可采信,包括:(1)鉴定机构不具备法定资质,或者鉴定事项超出该鉴定机构业务范围、技术条件的;(2)鉴定人不具备法定资质,不具有相关专业技术或者职称,或者违反回避规定的;(3)送检材料、样本来源不明,或者因污染不具备鉴定条件的;(4)鉴定对象与送检材料、样本不一致的;(5)鉴定程序违反规定的;(6)鉴定过程和方法不符合相关专业的规范要求的;(7)鉴定文书缺少签名、盖章的;(8)鉴定意见与案件待证事实没有关联的;(9)经人民法院通知,鉴定人拒不出庭作证的,鉴定意见不得作为定案的根据;(10)违反有关规定的其他情形。

综上所述,目前对我国鉴定意见的审查主要集中在外部层面,包括:(1)鉴定人资格;(2)检材问题;(3)鉴定过程是否满足规范程序和方法;(4)鉴定意见文书问题;(5)鉴定人意见与事实之间的关联。[①]

二 鉴定意见采信的实践分析

上文对我国鉴定意见采信进行了规范分析,厘清了散乱于各类法律法规与司法解释中关于鉴定意见采信的相关规定。然而,要考察鉴定意见在我国的采信情况究竟如何,需要对鉴定意见采信的实践情况进行分析。因为本书旨在以审判为中心的视野下考察我国司法鉴定的情况,而法院在进行审判活动时,往往会将作为证据使用的鉴定意见情况载入裁

[①] 樊崇义、吴光升:《鉴定意见的审查与运用规则》,《中国刑事法杂志》2013年第5期。

判文书中，因此，本章将从裁判文书入手，探析鉴定意见在我国法院中的采信情况，进而探究实践中法院所适用的采信准则以及存在的缺漏，以找出我国科学证据采信的真问题，并为问题的解答提供相应的方案。

（一）研究样本概述

2005年出台的《决定》首次采用了"鉴定意见"的提法，《决定》的出台也标志着司法鉴定开始走向规范化，与之关联的诸多规则也随之出台。因此，笔者选取了"鉴定意见"为关键词在北大法宝进行了案例检索。因科技的进步与发展，司法鉴定在诉讼中愈加重要，检索结果中含"鉴定意见"关键词的案例有数万之多。囿于时间和精力所限，以及考虑到裁判文书应当具有一定的代表性，因此，笔者选取了北大法宝中的"指导性案例"与"公报案例"作为样本进行分析。[1] 北大法宝中的"指导性案例"共36个，"公报案例"共76个，剔除掉二者重复的案例及实际并未涉及鉴定意见的案例11个，去掉2005年之前裁判的案件5起，合计共得到96个案例。这些案例均由权威机构选出，其案件内容更有代表性，也更能凸显出鉴定意见在其中发挥的作用，可以起到管中窥豹和见微知著之作用，使我们对我国鉴定意见的采信实践有更深入的了解。同时，值得注意的是，由于本章意在构建针对鉴定意见本身是否科学、可信的采信规则，而鉴定意见的科学性不因诉讼的种类而发生变化，因此，笔者在案例选取时并未区分刑事案件与民事案件。

（二）鉴定意见采信情况分析

在96个案例中，法院明确不采信的案例只有9个。在3个案例中，由于当事人双方均提出了有利于自己的鉴定意见，因此，法院在经过审查判断后，采信了一方提出的鉴定意见。另有3起案例，由于鉴定意见并非关键性证据，法院未对鉴定意见进行过多的描述，仅阐述进行了某类鉴定，而未写明鉴定的具体内容、结果以及法院对其作为证据的认定，该类案例被视为法院并未明确说明采信与否。因此，若按照"采信案例数／（案例总数－未明确说明案例数）"进行计算的话，整体采信率高达90%（见下图6.1）。

---

[1] 选取样本时间截止到2023年3月20日。

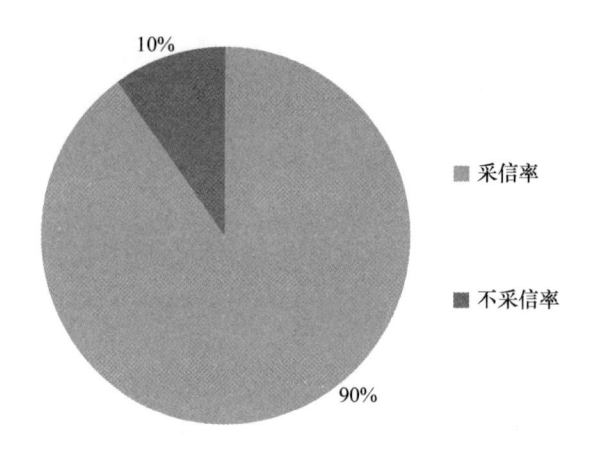

图 6.1 鉴定意见整体采信率

采信率 90%
不采信率 10%

在研究裁判文书对鉴定意见的采信时，除了把握整体的采信率，更重要的是深入探究采信的理由及根据，试图发现我国鉴定意见在现实中的采信标准。因此，研究裁判文书对鉴定意见的采信说理殊为必要。

根据《最高人民法院关于加强和规范裁判文书释法说理的指导意见》（以下简称《指导意见》），裁判文书应当"说明裁判所认定的案件事实及其根据和理由，展示案件事实认定的客观性、公正性和准确性"[1]，裁判文书说理的过程可以阐明裁判结论的形成过程，提高裁判的可接受性，有助于提高裁判的公正、公开，有利于维护当事人的诉讼权利。在裁判文书的说理过程中，阐明对证据的认定无疑是十分重要的一部分，因此，上述《指导意见》进一步指出，"应当结合诉讼各方举证质证以及法庭调查核实证据等情况，根据证据规则，运用逻辑推理和经验法则，必要时使用推定和司法认知等方法，围绕证据的关联性、合法性和真实性进行全面、客观、公正的审查判断，阐明证据采纳和采信的理由"。[2] 鉴定意见作为证据的一种，自然也应当详细阐明其认定情况以

---

[1] 《最高人民法院关于加强和规范裁判文书释法说理的指导意见》，中华人民共和国最高人民法院，http://www.court.gov.cn/fabu-xiangqing-101552.html，最后访问日期：2023年3月20日。

[2] 《最高人民法院关于加强和规范裁判文书释法说理的指导意见》，中华人民共和国最高人民法院，http://www.court.gov.cn/fabu-xiangqing-101552.html，最后访问日期：2023年3月20日。

及推理过程，说明采信的理由。

经过统计，在上述 96 个案件中，除未明确表示采信与否的案例外，裁判文书中进行了说理的案件共 27 个，而其中包含了 8 个说理较为简略的案例，没有进行说理的案件则有 69 起，鉴定意见采信无说理的情况占到了 71%。值得注意的是，笔者所选取的样本均为"指导性案例"和"公报案例"，这些案件往往情况较为复杂，尤其是诸多知识产权类案件，需要更多地依托鉴定意见来作出最后的裁判。而且，能够列入这类案例的案件，往往具有较高的裁判水平，相应的裁判文书制作也更为规范。因此，在这些案例之外的数量庞大的裁判文书对鉴定意见说理的比例应当更低，整体说理情况不容乐观。

在裁判文书并未对鉴定意见采信进行说理的 69 起案件中，法医鉴定和笔迹及印章印文鉴定所占的比例最高，涉及法医鉴定的案件有 22 起，占比近三分之一。其次为涉及笔迹及印章类鉴定的案件，共有 11 起。[①] 涉及环境类司法鉴定的共 8 起（见下图 6.2）。在"其他类"司法鉴定中，包含了诸如司法会计鉴定、知识产权鉴定等不属于司法行政部门统一管理的鉴定类型，也包括一些尚未有专门鉴定机构所作出的针对专门性问题的意见，法院也将其视为鉴定意见而采信。由于"其他类"所涉类别较为庞杂，因此，未再进行进一步的细分。同时，法医鉴定以及笔迹及印章印文鉴定不仅在无采信说理的案件中占据了极高的比例，与该类司法鉴定意见有采信说理的情况比较，依然是无说理的案件占比远远高于有说理的案件。在涉及法医类鉴定的 25 起案件中，未说明采信理由的即有 22 起，占到了 88%（见下图 6.3）；笔迹及印章印文鉴定共 13 起，未说明采信理由的共 12 起，占到了 92%（见下图 6.4）。对于没有详细说明采信理由的案件，法院的表述多为"根据鉴定意见……足以认定"[②]，也有诸如"鉴定意见符合法律规定，予以采信"，"双方当事人对鉴定意见无异议，本院予以确认"，"对方当事人提出的质疑不够充分"，等等。

[①] 由于笔迹鉴定和印章印文鉴定均是对鉴定对象的同一性作出认定和判断，因此，将这两类鉴定意见合并进行了统计。

[②] 此处省略了法院对于其他证据名称的描述，如证人证言、现场勘验、检查笔录等相关证据。

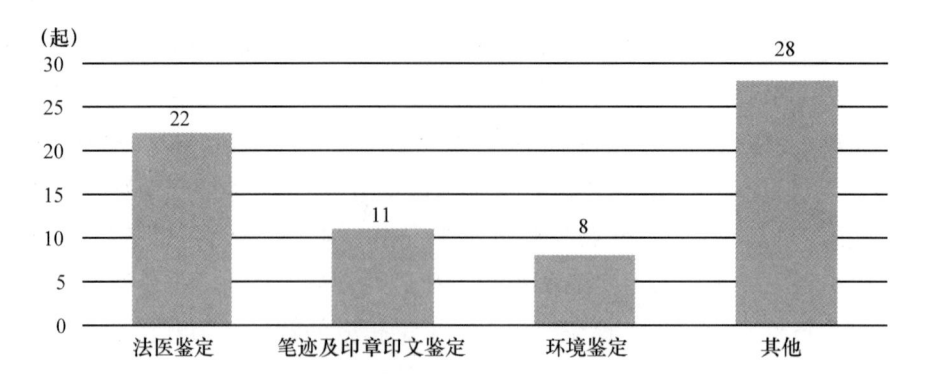

图6.2 无采信理由鉴定意见类型

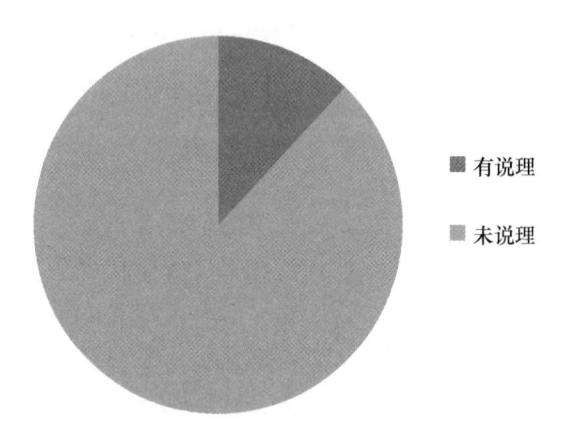

图6.3 法医类鉴定意见采信说理情况

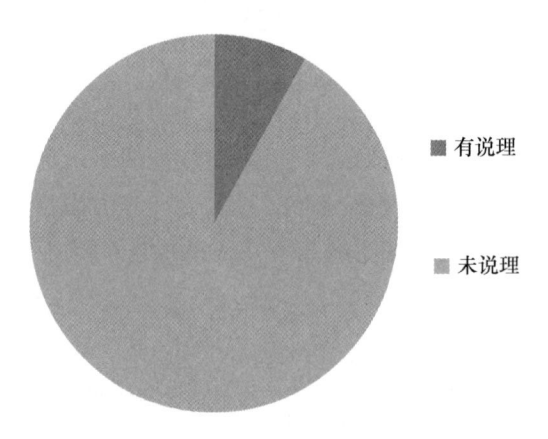

图6.4 笔迹及印章印文鉴定意见采信说理情况

相较之下，对采信鉴定意见进行了说理的案例涉及的鉴定种类较为平均，并无数量特别突出的鉴定类别。但值得注意的是，传统的"三大类"司法鉴定在有说理的案例中所占的整体比例较低，合计仅有6起，新纳入统一管理范围的环境类司法鉴定有2起，其余均为统一管理范围之外的"其他类"司法鉴定（详见下图6.5）。

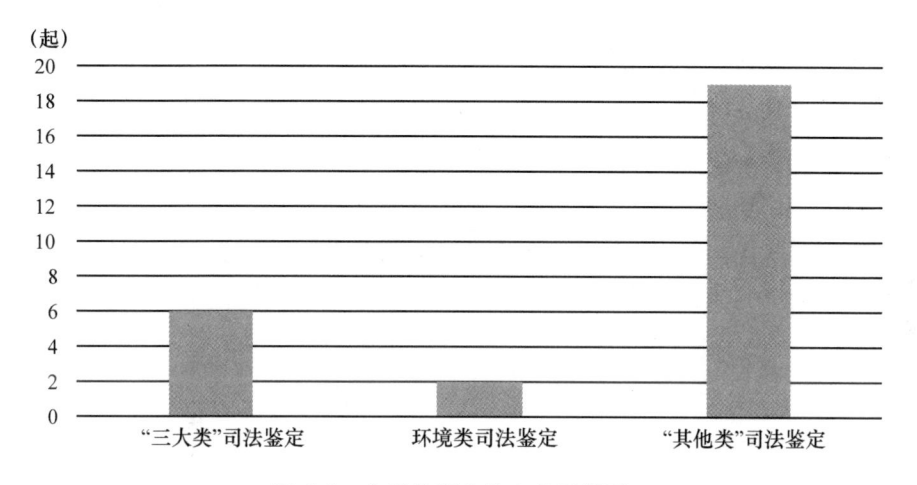

图6.5　有采信理由鉴定意见类型

是否采信鉴定意见与是否进行说理也呈相关趋势。以法医鉴定为例，在仅有的2起法医鉴定进行了详细说理的案件中，其中一起法院没有采信鉴定意见，[①] 另一起尽管采信了鉴定意见，但案件中存在着重复鉴定的情况，为了解决应当采信哪份鉴定意见，法院在裁判文书中进行了相关的说理[②]。与此相关的是，在存在重复鉴定的情况下，法院多对采信其中一份鉴定意见的理由进行了阐述。在出现重复鉴定情况的7个案例中，仅有一起案件没有进行相关的说理。

---

① 荣宝英与永诚财产保险股份有限公司江阴支公司等机动车交通事故责任纠纷上诉案，江苏省无锡市中级人民法院（2013）锡民终字第0497号民事判决书。

② 详见"焦建军与江苏省中山国际旅行社有限公司、第三人中国康辉南京国际旅行社有限责任公司旅游侵权纠纷案"，【法宝引证码】CLI. C. 889643，详见北大法宝，http://www.pkulaw.com/pfnl/a25051f3312b07f374e976138a0eaa4768719eb0fb5a33ebbdfb.html，最后访问日期，2022年12月20日。

通过研究鉴定意见采信的理由，可以发现，对鉴定意见是否满足相应的程序性要求进行说理的案件有 12 起，其中，针对鉴定机构、鉴定人的资质问题进行阐述的案件有 5 起，针对鉴定机构是否得到双方当事人认可进行阐述的案件有 7 起。对鉴定意见是否具有实质上的科学性和真实性进行说理的案件有 15 起。一旦法院确认了鉴定意见满足了上述要求，往往会选择直接采信鉴定意见，或者简要描述为各类证据可以相互印证，而不会再去进行综合的考量来确定鉴定意见的证明力。在上述案件中，仅有一起对鉴定意见的证明力进行了详细的评价和分析，认为"尽管鉴定意见属于证据，是具备资格的鉴定人对民事案件中出现的专门性问题，运用专业知识作出的鉴别和判断，但是，鉴定意见只是诸多证据中的一种，其结果并不当然成为人民法院定案的唯一依据。在认定案件事实上，尤其涉及法律适用时，尚需要结合案件的其他证据加以综合审查判断"[①]。

三　实证研究下的科学证据采信困境及缘由

（一）对鉴定意见的实质审查不足

在审判中心的视野下，法院对鉴定意见的评判以及采信，重要的是坚持证据裁判原则，防止"垃圾科学"进入法庭，防止法官对鉴定意见的盲目依赖。这要求在审查鉴定意见时，应该更多地关注鉴定意见的实质，即是否具有真实性、科学性。然而，通过实证研究可以发现，仅有 15 个案例针对鉴定意见的实质进行了说理，依据相关的行业标准或者技术标准、规则等阐述了采信该鉴定意见的原因。剩余的对鉴定意见采信进行了说理的案件中，仍有 12 个针对鉴定意见的程序性要求进行解释。除了这些说明了鉴定意见采信理由的裁判文书之外，大量的裁判文书省略了鉴定意见的采信理由。诚然，法官在裁判文书中略去了鉴定意见的采信理由并不等于在形成确信的过程中没有对是否采信鉴定意见进行评判，然而，在当事人双方各自出具实质内容不一的鉴定意见或者一方当事人对鉴定意见的实质提出了质疑时，法官多进行了较为细致的说理，

[①] 青海方升建筑安装工程有限责任公司与青海隆豪置业有限公司建设工程施工合同纠纷案，最高人民法院（2014）民一终字第 69 号民事判决书。

这意味着存在实质性问题争议的情况下法官往往会进行说理。基于此，我们可以合理地推断出在当事人没有质疑鉴定意见实质的情况下，只要该鉴定意见的程序性要件完备，法官通常会选择直接采信该意见，这也造成了针对鉴定意见采信进行说理的裁判文书数量较少。

关注鉴定机构和鉴定人的资质、鉴定机构是否经过双方合意以及意见文书的格式等外在内容，只能约束没有法定资格的鉴定人或有意违反规定的鉴定人，对于阻止真正的"垃圾科学"进入法庭少有助益。而如果不对鉴定意见的实质进行审查，往往会使得部分满足了形式要件但实质存在争议乃至错误的鉴定意见进入法庭，尤其是在作出鉴定意见所依据的标准存在谬误的情况下。笔者曾在Z省针对律师进行过关于鉴定意见采信的访谈，许多律师提到该省的酒驾案件在全国统计中往往居于前列，而该省并无饮酒的习俗与传统，但排名高于公认的饮酒风气盛行的省份。针对这一情况，律师多认为是该省的测量是否酒驾的方法与多数省份不一致，以致造成了这一结果。

对鉴定意见科学有效性的实质审查缺位有着诸多方面的原因。

1. 鉴定实际操作层面不够规范。通过前文的分析可以看出，在对鉴定意见不予采信的原因中，当事人的单方鉴定行为、鉴定材料的不规范以及鉴定过程的瑕疵占据了较高比例，这些均是由于实际中的鉴定操作层面不够规范所致。尽管《决定》《通则》等相关的法律法规均对我国的鉴定过程进行了规范和指导，但在当前的鉴定实践中，由于社会鉴定机构的逐利性、所需鉴定量与鉴定人数之间存在"案多人少"的矛盾，使得部分鉴定机构和鉴定人在从事鉴定时违反了相关的法律规定。例如，部分鉴定机构由于有资质的鉴定人数量较少，往往由尚未取得鉴定人资质的员工作出鉴定意见，再交由有资质的鉴定人进行签名，这就使得在鉴定文书上署名的鉴定人并非实际作出鉴定的人，造成了鉴定的不规范，也为后续的质证、追责带来了困难。在不规范的鉴定进入法院的情况下，法官首先应当做的就是审查其形式是否完备，违规乃至违法的鉴定意见自然无法被采信，法官自然不必再对其实质进行评判。因此，法院对鉴定意见缺少实质性审查，部分是由于鉴定操作不够规范的客观原因所致。

2. 部分鉴定类别缺乏科学上的有效性。正如前文所述,"科学证据"涵盖的类别要远大于具有"科学"含义的学科,依托各种专业技术所作出的鉴定意见都可以称为"科学证据",这其中也包括了很少具有"科学"含义的类别。例如,对于指纹鉴定来说,与其说是一项科学,更多地不如说这是通过模仿比较的方式来对两个相似的图案进行判断。① 再以笔迹鉴定为例,我国有学者通过研究指出,"笔迹鉴定确有'科学上有效'的不足","对于个人书写动作习惯特定性的证明缺少具有足够说服力的统计分析依据"。② 现有的统计学研究数据仅能对笔迹特征鉴定价值起到参考作用,而不能直接用于精确计算可疑文书笔迹特征综合的特定性。③ 笔迹鉴定尚缺乏"统一的、强制性的、具体的技术规范与标准",不同的鉴定机构在笔迹鉴定的专业术语和阐述鉴定意见的方式上都不尽相同。现有的由司法部司法鉴定管理局发布的《笔迹鉴定规范》并非强制性的法律规范,且内容的可操作性也存在疑问。④

3. 法官专业知识的缺乏。由于法官缺乏相关的专业知识,难免在对鉴定意见的诠释上存在短板。正如前文所述,少有裁判文书对采信笔迹鉴定意见的理由进行细致的说明,多为笼统地解释鉴定意见具有真实性、合法性、关联性,各类证据可以相互印证,或者简要描述鉴定机构与鉴定人的资质符合规定,甚至以双方当事人均无异议或异议一方并未提出新的鉴定意见为依据进行裁判,鲜有对鉴定的具体依据和操作规范的说理分析。我国的裁判人员大多出身于专业法律院校,并不具备审查具体科学意见的专业知识,尽管许多法院对法官定期进行相关专业知识的培训,但此类培训更多的是为法官更好地理解鉴定意见提供帮助,例如帮助法官了解最新的鉴定规范、鉴定术语等,与鉴定专业知识的学习难以相提并论。单从法律层面上对鉴定意见进行考量,难以全面揭示其证据能力及证明力。鉴定人出庭率偏低以及相应的专家辅助人运用偏少,导

---

① Andre A. Moenssens, *Scientific Evidence in Civil and Criminal Cases*, New York: Foundation Press, 2007.
② 贾治辉、官胜男:《笔迹鉴定意见采信实证研究》,《证据科学》2018年第3期。
③ 参见王冠卿《笔迹鉴定新论——鉴定人手册》,北京大学出版社2016年版,第126页。
④ 贾治辉、官胜男:《笔迹鉴定意见采信实证研究》,《证据科学》2018年第3期。

致法官缺少了通过质证来进行评判鉴定意见的机会，这使得缺乏专业知识的法官更加难以深入鉴定意见的实质层面。

(二) 鉴定意见以书面审查为主

如前文所述，我国的鉴定人出庭率依然偏低，当前对鉴定意见的审查依然主要基于鉴定文书，而不是审查鉴定人在审判中当庭所阐述的意见。与裁判文书对鉴定意见的阐述相一致，当前鉴定文书的制作也侧重强调形式要求，例如鉴定人的签名，作出鉴定的人数不少于两人等，但对于鉴定过程如何书写却无明确的规定。因此，实践中部分鉴定文书并没有详细论述鉴定过程以及给出意见的理由，令人难免质疑鉴定意见是否科学、可靠，进一步影响到了裁判的可接受度。这一问题在鉴定人未能出庭作证的情况下尤为显著，因为一旦要求鉴定人出庭作证，他可以解释达成鉴定意见的具体方式，以解开法官和当事人的困惑。但当前无论是鉴定人出庭率还是相应的专家辅助人的适用都不尽人意，更是加剧了这一问题。

在当下的实践中，在鉴定人不出庭的情况下，当法官和另一方当事人对书面鉴定意见存在疑惑时，往往通过对鉴定人进行书面询问来要求鉴定人进行释疑解惑。但是，依据鉴定人所作的书面回复进行审查与评价，本质上依然是书面审查。书面回复由于具有固定性，往往不能应对庭审中出现的关于该鉴定意见的新问题和新困惑，其解释效果和解释能力均要弱于鉴定人出庭作证。这进一步反映出了传统的职权主义诉讼制度对我国鉴定意见采信的影响，有悖于证据裁判原则对证据应当经过质证而得以采信的要求，与当下的以审判为中心的诉讼制度改革相背离。

(三) 对鉴定意见存在依赖性

尽管经过法律修改，"鉴定意见"这一概念取代了原有的"鉴定结论"，但实践中，将"意见"等同于"结论"的情况依然频繁出现，裁判对鉴定意见依然有着严重的依赖性。通过上文的实证研究可以发现，仅有1起案件详细地对鉴定意见进行了综合考量，进而确定其是否具有证明力，其余的案件均没有对证明力进行详细的论述。经过审查判断为科学有效的鉴定意见往往不需再进行进一步的判断即自动成为裁判的依据。然而，科学有效的鉴定意见未必一定带来正确的裁判结论，仅有正确的鉴定意见而忽视了对证据的综合评判，可能也会造成错判、误判。以呼格吉勒图一案为例，案发现场嫌疑人所遗留的血迹与呼格吉勒图血型一致，法院在审判过程中严重依赖该鉴定结论，而忽视了其余对被告人有利的证据。随着技术的进步，仅依靠血型进行同一认定的做法已经逐渐被淘汰，呼格吉勒图也最终被证明无罪。

因此，如果不能对鉴定意见置于证据链中进行综合考量，完全满足证据的确实、充分，可能带来错误的判决。尤其在刑事判决中，可能带来错案的发生。

（四）缺乏指导采信鉴定意见的规则

通过前文的分析可以看出，目前我国的鉴定意见采信并没有较为明确的规则，在缺乏指导的情况下，缺乏专业知识的法官更难以深入评判并采信鉴定意见。除了可采性评价标准的缺失，我国也欠缺指导在庭审中针对鉴定意见进行质证的相关规则。庭审中，当事人双方或控辩双方质疑科学证据可采性的问题主要集中在以下几个方面：（1）质疑鉴定人的资格。实际上作出鉴定意见的鉴定人基本都具有法律资质，因此，在大多数情况下这并不成问题；（2）评估鉴定实施的合法性；（3）关于鉴定人是否与当事人有不正当关系的回避问题；（4）鉴定方法是否科学；（5）往往还会出现与鉴定无关的其他问题，如对鉴定人的人身攻击。由于鉴定意见的专业性，当事人缺乏相应的知识来进行质证，而现有的规则也不能提供相应的引导，这就导致了质疑的一方往往只能针对一些表面问题。

从当前司法实践中所反映出来的问题看，由于我国现有的法律法规不能为鉴定意见的采信提供有效的标准，所以司法实践中法官对鉴定意见的质证往往流于形式，在鉴定意见是否采信难以确定的情况下，法官要么直接加以采信，要么选择级别更高的机构给出的鉴定意见。因此，需要对如何构建合适的鉴定意见采信规则进行进一步研究探讨，比较法已有的经验可为此种探讨提供镜鉴。

第二节 比较法上鉴定意见的采信规则

在比较法上，鉴定意见的采信亦是棘手问题。针对该问题，各国依据实践需求以及诉讼制度的不同，发展出了不同的采信规则。本书将采用功能比较的进路对这些规则加以探索。

功能主义（functionalism）是研究比较法学的传统方法，"全部比较法的方法论的基本原则是功能性原则，由此产生所有其他方法学的规则——选择应该比较的法律，探讨的范围，和比较的体系，等等"①。"任何比较法研究作为出发点的问题必须从纯粹功能的角度提出，应探讨的问题在表述时必须不受本国法律制度体系上的各种概念所拘束。"② 功能主义下不同国家法律之间能够进行比较基于三个理论前提。第一，法律是解决社会问题和需求的工具，因此，我们可以从"问题—解决办法的方法"来理解法律。第二，各个法律秩序所要解决的问题都是相似甚至相同的，各国的法律具有类似的功能，都需要执行类似的任务。第三，各国不同的法律秩序对于同样的生活问题都采用了相同或相似的解决办法。③

由于功能主义有着完善的理论基础和运用方法，在比较法领域确立起了统治地位，并在实践中得到了广泛的运用。然而，对功能主义的批判从未停止，"特别是在后现代主义思潮的影响下，法律文化论、批判性比较和比较法律经济学等对比较法学中的功能主义进路进行了较为严厉的批评"④。但是，在鉴定意见的采信规则上，恰恰可以选择一种功能

---

① ［德］茨威格特、克茨：《比较法总论》（上），潘汉典等译，中国法制出版社2017年版，第56页。
② ［德］茨威格特、克茨：《比较法总论》（上），潘汉典等译，中国法制出版社2017年版，第56页。
③ 参见朱淑丽《挣扎在理想与现实之间——功能主义比较法90年回顾》，《中外法学》2011年第6期。
④ 郑智航：《比较法中功能主义进路的历史演进——一种学术史的考察》，《比较法研究》2016年第3期。

主义的进路。首先，如何采信鉴定意见，如何平衡科学与法律之间的关系是一个世界性共通的问题；其次，由于鉴定意见所具有的科学属性，使对它的考察可以跨越不同法律体系之间的界限。因此，采用功能主义进路对国外规则进行探析，有助于拓展并加深我们对鉴定意见采信的认知，从而为构建、完善我国的鉴定意见采信规则提供可供参考的一般思路。

一 专家证人模式下专家证言的采信：美国、加拿大

在功能主义的视角下，我国的鉴定人与专家辅助人与英美法系的专家证人（expert witness）可谓功能对等（functional equivalent）。专家证人，是指可以根据其专业知识、技能、经验、培训或教育给出自己的意见的证人。任何具有一定专业知识的人都可以成为专家证人，例如，如果一个曾经吸毒的人凭借吸毒的经验可以分辨出具体毒品种类，他可以成为一名专家证人，因为普通证人无法通过自身的感知作出判断。在英美法系的对抗制诉讼制度中，双方当事人都可以聘请自己的专家证人以查明事实，协助律师审查对方的专家证言。专家证人也应在审判时接受直接讯问和交叉讯问。由于美国科学证据采信规则具有明晰的历史发展脉络，因此，该部分将主要对美国专家证言采信的发展历程及现状进行探究，以加拿大的相关规则作为对照。

（一）美国专家证言采信规则

1. 前弗赖伊时代：普通法时期

在19世纪和20世纪初，专家证言是否可采并没有明确的规则。如果一个人在他所从事的领域足够熟练，那么就可以被视为具有专门知识的专家，他的证言可被自动采信。但当时还存在另一个更为谨慎的陈述，认为法院应首先决定该问题是否属于"科学"的性质，是否超出了陪审团的范围。如果答案是肯定的，那么专家证言可以帮助发现真相。如果答案是否定的，那么这属于陪审团可以直接决定的普通事实。[①] 虽然后

---

① David L. Faigman Saks, Joseph Sanders, Edward K. Cheng et al., *Modern Scientific Evidence: The Law and Science of Expert Testimony*, Eagan: Thomson West, 2018.

一标准比前一标准更为严格，但它们都只关注专家证言的形式，而非实质。

2. 弗赖伊测试：普遍接受（general acceptance）准则

1923年，在弗赖伊诉美利坚合众国案（Frye v. United States）① 中，法院提出了一个更加结构化的标准来决定专家证言的可采性。弗赖伊被控犯有二级谋杀罪，他的律师试图引用一位专家对弗赖伊进行的测量收缩压的测谎仪测试结果，试图表明弗赖伊没有撒谎，初审法院驳回了这一证据。哥伦比亚特区上诉法院确认了初审法院的判决，排除了这一证言。法院认为，"正当科学原理或发现何时跨越了实验阶段和可证明阶段之间的界限，是很难界定的。在这个过渡区域的某个地方，必须承认科学原理的证据力（evidential force）。虽然法院在承认从公认的科学原理或发现中推断出的专家证言方面会有很长的路要走，但必须充分确定推论的内容在其所属的特定领域内获得普遍接受。我们认为，测量收缩压的测谎仪测试尚未在生理和心理权威领域获得像法院迄今为止已经采纳的从发现、发展和实验中推断出的合理专家证言一样长期和科学的认可。"②

经过弗赖伊案，法院建立了科学证据的"普遍接受"标准。"普遍接受"有两个含义：（1）专家证言是否来自科学领域；（2）这一科学是否在相关科学界得到普遍接受。弗赖伊标准成为"此后70年中审查确定新型科学证据可采性的支配性标准"③。其支持者认为，第一，"普遍接受"标准保证了"存在最少储备量的专家以批判性地审查特定案件中科学意见的有效性"④；第二，弗赖伊测试"很可能促进一定程度上的判决一致性"⑤；第三，弗赖伊测试消除了需要就创新技术的有效性所进行的耗时的听证⑥。

---

① Frye v. United States, 54 App. D. C. 46, 293 F. 1013 (1923).
② Frye v. United States, 54 App. D. C. 46, 293 F. 1013 (1923).
③ George Fisher, *Evidence*, New York: Foundation Press, 803 (2013).
④ United States v. Addison. 498 F. 2d 741, 744 (D. C. Cir. 1974).
⑤ People v. Kelly, 17 Cal. 3d 24, 31, 549 P. 2d 1240, 1244 – 45, 130 Cal. Rptr. 144, 148 – 49 (1976).
⑥ Reed v. State, 283 Md. 374, 388, 391 A. 2d 364, 371 – 72 (1978).

"普遍接受"标准无疑是科学证据史上的一个重要里程碑，但是，其自身仍存在缺陷，并逐渐引发了法院和学者的不满。有人质疑是否有必要采用"普遍接受"，并提出应当以"实质性接受"（substantial acceptance）作为替代。① 也有人质疑是否有必要制定任何关于科学证据可接受性的特殊规则，② 他们认为，通过认真应用传统的相关性和专家证言规则，可以充分满足弗赖伊支持者的合法性要求③。

例如，Trautman教授认为弗赖伊标准模糊了测谎仪的真正可接受性问题。他认为，问题不在于这一证据缺乏可靠性，而是出于政策考虑排除其他相关证据。他指出，由于测谎仪产生的证据比其他许多容易采纳的间接证据具有更高的准确性和可能性，排除的真正原因是基于有关证据对陪审团影响的政策考虑。他主张认识到排除这些证据的真正原因将有助于建立"适当的控制标准和被允许的证据领域"。④

有些学者认为弗赖伊标准在适用上存在困难。如Giannelli教授指出了适用弗赖伊标准存在如下几个方面的困境：第一，应当由谁来找出合适的科学领域以及该领域内的"普遍接受"；第二，何种情形必须被接受；第三，如何确立"普遍接受"；第四，何时适用弗赖伊标准；第五，上诉审的范围如何。⑤ 麦考密克教授同样认为，区分科学与其他专家证词的难度，确定其所属的科学领域，及决定什么构成普遍接受，都会导致对弗赖伊标准的选择性应用乃至默许的放弃。⑥

而随着1975年美国《联邦证据规则》的颁布，有些人则认为"普遍接受"标准与规则第702相冲突。1975年的规则702规定："如果科

---

① J. Richardson, *Modern Scientific Evidence* (*second edition*), Eagan: Thomson West, 1974.
② Charles T. McCormick, Edward W. Cleary, *Mccormick's Handbook of The Law of Evidence*, second edition, Eagan: West, 1972.
③ Mark McCormick, "Scientific Evidence: Defining a New Approach to Admissibility", *Iowa Law Review*, Vol. 67, 1982, p. 885.
④ Trautman, "Logical or Legal Relevancy-A Conflicting Theory", *Vanderbilt Law Review*, Vol. 5, 1952, p. 396.
⑤ Paul C. Giannelli, "The Admissibility of Novel Scientific Evidence: Frye V. United States, A Half-Century Later", *Columbia Law Review*, Vol. 80, 1980, pp. 1208 – 1228.
⑥ Charles T. McCormick, Edward W. Cleary, *Mccormick's Handbook of The Law of Evidence*, second edition, Eagan: West, 1972.

学、技术或其他专业知识将有助于事实发现者理解证据或确定有争议的事实,那么通过知识、技能、经验、培训或教育成为专家的证人,可以以意见或其他形式作证。"由于规则702没有提到"普遍接受",有些人认为立法机构的目的不是适用弗赖伊测试,因为如果立法者想要适用弗赖伊测试,他们会在这条规则中添加"普遍接受"。现行的规则702实则建议法官有权自行承认科学证据。

基于弗赖伊标准的种种缺陷,有些法院已经开始修正、减少甚至拒绝适用弗赖伊规则,许多法院回到了传统的分析路径上。"弗赖伊标准所产生的问题已经超过了其所带来的好处,采用不同标准的呼声变得势不可挡。"①

3. 多伯特三部曲

对多伯特规则的完整阐释由三个案件构成,因此被称为"多伯特三部曲"。

多伯特规则源于1993年的多伯特诉梅里·道药品公司的案件(Daubert v. Merrell Dow Pharmaceuticals, Inc.)。该案是由两名未成年人及其父母提起的民事案件,詹森·多伯特(Jason Daubert)和埃里克·舒勒声称他们的出生缺陷是由于他们的母亲服用了被告公司生产的盐酸双环胺。被告提交了一份研究化学物质风险的资深专家史蒂文·H. 拉姆(Steven H. Lamm)的宣誓陈述书,声称他已经审查了超过30项已发表的涉及十三万多名患者的研究,并未发现盐酸双环胺可致胎儿畸形。原告提供了他们聘请的8位科学专家的证言,他们均认为盐酸双环胺会导致先天缺陷。这些专家通过动物实验发现了盐酸双环胺与畸形之间存在联系,并指出药理学研究表明了盐酸双环胺的结构与其他已知的可导致先天畸形的物质具有相似之处,而通过对之前发表的流行病学的成功进行"再分析"也印证了这一结论。但是,加利福尼亚地区法院认为原告提出的专家证言不可采,因为他们的结论不能证明在所属领域得到了普遍接受。② 联邦第九巡回上诉法院确认了地区法院的判决,认为原告的

---

① Paul C. Giannelli, "The Admissibility of Novel Scientific Evidence: Frye V. United States, A Half-Century Later", *Columbia Law Review*, Vol. 80, 1980, p. 1208.

② Daubert v. Merrell Dow Pharma. Inc., 727 F. Supp. 570, 575 (S. D. Cal. 1989).

专家证言所采用的方法与该领域公认的程序存在重大背离,不能表明其作为一种可靠的技术获得了普遍接受。①

联邦最高法院推翻了该判决,认为上诉法院在审查专家证言时适用了错误的标准。联邦最高法院否定了弗赖伊规则,认为联邦证据规则702及其立法历史没有提到弗赖伊案或"普遍接受"的标准。② 布莱克曼大法官试图在"科学知识"(scientific knowledge)和"协助审理者"(assisting the trier)的基础上进行新的测试。"科学"(scientific)意味着专家的方法依赖于"推理或断言……由科学方法推导出来"。③ 他总结说,"知识"(knowledge)要求该方法从"已知事实,从这些事实推断出的任何想法中得出,或者基于充分理由被接受为真理"。④ 结合这两个观点,"要求专家证言与'科学知识'有关确立了证据可靠性的标准。"⑤

布莱克曼大法官提供了一份"全面观察"(general observations)清单,以指导如何评估专家证言的"可靠性"(reliability)。这些被称为多伯特因素:(1)鉴定技术是否可以(并且已经过)检验;(2)是否经过同行审议并发表;(3)特定技术方法已知或潜在的错误率;(4)控制技术操作的标准是否存在并得到了维护;(5)相关科学共同体的"普遍接受"。⑥

至于"协助事实审理者",布莱克曼法官表示这是"相关性的要求"。此处的相关性是指"与案件中任何问题无关的专家证言都不具有相关性,因此,(对事实审理)没有帮助"⑦。

从多伯特案件的判决中,可以发现"普遍接受"不再是审查专家证言可采性的必要先决条件。新的多伯特标准侧重于审查专家证言的方法和可靠性。这一要求使得法官扮演了"守门人"的角色,应当负责将"垃圾科学"(junk science)排除在法庭之外。

---

① Daubert v. Merrell Dow Pharma. Inc., 951 F. 2d 1128, 1129 – 1130 (9th Cir. 1991).
② Daubert v. Merrell Dow Pharmarceuicals, Inc. 509 U. S. 579 (1993).
③ George Fisher, *Evidence*, New York:Foundation Press, 803 (2013).
④ George Fisher, *Evidence*, New York:Foundation Press, 803 (2013).
⑤ George Fisher, *Evidence*, New York:Foundation Press, 803 (2013).
⑥ George Fisher, *Evidence*, New York:Foundation Press, 804 (2013).
⑦ George Fisher, *Evidence*, New York:Foundation Press, 804 (2013).

法院还摒弃了这样的建议，即其对规则702的自有解释将"导致一场'混战'，晕头转向的陪审团将会为荒唐的、非理性的伪科学主张所迷惑。"① 相反，法院表达了对对抗制的信心，指出"激烈的交叉询问、相反证据的提出，以及对证明负担的仔细指示，都是攻击薄弱却可采的证据的传统的和适当的方法"②。

构成"多伯特三部曲"的下一个案例是通用电气公司诉乔伊纳案（General Electric Co. v. Joiner），522 U. S. 136（1997）。与之前的多伯特案和后来的库姆欧轮胎案（Kumho Tire Company, Ltd. v. Carmichael）相比，这个案件经常被遗忘。在多伯特案中，法院宣称"审查的重点只取决于科学技术的原则和方法论，而不是它们产生的结论。"③ 但该案中，法院认为也应该仔细审查结论，"结论和方法并不是完全不同的……多伯特规则或联邦证据规则中的任何内容都没有要求地区法院采纳仅凭专家片面给出的与现有数据有关的证言。法院可能会得出结论，数据与提供的意见之间存在过大的分析隔阂。"④ 联邦最高法院在该案中进一步放宽了法院的自由裁量权，认为在根据规则702判断证据的可采性时，审判法官有着巨大的自由裁量权，上诉法院应当采用一种宽松的审查标准。⑤

"三部曲"最后一个案例是库姆欧轮胎公司诉卡迈克尔案（Kumho Tire Company, Ltd. v. Carmichael）。本案解决了多伯特案中未探讨的问题，即基于"技术"或"其他专业知识"的可采性规则。

在库姆欧案中，由于原告帕特里克·卡迈克尔（Patrick Carmichael）驾驶的一辆小型货车的一个轮胎爆炸，导致一名乘客死亡，数人受伤。卡迈克尔起诉了轮胎制造商及其经销商库姆欧轮胎公司，声称该轮胎存在缺陷。原告聘请的专家证人丹尼斯·卡尔森证实了轮胎爆炸是由轮胎的制造或设计缺陷引起的。卡尔森基于无可争议的轮胎技术的某些特征

---

① Daubert v. Merrell Dow Pharmarceuicals, Inc. 509 U. S. 579, 595（1993）.
② Daubert v. Merrell Dow Pharmarceuicals, Inc. 509 U. S. 579, 596（1993）.
③ Daubert v. Merrell Dow Pharmarceuicals, Inc. 509 U. S. 579, 595（1993）.
④ General Electric Co. v. Joiner, 522 U. S. 136, 146（1997）.
⑤ General Electric Co. v. Joiner, 522 U. S. 136, 142 - 43（1997）.

作了证词，也接受了有关轮胎的某些背景事实。然而，他基于其他方面做出的轮胎存在缺陷的结论仍然为被告强烈反对。卡尔森得出结论，"轮胎没有承受四种过度偏转症状中的至少两种，① 也没有任何明显的分离原因；由于既没有过度反射也没有穿孔造成爆炸，因此轮胎本身必定存在某一缺陷。"库姆欧公司认为应当排除这一专家证言，因为他所使用的方法没有满足规则 702 的可靠性要求。地区法院认同这一观点，认为用多伯特因素来看的话，卡尔森的方法不能满足证据的可靠性。美国第十一巡回上诉法院推翻了这一判决。

联邦最高法院支持了地区法院的判决。联邦最高法院认为，多伯特因素可能适用于工程师和其他非科学类专家的专家证言。法院发现，多伯特法院"明确规定这一规则的用语是'知识'（knowledge），而不是用'科学的'（scientific）来修饰这一用语……作为一个语言问题，该规则将其可靠性标准应用于所有'科学的'（scientific）、'技术的'（technical）或在其范围内的'其他专业'（other specialized）事项……它提到了'科学的'的证词，'因为这就是所讨论的专业知识的本质'。"② 因此，该案可以适用多伯特规则。在这种情况下，地区法院没有滥用其自由裁量权来决定卡尔森检查缺陷的方法是不可靠的。该案的争点是卡尔森使用的分析轮胎爆炸是否由缺陷引发的方法的合理性。他的分析依赖于他的视觉和触觉检查，此外，卡尔森的书面证言引发了对其中显性理论和隐含命题可靠性的怀疑。法院发现，基于多伯特测试，没有令人信服的论点来支持卡尔森的证言。相反，他们发现没有任何一个多伯特因素，包括"普遍接受"因素，可以使卡尔森的证言变得可靠。③ 除了扩展了多伯特规则的适用范围，联邦最高法院还进一步扩大了法官在应用多伯特规则上的自由裁量权，认为"多伯特因素是否是证据可靠性的合

---

① 这些症状包括：（1）轮胎肩部的胎面磨损大于轮胎中心的胎面磨损；（2）"珠槽"的迹象，其中珠子被推得太硬以抵靠轮胎轮辋内侧的胎圈座；（3）轮胎的侧壁有变质的物理迹象，例如变色；（4）轮胎轮辋凸缘上的标记。参见 Kumho Tyre Company v. Carmichael, 526 U. S. 137 (1999)。

② Kumho Tyre Company v. Carmichael, 526 U. S. 137 (1999).

③ Kumho Tyre Company v. Carmichael, 526 U. S. 137 (1999).

理衡量标准,是法律赋予法官以很大空间来决定的事项"①。

新的多伯特规则与原有的规则 702 不相一致,2000 年对联邦证据规则的修订使得新的规则 702 包含了多伯特规则所蕴含的因素。修订的规则 702 如下:"规则 702。专家证人的证词通过知识、技能、经验、培训或教育获得专家资格的证人可以在以下情况下以意见或其他方式作证:(a) 专家的科学、技术或其他专业知识将有助于事实的审判者理解证据或确定有争议的事实;(b) 证言是基于足够的事实或数据;(c) 证言是可靠原理和方法的产物;(d) 专家已经可靠地将原则和方法应用于案件的事实。"

4. 后多伯特时代

在后多伯特时代,因为多伯特案没有创设约束各州的宪法性规则,因此,一些州现在仍然在应用弗赖伊测试。那么,这就出现了一个问题,哪个标准更为严格?多伯特标准是否更容易采纳专家证言?

从联邦最高法院的最初目的来看,它试图降低科学证据可采性的标准,在乔伊纳案中,最高法院表示"在适用弗赖伊规则的情况下,联邦证据规则允许地区法院采纳范围更为广泛的科学证言"②。同样地,咨询委员会在对规则 702 的 2000 年修正案的说明中指出,"在多伯特案之后,对判例法的回顾表明不采纳专家证词是例外,而非原则"③。

一些研究确实表明了多伯特测试提高了专家证言的可采性。Lloyd Dixon 和 Brian Gill 在联邦第三巡回法院的案件中发现,"在产品责任案件中,基于物理科学的证据的排除率从多伯特案之前两年的 53% 跃升至 1995 年中期至 1996 年中期间的 70%"。简易判决(summary judgment)动议的成功率也有所提高。该调研表明,尽管多伯特测试的目标是更为灵活地审查专家证言,但在实践中,它可能会有所改变,因为与之前相比,现在的审查要更为全面、细致。④

---

① Kumho Tyre Company v. Carmichael, 526 U. S. 137, 153 (1999).
② General Electric Co. v. Joiner, 522 U. S. 136, 142 (1997).
③ Advisory Committee's Note To 2000 Amendment to Rule 702, See George Fisher, *Federal Rules of Evidence* 2016 – 2017 *Statutory and Case Supplement*, New York: Foundation Press, 170 (2016).
④ Lloyd Dixon and Brian Gill, Changes in the Standards for Admitting Expert Evidence in Federal Civil Cases Since the Daubert Decision, see George Fisher, *Evidence*, New York: Foundation Press, 806 (2013).

正如前文所述，目前，并非所有州都适用多伯特测试。因此，一些学者将联邦法院适用多伯特规则而州法院适用弗赖伊规则的州的联邦法院和州法院的案件移送①（removal）率进行了比较。假设多伯特测试比弗赖伊测试更为严格，在州法院适用弗赖伊规则的情况下，辩护律师希望将案件移送给使用多伯特规则的联邦法院。然而，根据1990年至2000年间全国范围内的数据，案件移送率并没有太大变化，表明"在实践中，一个州采用弗赖伊规则或多伯特规则几乎没有区别"②。

与弗赖伊测试一样，多伯特规则也存在其缺陷。

第一，专家证人选任存在偏见。由于美国的专家证人由当事人双方自行选任，因此，该问题已经持续了很长一段时间，但多伯特规则的出现加剧了这一问题。由于审查标准从"普遍接受"变为了"守门员"职责下的相关性和可靠性标准，在新的分析中，选任偏见会被两个相关却又背离的问题所凸显：一是主流外专家适用的强化；二是专家证人对市场地位的追逐。③主流外专家是指其所采用的方法与主流不符④或是尽管采用主流方法却得出了不同的结论⑤。主流外专家本身的使用并不是一个问题，但在现行的规则下，法官或者陪审团很难对其作出衡量和判断。⑥出于市场竞争的原因，专家证人往往会提供满足当事人要求的服务。

第二，对抗制的形式也会加剧偏见问题。近年来，对抗制可能影响证据可靠性评估这一问题受到了很多的关注和研究，特别是对交叉询问

---

① 在美国的民事诉讼中，案件移送是指被告人有权申请将案件从州法院移送至州法院所在地的联邦法院。移送的案件同样需要满足联邦法院管辖权的条件，即当事人为异籍或案件牵涉到联邦问题。值得注意的是，案件移送只能从州法院移送至联邦法院，而不能反向移送，即从联邦法院移送至州法院。

② Edward K. Cheng, Albert H. Yoon, "Does Frye or Daubert matter? A study of scientific admissibility standards", *Virginial Law Review*, Vol. 91, 2005, p. 498.

③ Andrew W. Jurs, "Balancing Legal Process with Scientific Expertise: Expert Witness Methodology in Five Nations and Suggestions for Reform of Post-Daubert U. S. Reliability Determinations", *Marquette Law Review*, Vol. 95, 2012, p. 1333.

④ Seidman Diamond, "Juries and Expert Evidence", *Brooklyn Law Review*, Vol. 66, 2001, p. 1133.

⑤ Susan *Haack*, "Irreconcilable Differences? The Troubled Marriage of Science and Law", *Law & Contemporary Problems*, Vol. 72, 2009, pp. 16 – 18.

⑥ Jennifer L. Mnookin, "Expert Evidence, Partisanship, and Epistemic Competence", *Brooklyn Law Review*, Vol. 73, 2008, p. 1012.

的分析，探究交叉询问中"卑鄙伎俩"对评判可靠性的影响就是其中之一。Kassin，Williams和Saunders测试了交叉询问的影响，其中包含对模拟陪审团对专家意见看法的否定推定。这项测试涉及一项强奸案审判，其中一名交叉询问律师提出了一个问题，暗示专家的研究很少受到同事的重视或受到他们的严厉批评。该问题导致了三个答复——对方律师的承认、拒绝或反对并撤回问题。研究人员评估了模拟陪审员给出的专家可信度的分数，数据表明无论对问题的回答如何，甚至在对方否认或撤回问题的情况下，含有负面含义的假设问题依然损害了专家的可信度，这同样适用于陪审员表示不相信这些负面问题的情况。因此，研究人员指出，那些假定的问题是经常使用的，"该研究表明使用这些假设性问题是一种卑鄙的伎俩，可以歪曲陪审员对证人可信性的评价。"① 因此，在假设问题的情况下，至少实证研究表明，不恰当的交叉询问可能会很大程度上影响到事实审判者对专家的看法。

然而，对抗性交叉询问技术的问题并不局限于不适当的假设性问题或一些卑鄙的伎俩，其基本程序就与对复杂科学材料的合理评估是不一致的。首先，交叉询问给反对一方施加了寻找、探索甚至制造怀疑专家证言的责任，即使辩护律师知道证言准确无误，这项义务仍然存在。② 其次，交叉询问往往还会引发与所涉证据无关的程式化攻击，如往往围绕着费用而指责专家证人是被雇用来作证的。③

第三，多伯特的"守门员"结构基于一个乐观的假设——司法技巧可以处理复杂的科学证据并区分科学工作的优劣。但在实践中，大多数法官几乎没有经受过科学学科的培训，④ 而已有的实证研究表明了这将

---

① Saul M. Kassin, Lorri N. Williams & Courtney L. Saunders, "Dirty Tricks of Cross-Examination: The Influence of Conjectural Evidence on the Jury", *Law and Human Behavior*, Vol. 14, 1990, pp. 373 – 382.

② See Herbert M. Kritzer, "The Arts of Persuasion in Science and Law: Conflicting Norms in the Courtroom", *Law & Contemporary Problems*, Vol. 72, 2007. (finding that "a party may shape and select evidence to its benefit")

③ Joseph Sanders, "From Science to Evidence: The Testimony on Causation in the Bendectin Cases", *Stanford Law Review*, Vol. 46, 1993, p. 47.

④ Michel F. Baumeister & Dorothea M. Capone, "Admissibility Standards as Politics-The Imperial Gate Closers Arrive!!!", *Seton Hall Law Review*, Vol. 33, 2003, pp. 1040 – 1041.

会影响到可采性的决定。例如,汉斯教授在2007年的研究中将调研中的法官与陪审员进行了对照,发现这两个群体的教育背景并无明显区别,甚至法官群体所受到的数学和科学课程的教育还要少于陪审员。而在对专家证言的判断上,通过对11个问题的回答,可以发现,受过大学教育的陪审员有三个问题的分数要明显高于法官群体,而法官群体仅在一个问题上具有分数优势。这一研究表明,与普通人相比,法官在处理科学证据的问题上并没有表现得更好,这也表明他们切实履行起"守门员"的职责存疑。[1]

第四,法院在不同案件中适用多伯特标准存在差异。例如,迈克尔瑞辛格(Michael Risinger)教授在2000年发表的研究中发现,"就所提出的专家证言而言,民事被告在挑战原告提出的专家证言的可靠性时,大多数情况下能获胜,而刑事被告人在挑战检控方提出的专家证言的可靠性时实际上总是失利。当民事被告提出的专家证言受到原告的挑战时,那些被告通常获胜,但是当刑事被告人提出的专家证言受到检控方的挑战时,刑事被告人通常失利"。他进一步指出,"在十年中,我们将发现民事案件要遵守严格的专业质量控制标准,而刑事案件不是这样。结果将是民事被告的钱夹将受到保护,即通过排除不可靠的专家证言来免遭原告的索赔,但是刑事被告人不会因为类似的不可靠的专家证言而不受有罪判决。考虑到法律宣称不准确的刑事有罪判决要比不准确的民事判决糟糕得多——这体现在不同的证明标准中,这样的结果似乎是特别不可接受的。"[2]

第五,这可能会给诉讼当事人带来沉重的负担,尤其是贫穷的民事诉讼当事人,因为他们必须聘请自己的专家证人。虽然专家资格没有限制,但科学证据的科学性决定了具有专业知识的专家是有限的。如果当事人想要赢得诉讼,他必须付出相应的代价来寻找合适的专家证人。产品责任案件是适用专家证人的主要领域,当发生普通民众起诉公司的案

---

[1] Valerie P. Hans, "Judges, Juries, and Scientific Evidence", *Journal of Law and Policy*, Vol. 16, 2007, pp. 19 – 20.

[2] D. M. Risinger, "Navigating expert reliability: are criminal standards of certainty being left on the dock?", *Alabama Law Review*, Vol. 64, 2000, pp. 99 – 100. 转引自美国国家科学院国家研究委员会等《美国法庭科学的加强之路》,王进喜等译,中国人民大学出版社2012年版,第101页。

件时，尤其是在非集团诉讼案件中，原告在诉讼开始时往往处于不利地位，因为他缺乏与公司竞争的资金和经验。最能满足案件需求的专家更容易被公司所雇用，其中一些甚至可能就在该公司工作，这些都将为原告一方带来困难。而且，决定是否采信科学证据的整个过程可能需要很长时间，这都在无形中增加了当事人的诉讼负累。

世界上没有完美的规则。尽管多伯特标准遭受到了一些批评，并且仍然存在缺陷，但它依旧是一个非常具体和实用的规则。多伯特标准可以控制科学证据的可采性，根据这一规则，法官现在是"守门员"，其职责是让法庭远离"垃圾科学"。

(二) 加拿大专家证言采信规则

同为英美法系国家，加拿大与美国一样，也是通过一系列的案件确立起了对于专家证言的可采性规则。在此之前，加拿大法院对专家证据的可采性使用了最低标准，即仅评估证据是否有助于陪审团发现事实。[①] 法官会判断陪审团是否能够自行决定问题，如果不能，则可以由一名合格的专家就此作证。[②] 1994 年的 R. v. Mohan 一案可谓具有里程碑式的意义，加拿大也开始对专家证言的可采性作出规范。

本案中的被告人莫汉博士是一名执业儿科医生，他被指控性侵了 4 名 13 岁至 16 岁的女性患者。辩护律师试图传唤一名精神科医生作证，以证明犯下所指控罪行的犯罪者仅仅是部分数量有限和极不寻常的人，而被告并不属于这一狭窄的类别，因为他不具备这些特征。作证的精神科医生希尔博士以该群体中的恋童癖和性心理变态者为例，指出如果一名犯罪者涉及假设问题中描述的所有四项控诉，则该犯罪者属于性精神病患者群体，而莫汉没有任何相关群体的特征，包括性精神病者。初审法官裁定该证据不可采，并指出这"仅是一种不可接受的品格证据，因为它超出了一般声誉证据的范畴，且不属于专家证据的适当范围"。安

---

① Andrew W. Jurs, "Balancing Legal Process with Scientific Expertise: Expert Witness Methodology in Five Nations and Suggestions for Reform of Post-Daubert U. S. Reliability Determinations", *Marquette Law Review*, Vol. 95, 2012, p. 1329.

② Andrew W. Jurs, "Balancing Legal Process with Scientific Expertise: Expert Witness Methodology in Five Nations and Suggestions for Reform of Post-Daubert U. S. Reliability Determinations", *Marquette Law Review*, Vol. 95, 2012, p. 1333.

大略省上诉法院认为初审法官作出裁判依据的是证据的充分性，而非可采性，推翻了初审法院的判决。①

加拿大最高法院通过该案确立了专家证言的双重检验标准：（1）证据必须满足四个可采性要求这一门槛；（2）满足可采性后，法官需要进行收益—成本的分析，以判断"是否要排除证据价值小于其偏见性的专家证言"。②

四个可采性要求分别为：1. 相关性。与所有形式的证据一样，专家证言必须具有相关性。法院在 White Burgess Langille Inman 一案中采用 R. v. Abbey 一案的相关性定义，认为相关性是指"逻辑相关性"，即必须"从人类经验和逻辑上来看，在没有这个证据存在的情况下，有是否发生该事实变得更为可能或不可能的倾向"；2. 辅助发现事实的必要性。这要求证言"必须能够提供可能超出法官或陪审团经验和知识的信息"，专家提供的证据"必须能够因为其技术本质而帮助审理者发现争议中的事实"；3. 不适用排除规则。与任何其他形式的证据一样，专家证言必须遵守所有的排除规则、法律法规或其他条件才能被采信；4. 专家适格。对专家的资格要求源于他或她作为证人的职责：公正，独立和无偏见。公正是"反映对手头问题的客观评价"，独立是指"证言是专家独立判断的产物，不受雇佣方或诉讼结果的影响"，无偏见意味着"不会不公平地支持一方对另一方的立场"。不应当在没有经过质询的情况下就推定专家证人的公正性，"但专家的证明或证词能够承认并接受他的义务通常足以满足这个门槛"。如果专家证实了这一点，对方将要承担起举证责任，来证明"确实有现实担心专家不能或不愿履行这一义务"。如果对方这样做了，那么责任将会再次转到使用专家证人的一方，来证明其专家可以履职。事实上，法官很少需要处理这一问题，除非在个别案件中，有极为明显的情况证明专家"不能或不愿履行职责"。③

---

① Graham D. Glancy, John M. W. Bradford, M., "The Admissibility of Expert Evidence in Canada", *Journal of American Academy of Psychiatry and the Law*, Vol. 35, 2007, pp. 350 – 360.

② Clifton Beech, "The Admissibility of Expert Opinions in Canada Courts", *Law and the Business Review of Americans*, Vol. 21, 2015, p. 362.

③ Clifton Beech, "The Admissibility of Expert Opinions in Canada Courts", *Law and the Business Review of Americans*, Vol. 21, 2015, pp. 362 – 365.

在莫汉一案中，加拿大最高法院并未对新的科学证据或技术（novel scientific evidence or techniques）创设特别的规则。在 2000 年的 R. v. J. (J.-L.)一案中，加拿大最高法院认为，涉及新科学技术（novel science）的专家证言需要"特别仔细检视"（special scrutiny）。加拿大法院参照了美国法上的多伯特一案，认为对这一类专家证言需要考虑其可靠性（reliability），即需要考虑如下因素：（1）鉴定技术是否可以（并且已经过）检验；（2）是否经过同行审议并发表；（3）特定技术方法已知或潜在的错误率；（4）相关科学共同体的"普遍接受"。① 因此，在涉及新科学或新技术的案件中，除了上述的四个可采性标准之外，还应当加上"可靠性"。

在满足了可采性规则的四个门槛性要求之后，第二重检验即是需要法官进行自由裁量，以"评估是否要排除专家证言因为它的证明价值已经被偏见所压制"。作为守门人，在这一步骤中，法官应当再次"检视专家的独立性和公正性"。这一自由裁量应当建立在成本—收益分析的基础上。

需要注意的是，2014 年加拿大最高法院审理的 R. v. Sekhon 一案可以被理解为法官的"守门人"功能或是成本—收益分析，并非是衡量专家证言可靠性的一个单独步骤，可以被视为包含在莫汉规则中的相关性和必要性分析步骤中。② 在 2015 年的 White Burgess Langille Inman v. Abbott and Haliburton Co. 案中，加拿大最高法院指出了这一检验的目标是"确保与专家证言相关的危险不被轻易容忍"，并且"仅仅有相关性或者对案情'有所帮助'"是不够的。在该检验中，"法官需要平衡采纳证据的潜在风险和利益，以确定潜在的利益是否能证明风险是合理的。"法官应使用由四个莫汉因素构成的浮动标准进行判断，首先，专家证言必须达到可采性的最低门槛，然后，继续权衡"与采纳证据相对立的因素"。法官最终要决定的是"专家证言的潜在有用性是否不会被与专家证言相关的现实风险所抵消"③。由此可见，适用莫汉要素和进行

---

① R. v. J.-L. J., [2000] 2 S. C. R. 600 (Can.).
② R. v. Sekhon, [2014] 1 SCR 272, 2014 SCC 15 (CanLII), http://canlii.ca/t/g35qf, retrieved on 2018 – 11 – 20.
③ White Burgess Langille Inman v. Abbott and Haliburton Co., [2015] 2 SCR 182, 2015 SCC 23 (CanLII), http://canlii.ca/t/ghd4f, retrieved on 2018 – 11 – 20.

"成本—受益"分析并非是独立的两个步骤,"成本—收益"分析应当贯穿法官采信专家证据的整个过程。

因此,现行的加拿大专家证言的采信规则即是莫汉案所确立的四因素标准,在涉及新科学时需要用到五个因素进行判断,在此过程中法官还要做好"收益—成本"分析以履行作为"守门人"的职能。我们可以发现,吸纳了美国多伯特规则的加拿大的可采性标准与美国的多伯特规则自然十分相似,二者都要求法官承担起"守门人"的职能,都要在采纳证据前评估证据的最低可靠性。

然而,由于各自法律发展的差异,二者依然存在部分不同。

第一,美国没有对科学证据的种类进行区分,统一适用多伯特规则,"普遍接受"是多伯特规则中衡量"可靠性"的一个因素,并不意味着非新颖的科学技术就需要受到更少的审查。相应地,新颖的科学技术也许需要受到更为严谨的审查,但是,同样的因素适用于所有的"守门人"问题。而加拿大则对新颖科学(novel science)和非新颖科学(non-novel science)进行了区分,新颖科学需要更为严格的审查,因此,需要增加一个"可靠性"因素,这可以使人们认识到新颖的科学技术需要更为严格的审查。

第二,加拿大更为注重专家证人的独立性。由于专家可由当事人自行雇用,因此,其难免带有先天的倾向性和偏见。在美国,尽管法官也会对其独立性进行考量,但是,在对抗制的诉讼构造中,这并非是采信规则的重点,法官更多地寄希望于通过对抗制本身,即双方的质询来解决这一问题。而在加拿大,莫汉案所确立的四个衡量因素中就有适格专家一项,要求专家证人与普通证人一样履行公正、独立和无偏见的职责,并且更为细致地规定了审查的方法和路径。

第三,加拿大提供了一些与美国不同的程序工具来协助"守门人"和事实发现者评估专家证言。加拿大的法官需要对专家证言进行总结(summation),并给出法庭评论(court's comment)。[①]

---

① Andrew W. Jurs, "Balancing Legal Process with Scientific Expertise: Expert Witness Methodology in Five Nations and Suggestions for Reform of Post-Daubert U. S. Reliability Determinations", *Marquette Law Review*, Vol. 95, 2012, p. 1333.

在有陪审团的情况下，通常是在刑事案件中，法官应当在陪审团进入评议（deliberation）前对证据进行总结。总结的目的是客观地评估案件中的争议和证据。总结将涉及需要司法澄清的有争议的问题和事实，这并非重复一遍所有的证据，但必须将最重要的证据与关键的事实和法律问题联系起来，其目的是让陪审团充分了解证据价值及与有关问题最重要的证据的影响。对专家证言来说，总结可以包括对专家的关键证言给出充分的评估。最后，在总结中，法院必须"审查证据的实质部分，并向陪审团提供为之辩护的理论，以便他们可以理解证据的价值和效果，以及如何将法律适用于他们发现的事实"①。

法庭评论在单纯总结的基础上又更进了一步，它包括对证据司法确信的明确陈述。法官可以向陪审团表达关于"不同种类证据重要性的意见，甚至可以对证人的可信度提出意见"。对司法评论的限制尚不清楚，但法院认为评论的法官必须告知陪审团评论是"建议而非指示"，以便陪审团不太可能被法官的意见所"威慑"。

二　鉴定人模式下鉴定意见的采信规则：法国、德国

对采信标准发展脉络较为清晰的英美法系进行考察，固然可以为我国鉴定意见的采信提供有益的参考，然而，大陆法系国家的相关规定同样值得我们重视，尤其是在英美法系的采信规则同样存在缺陷与不足的情况下。其他大陆法系国家的法律系统同样可能会存在有助于解决鉴定意见采信问题的程序设计或相关标准。

（一）法国鉴定意见采信

法国具有悠久的在诉讼中使用专家的传统。1789 年的法国大革命催生了法国法院的许多新规定，当时的法律即承认了法官选择使用专家的能力，同时通过了相关规则，要求医疗纠纷专家持有博士或外科学位文凭。关于使用专家的规则是以拿破仑法典为基础的，法官可以根据专家的报告作出决定。这些规则维持了近 150 年的历史，直至 1944 年才做出

---

① Andrew W. Jurs, "Balancing Legal Process with Scientific Expertise: Expert Witness Methodology in Five Nations and Suggestions for Reform of Post-Daubert U. S. Reliability Determinations", *Marquette Law Review*, Vol. 95, 2012, p. 1331.

了重大修改，规定只有在问题超出法院技术能力的情况下才允许使用专家。20世纪70年代，这些规则再次被修改，并逐步形成了现代法国的相关规则。

与美国和加拿大相比，法国并没有发展出专门针对鉴定意见的审查判断规则，对鉴定意见的限制主要是基于外部规则，例如从鉴定人资格、鉴定人选任以及当事人异议、鉴定活动监督等方面入手，防止"垃圾科学"的出现。主要包括以下措施：

1. 鉴定人资格的诉前确认。在刑事诉讼中，鉴定人应当从列入最高司法法院制定的全国性名册的自然人或法人中挑选，或者从列入上诉法院有关司法鉴定人的第71—498号法律规定之条件指定的名册上的自然人或法人中挑选。如果要挑选并未在任何名册上载名的鉴定人，法院需要说明理由。① 未在名册上登记的鉴定人则应在预审法官或者由法庭指定的法官前进行宣誓。②

2. 鉴定报告的制作要求。鉴定人在结束鉴定后应当起草相应的鉴定报告，介绍鉴定活动及鉴定结论。对于鉴定报告，鉴定人应当进行签字，协助鉴定人开展活动的人也应在鉴定人的监督下进行签字。若不同鉴定人存在意见分歧，则应当载明各自的意见，或者存在保留的意见。③ 严谨的鉴定报告制作要求，使得鉴定人需要对鉴定结论负担起相应的责任。

3. 当事人提出意见或请求。当鉴定人完成鉴定并制作鉴定报告后，预审法官应当将鉴定结论告知各当事人及律师，并应律师的要求提供鉴定报告的全文副本，并向当事人规定一个提出意见或请求的期限，特别是为进行补充鉴定或反鉴定提出意见或请求。在规定的期限内，当事人及诉讼辅佐人可以查阅、使用案卷。若预审法官拒绝当事人的请求，应该说明理由。

4. 鉴定人出庭作证。鉴定人在必要情况下应当出庭作证，介绍其进行的技术性鉴定活动的结果。审判长得依职权，或者应检察院、当事人

---

① 罗结珍译：《法国刑事诉讼法典》，中国法制出版社2006年版，第163页。
② 罗结珍译：《法国刑事诉讼法典》，中国法制出版社2006年版，第164页。
③ 罗结珍译：《法国刑事诉讼法典》，中国法制出版社2006年版，第164页。

或其辩护人的请求，向鉴定人提出属于交付给他的任务范围之内的问题。根据2004年的修订，检察官和当事人的律师除让法官提出自己的问题外，也可以按照法律的相关规定直接向专家提出问题。如有对鉴定结论的不同意见或者从技术的角度提供了新的线索，审判长得要求鉴定人、检察院、辩护方提供自己的意见。法庭以说明理由之裁定，或者宣布继续进行辩论、对不同意见之事由不予理睬，或者宣布案件推迟审理。①同时，值得注意的是，只有鉴定人的意见才可以被采信，前文所述双方聘请的"友好专家"的意见并不能被采信。

5. 鉴定活动的监督。在法国，鉴定人必须和法官一起工作。法官应当说明由于哪些情形致使有必要进行鉴定，以及如有必要，在任命多名鉴定人的情况下应说明任命多名鉴定人的原因；简述鉴定人的主要任务；规定鉴定人应当提出鉴定意见的期限；可以扩大、限制或重新调查。当事人可以申请鉴定人回避，获知鉴定人的任务、方法和活动，并要求召开听证会评论鉴定人的任务。鉴定人必须遵守时间限制和法院的指示进行鉴定，并向法官报告鉴定活动的进展情况"及其所做的各种努力"。②检察院也可以派员到场对鉴定活动进行监督，对检察院的意见以及鉴定人可能给予的答复，也应在鉴定意见内做出表述。③

（二）德国鉴定意见采信

与英美法系的专家证人一样，德国的鉴定人履行着相同的职能——为案件决策者提供科学或技术方面的信息，以协助解决争议问题。然而，由于不同的诉讼理念和程序设计，德国的鉴定人对法官及案件的影响力要大于英美法系的专家证人。然而，鉴定人也并非没有限制，德国法院也设计了相应的规则以保障鉴定意见的采信。

在刑事诉讼中，法官应当选任应延请的鉴定人并确定其人数。鉴定人的任务是以其专业知识协助法院就证据问题加以判断，他可以向法院提供自己的专业知识，或"利用其特有的专业知识加以深入理解、判断，进而认定"，或者借学术性的推衍规则，将凭专业知识认定的事实

---

① 罗结珍译：《法国刑事诉讼法典》，中国法制出版社2006年版，第169页。
② 罗结珍译：《法国新民事诉讼法典》（上册），法律出版社2008年版，第331页。
③ 罗结珍译：《法国新民事诉讼法典》（上册），法律出版社2008年版，第332页。

导向某一结论。① 鉴定人依法院的裁量进行宣誓,并要中立地、尽其所知地作出鉴定。②

对于鉴定人的鉴定结果,法院应当经过独立的判断、确信再行采用,不得直接将鉴定结果应用于判决中。同时,"在判决理由中必须令人能识别,法院独立完成了该案之证明的评价(心证),从而第三审的法院才能就法律层面加以审核"③。否则,如果法院不采用鉴定人的判断时,必须将其所以不同意该项鉴定之理由以可以审核之方式表明之。因此不能全以科学的标准来解决问题。

鉴定人的活动受到法院的领导与指示,法院"提出鉴定人要承担或调查的事实以及法院希望专家解决的问题","一旦得到指示,专家应在其专业知识和法院指导范围内审查提出意见所需的所有问题"。鉴定人有义务中立地评估案件,必须周密地准备鉴定结论、使用当事人的论据、调取专业资料并详尽地说明得出鉴定结论的理由。④ 鉴定结论必须是正确的,仅仅符合鉴定人的自由确信是不够的。⑤

经过审查,鉴定人通常为法院准备一份书面鉴定报告。法院应当自由评价鉴定结论;在任何情况下它都不受鉴定结论的拘束。法院每次都要审查鉴定结论的逻辑完善性和确信力,可以使用如下方法来质疑鉴定人的结论。首先,如果法官认为鉴定结论包含不清楚的地方或者当事人对其提出抗辩的,法院应当命令鉴定人到场对其鉴定结论做出解释。其次,如果法官认定存在重大程序错误或者认为鉴定结论不充分的,可以使用补充鉴定手段或者命令鉴定人对鉴定结论进行口头解释,或者委托其他鉴定人。如果当事人认为初始鉴定人不能令人信服,可以请求法院指定一名新的鉴定人,但法官依然拥有最终的决定权。在法院拒绝指定

---

① Sven Timmerbeil, "The Role of Expert Witnesses in German And U. S. Civil Litigation", *Annual Survey of International and Comparative Law*, Vol. 9, 2003, p. 163.

② 宗玉琨译:《德国刑事诉讼法典》,知识产权出版社2013年版,第38页。

③ Sven Timmerbeil, "The Role of Expert Witnesses in German And U. S. Civil Litigation", *Annual Survey of International and Comparative Law*, Vol. 9, 2003, p. 163.

④ Sven Timmerbeil, "The Role of Expert Witnesses in German And U. S. Civil Litigation", *Annual Survey of International and Comparative Law*, Vol. 9, 2003, p. 163.

⑤ Sven Timmerbeil, "The Role of Expert Witnesses in German And U. S. Civil Litigation", *Annual Survey of International and Comparative Law*, Vol. 9, 2003, p. 163.

第二位鉴定人的情况下，一方当事人也可以使用私人鉴定人来补充记录并提供额外意见。私人鉴定人是受当事人的委托的鉴定人，其作出的鉴定结论只能作为当事人陈述。私人鉴定的结论往往不能被直接采信，需要进一步查明，应当补充性地听取法庭鉴定人的意见或者再选任一名鉴定人，只有在当事人陈述根据法院的自由确信可以完全证明时才可以例外地不这样做。最后，挑战鉴定人意见的最终方法是上诉，诉讼人可以质疑对法律或事实错误主张的判决。①

尽管德国的法律提供给了法官和当事人验证鉴定人意见的几种方式，但与英美法系比起来，依然较为局限。因此，鉴定人往往被批评为"事实上的决定者"，因为法官缺乏专业知识以挑战专业领域的鉴定人，根据调查，法官对专家意见的接受率超过90%。②

通过对大陆法系较有代表性的法国和德国审查鉴定人意见情况和标准的分析，可以发现鉴定人对于案件的最终结果有着更大的影响，二者在鉴定人的选任、指挥以及验证方式上均有相似性。然而，二者依然存在部分不同之处。

首先，相较德国，法国的法官与鉴定人联系更为紧密，鉴定人在鉴定过程中应当随时保持同法官的联系，及时向法官反映情况；其次，对于鉴定人的宣誓，法国也有着更为严格的要求，除了在名册上的鉴定人不需要每次进行宣誓之外，名册之外的鉴定人履行职责前需要进行宣誓，不宣誓属于例外规定。而在德国，与需要宣誓的证人不同，鉴定人通常情况下不需宣誓；最后，对于当事人自行聘请的鉴定人或专家，德国法律赋予了这一角色更重要的价值，德国的私人鉴定人可以用来质疑鉴定人的结论，并且在满足条件的情况下，其意见可以被直接采信。

三 比较法中的鉴定意见采信：借鉴与融合

从对以美国、加拿大为代表的英美法系和以法国、德国为代表的大

---

① Sven Timmerbeil, "The Role of Expert Witnesses in German And U. S. Civil Litigation", *Annual Survey of International and Comparative Law*, Vol. 9, 2003, p. 163.

② Sven Timmerbeil, "The Role of Expert Witnesses in German And U. S. Civil Litigation", *Annual Survey of International and Comparative Law*, Vol. 9, 2003, p. 163.

陆法系对科学证据的采信规则来看，它们之间最显著的区别就是采信规则的重点是不同的。无论是美国的弗赖伊规则和多伯特规则，抑或是加拿大的莫汉规则，都强调关注科学证据的实质，要求科学证据具有"科学性"，尤其是多伯特规则更近一步地强调了科学证据的可靠性（reliability）。相比之下，大陆法系的鉴定人对法官的影响力更大，因此，大陆法系将审查重点放在了通过确保鉴定过程合法性以及选择各方接受的公平的鉴定人上。

采信规则重点的差异导致了其他差异的出现。

首先，对英美法系专家证人和大陆法系鉴定人的资格要求是不同的。

每个具有专业知识的人都可以成为英美法系的专家证人。最近的一项实证研究也支持了这一点。美国学者 Eric Helland 教授和 Jonathan Klick 教授研究了 1990 年至 2003 年间 50 个州的 9125 个案例，检查了 18 种专家证人，如流行病学家、毒理学家和按摩医师等。在这项研究中，他们试图根据专家证人的学位加以区分。他们假设，由于多伯特测试对科学证据的审核更为严格，因此，在适用多伯特规则的州，诉讼当事人更希望聘请具有博士学位的专家。但是，在对案例进行分析之后，他们发现，在这些案件中，专家证人的学位对诉讼当事人雇用他们的可能性没有"系统的影响"，即使只选取多伯特标准影响更大的产品责任案例作为样本，差异也很小。[①] 最后，作者表示，"几乎没有证据表明，在州法院的纠纷解决中，多伯特三部曲的适用会给专家的选任带来系统性的影响。"[②]

而大陆法系对鉴定人的要求非常严格。如在法国，应当从最高司法法院制定的全国性名册或者从上诉法院按照相关法律规定指定的名册中挑选鉴定人。如果要挑选名册外的鉴定人，法院应当作出裁定并说明理

---

① Eric Helland, Jonathan Klick, "Does Anyone Get Stopped at The Gate? An Empirical Assessment of The Daubert Trilogy in The States", University of Pennsylvania Law School, Institute for Law and Economics, Research Paper 09 – 12, March 2009. See, George Fisher, *Evidence*, New York: Foundation Press, 809 – 810 (2013).

② Eric Helland, Jonathan Klick, "Does Anyone Get Stopped at The Gate? An Empirical Assessment of The Daubert Trilogy in The States", University of Pennsylvania Law School, Institute for Law and Economics, Research Paper 09 – 12, March 2009. See, George Fisher, *Evidence*, New York: Foundation Press, 809 – 810 (2013).

由，并且要求该鉴定人进行宣誓方可开始鉴定工作。

其次，进行采信标准测试的方式不同。在美国，涉及开示、告知和在审判中审查专家证词均有细致和周详的规则。例如，如前文所述，《联邦刑事诉讼规则》和《联邦民事诉讼规则》均有开示专家证人证言的规定。在审判时，专家证人应接受直接询问和交叉询问。直接询问主要关注专家的能力问题，对方律师可以提出诸如专家职业、所处职位、之前相关经历等问题。交叉询问中，对方律师可以攻击专家证人的能力并对其专家进行弹劾。通过前文对鉴定意见开示和质证的研究可以发现，在英美法系中，专家证人的开示与审判同样重要。而在大陆法系，对鉴定意见的采信未必一定要进入庭审程序，如法国刑事诉讼法即规定，"在任何场合，预审法官均应当向当事人规定一个提出意见或请求的期限，特别是为进行补充鉴定或反鉴定提出意见或请求"。同时，大陆法系的法官可以通过控制鉴定人的行为来决定是否最终采用鉴定意见，如发生鉴定人未按规定完成鉴定意见或者未到场等情况，法官可以对鉴定人处以罚款，并且其所作出的鉴定意见也将得不到采信。而在进入审判之后，大陆法系对法官审查鉴定意见只是宽泛地规定了应凭借"自由心证"作出判断，并没有提供像弗赖伊规则或多伯特规则一样具体的指导。

两大法系对于科学证据采信采取不同规则有以下几个方面的原因。

第一，法官的角色不同。英美法系的法官在测试科学证据的可接受性方面扮演"看门人"的角色，因为该结构是一种"法官—陪审团"式的结构。在有陪审团的审判中，法官并不是科学证据的最终决定者。他们只是为陪审团把守大门，以避免让"垃圾科学"进入并污染陪审团的决定。"描述基础科学、架构科学以及专家用来达成结论的科学方法超越了手头的案例，这些事实的有效性应由法官决定。相反，当一位专家声称使用了法官批准的方法时，但是专家实际上是否这样做了引发了争议，那么这个问题就成了该案特有的可信性（credibility）问题，是属于陪审团的问题"[①]，法官在这里扮演被动角色。在没有陪审团的情况下，

---

① David L. Faigman, Christopher Slobogin, John Monahan, "Gatekeeping Science: Using the Structure of Scientific Research to Distinguish Between Admissibility and Weight in Expert Testimony", *Northwest University Law Review*, Vol. 110, 2016, p. 859.

法官仍然扮演被动角色，因为他们需要保持中立，让诉讼当事人争辩他们的问题。而在大陆法系，法官是决定科学证据可采性和事实问题的人。值得注意的是，尽管法国和德国在某些类型的案件中依然保留了陪审团的适用，但与英美法系国家的陪审团不同，这些国家采取的是"无分工式陪审制度"，即陪审员与法官一同决定案件的事实问题和法律问题。①法官必须在整个程序中发挥积极的作用，这可能会导致自由裁量权的滥用，因此，对鉴定人进行更为严格的要求以及在出现争议时选择补充鉴定或重新任命鉴定人可以在一定程度上防止法官滥用裁量权。

第二，两大法系采用的证据规则是不同的。专家证言尽管有着科学性这一特殊属性，但也应遵守一般的证据规则。在美国，证据的审查判断标准是相关性和可采性。联邦证据规则401（a）规定："在下列情况下，证据具有相关性：（a）该证据具有与没有该证据相比，使得某事实更可能存在或者更不可能存在的任何趋向。"规则702、703与704一起规范了专家证言的可采性。在大陆法系，证据规则侧重于对"证据能力"和"证明力"的关注。前者指证据应具有作为证据的初步资格，后者意味着证据能否找到事实及其在发现事实中的重要性。因此，鉴定意见也应当先具备证据能力，这意味着它们在被决定是否采用之前应当满足更多的前置要求，这也是大陆法系对鉴定人的资质要求比美国更为严格的原因。

第三，决定二者不同的最大原因是普通法系与大陆法系之间的差异。普通法系统更具对抗性，因此，诉讼的各方当事人都可以选择自己的专家证人，让他们协助开展审前程序并在审判时作证。当采用陪审团确定案件事实时，法官将确定科学证据的可采性。由于大多数专家证人均由诉讼当事人自行雇用，因此，对相应证据的审查程序和可采性测试更为复杂，以保证其应有的科学性和中立性。但在大陆法系国家，由于职权主义的影响，鉴定人往往被视为法官的助手，更倾向于采信他们所作的鉴定结论。此外，对评估人员的资格有更严格的限制，这有助于提高评委对科学证据的信心。

---

① 参见何家弘《辛普森案与陪审制度》，《理论视野》2015年第11期。

而在差异之外，由于科学证据所具有的共性特征，又使得不同法系的国家面临着相似的挑战。首先，不管是律师、法官，还是陪审员均缺乏审查科学证据的专业知识。尽管法律都提供了帮助审查科学证据的措施，但效果并不如设想的理想；其次，专家或鉴定人的中立性均存在争议。在美国，专家证人通常由诉讼当事人雇用，由于他们的付款来自诉讼当事人，因此很难确保其中立性。质询中关于资格和金钱动机的问题只能降低有偏见的专家证人的比率，但不能完全避免。而大陆法系尽管鉴定人多由法官选任，然而，其"法官助手"的身份和较高的采信率也使其中立性受到了质疑；最后，由于科学技术日益发展，任何完备的采信标准都难以赶上科学的发展。例如，当下人工智能技术革命可能会带来诸多相关的诉讼，若再依赖旧有的知识或技术标准可能不适合确定其可采性。而可以预见的是，新科学技术的发展速度将比过去更快，这对每个国家的科学证据采信都将是一个巨大的挑战。

基于科学证据所带来的各种挑战，不同法系也均开始向对方学习借鉴，以求在科学证据和法律程序之间取得平衡。

首先，英美法系开始更加注重专家证人的中立性。部分美国学者认为，为了确保鉴定人的中立性，应当向大陆法系学习，甚至出现了认为在处理专家证言时不应继续采用对抗制的观点。同时，联邦证据规定了法庭专家的运用，这使得美国的法官也可以像大陆法系的法官一样雇用自己的助手来协助判断科学证据。作为不为当事人金钱雇用的专家，法庭雇用专家可以消解当事人聘请专家的倾向性及偏见，同时弥补法官专业知识不足，难以审查判断科学证据的弱点，强化法官和审判中的作用，进而保证专家证言的中立性和科学性。

其次，在大陆法系国家，开始强化当事人一方所拥有的鉴定权利，借鉴英美法系由当事人自行聘请专家证人的制度，赋予本国当事人聘请专家的权利，进而在传统的法庭指定专家制度之外构建出一套平行的当事人雇用专家制度。例如法国的当事人可以通过合同委托的方式确立专家，可以在诉前请求法庭指定专家来为诉讼中的潜在证据进行调查和保全，德国的民事诉讼当事人可以聘请私人鉴定人，私人鉴定人的结论可以视为当事人供述。这些举措使得司法鉴定的"权力"属性得以弱化，凸显出其所具有的"权利"性质，有利于强化当事人的对质权、完善证据裁判主义以及维护法官的中立裁判地位。

最后，证据规则也在逐步走向融合。尽管两大法系的证据法则不同，但是通常认为，英美法系对于证据"关联性"和"可采性"的要求与大陆法系对证据能力的要求是相通的，即仅决定证据应当具有相应的证据资格，而不决定证据在事实采信中能起到何种具体作用。然而，随着多伯特规则的出现，英美法系对于科学证据的审查标准也发生了变化。对于科学证据，法官不仅仅是要评判其具有"可采性"，更是需要进一步评判其"可靠性"（credibility），这也使得法官可以审查科学证据的"证明力"。而相较美国，加拿大则是在此基础上更加向前了一步，更为深入地涉及了科学证据的证明力。在陪审团审议之前，法官不仅可以总结科学证据，对专家的关键证言给出充分的评估，以帮助陪审团理解证据的价值和效果以及如何适用法律，还可以进一步对科学证据进行评论，向陪审团说明不同种类证据的重要性，甚至可以对证人的可信度提出意见。

应该认识到，世界上没有完美的法律体系，比较研究的目的不是批评一个法律体系以赞美另一个法律体系。不同的法系之间也可以互相学习、借鉴，因此，这种比较可以为我们提供更广阔的视野，以探索改进我国采信规则的最佳方案。

第三节　鉴定意见采信规则的理性构建

决定科学证据的采信是一个全球普遍存在的问题，理解"科学"对大多数缺乏专业知识的人来说都是相当的，包括法官、律师和陪审员。通过对英美法系和大陆法系的采信规则进行比较研究，我们可以发现，目前两大法系在科学证据采信的问题上呈现出互相借鉴、互相融合的趋势。因此，由于科学证据具有本质上的共通性，我国鉴定意见的采信规则在借鉴和参照英美法系较为详细的可采性规则来进行构建的同时，也应当注意向大陆法系国家学习，注意保持鉴定机构和鉴定人的中立性。

科学的鉴定意见采信规则的构建，有助于提升法官在庭审中对鉴定意见的审查和判断能力，增强庭审的实质化，从而实现以审判为中心的诉讼制度改革目标。

一　鉴定意见采信的外在规则

与其他具有不可替代性的证据相比，由于鉴定意见是由鉴定人所作出的有过程可循并可以重复此种操作的证据，因此，鉴定意见的采信需要审查鉴定过程是否合理、合法。同时，为了避免出现鉴定人中立性缺失的问题，也应当强化对鉴定人资质的审核。针对非鉴定意见内容本身的审查规则，统称为鉴定意见采信的"外在规则"。在对鉴定意见进行评价的过程中，首先应当审查鉴定意见的外部规则，只有满足了外部规则的要求，才能进一步深入考察其内在的实质。鉴定意见采信的外部规则构建可以从以下几个方面着手：

(一) 审查鉴定主体的资格

目前，我国鉴定实践中对鉴定主体资格的审查主要集中在审查鉴定主体是否具有相关的资质，在对司法鉴定实施行政管理的大背景下，真正不具备鉴定职业资格的鉴定人并不多见。因此，对鉴定人资格的审查，应当更加关注鉴定人本身的可信性。尽管对鉴定人公开的批评可能会对他的职业生涯和学术声誉带来致命的伤害，但这不能保证鉴定人一定是可以信赖的。有美国学者即指出，"如果说有哪个领域中的证人最能受到金钱的腐蚀并使得他们的证词变得更加不可靠的话，那么这个领域就是专家证人领域"。[1]

对鉴定人可信性的审查，要着重于鉴定人的中立性。鉴定本身没有倾向性，但鉴定人可能由于个人爱好（personal interest）、财政利益（financial interest）和情报利益（intellectual interest）而存在偏见。[2] 从鉴定人的选任过程上来说，经由双方当事人合意选任或者由法官指定的鉴定人存在偏见的可能性较小，但是，在有新情况发生或者一方当事人提出

---

[1] J. Alexander Tanford, "The Ethics of Evidence", *American Journal of Trial Advocacy*, Vol. 25, 2002, p. 249.

[2] 张南宁：《科学证据可采性标准的认识论反思与重构》，《法学研究》2010年第1期。

质疑的情况下,法官也应当注意及时审查并回应,以防止鉴定过程中鉴定人与诉讼当事人私下联系、收取不正当利益等行为影响到鉴定人的中立性,进而影响到科学有效的鉴定意见的生成。在遇到当事人一方委托鉴定人或者双方均委托了各自鉴定人的情况下,为了保证鉴定人的中立性,应当加强庭审过程中的质证环节,借鉴英美法系对鉴定人中立性进行交叉询问的做法来进行审查,具体可以关注专家证人在该案中由于提供服务而获得的报酬,包括作证进行准备的花费的补偿、不断地被同一当事人雇用的情况等方面的问题。①

除了对鉴定人中立性的关注外,还应当审查鉴定人是否具备作出该类鉴定的能力。在实践中,技术职称或者级别更高的鉴定人或专家往往会被认为更具有权威性,人们也往往更容易信赖其所作的鉴定意见。由于鉴定所凭借的科学知识具有复杂性与专业性,尽管可能同属一个鉴定类别,但一个领域的专家未必能够胜任另一领域的工作,例如,法医精神病鉴定方面的专家可能对法医病理鉴定就不甚熟悉。因此,对鉴定人不应只关注其职称与级别,更重要的是审查其专业背景和知识结构,以确认其具备鉴定的资格。

对于侦查机关内设鉴定机构以及鉴定人,因为"自侦自鉴"问题的存在,被认为天然地具有中立性上的缺陷。笔者在前文中已经论述了诸多关于改革侦查机关内设鉴定机构的问题,但在现状发生改变之前,对此类鉴定人所作的鉴定意见,更多地要从实质上进行把握,而非从外部入手。因此,对该类鉴定人资格的审查,更多地要关注其是否具有相关的职业资格以及专业能力,而非聚焦其中立性。

在对鉴定人进行资格审查的同时,也应当注意关注鉴定机构的相关情况。尽管更为权威的鉴定机构并不一定代表着更为可靠的专家和更为正确的鉴定意见,但是,通过了相关质量能力验证的鉴定机构无疑可以更好地保障鉴定过程的规范性,从而给出更为科学的鉴定意见。对鉴定机构的水平的检验主要考虑鉴定机构是否已经获得实验室认可,实

---

① [美]约翰·W. 斯特龙:《麦考密克论证据》,汤维建等译,中国政法大学出版社2004年版,第871—877页。

验室认可指正式承认一个检测实验室具备从事特定检验或特定类型检验的能力。① 2022 年，司法部同市场监管总局联合发布了《司法鉴定资质认定能力提升三年行动方案（2022—2024）》，提出要进一步深化、创新司法鉴定资质认定工作，要依法有序扩大资质认定覆盖面，从事法医物证、法医毒物、微量物证和环境损害司法鉴定业务的，应当具备相应的通过资质认定的检测实验室，从事声像资料司法鉴定业务的鉴定机构需尽快申请资质认定。同时，我国还有针对鉴定实验室的 CNAS（China National Accreditation Service for Conformity Assessment，中国合格评定国家认可委员会）能力验证制度。根据笔者之前对司法行政管理部门的调研，可以证实，经过 CNAS 验证的鉴定机构在鉴定技术能力、鉴定规范性和鉴定可接受度上均要优于未经过验证的机构。因此，审查鉴定机构的资格，不仅可以确保鉴定意见的科学有效性，还可以为法官判断鉴定意见采信与否提供参照。

（二）审查鉴定材料的提取与保管程序

作为司法鉴定的对象，鉴定材料的提取与保管，决定了后续鉴定结果的准确性和科学性。与鉴定意见不同，原始的鉴定材料多具有不可替代性，一旦发生丢失或者保管不慎，将给案件事实的发现带来无法预计的后果。例如在念斌案中，水壶作为重要的检材即受到了污染，这也导致了错误鉴定意见的生成，进一步影响到了该案事实的发现，以至于形成错案。

根据《通则》的规定，鉴定材料包括生物检材和非生物检材、比对样本材料以及其他与鉴定事项有关的鉴定资料。《刑事诉讼法》规定了强制采集生物样本的程序，《刑事诉讼法司法解释》也对检材的来源、保管等问题作出了相关规定。《通则》规定了委托人委托鉴定的，应当向司法鉴定机构提供真实、完整、充分的鉴定材料，并对鉴定材料的真实性、合法性负责。司法鉴定机构应当核对并记录鉴定材料的名称、种类、数量、性状、保存状况、收到时间等。

因此，法官应当根据法律法规的相关规定，针对鉴定材料的提取和

---

① 陈邦达：《美国科学证据采信规则的嬗变及启示》，《比较法研究》2014 年第 3 期。

保管进行审查。审查应当注重全面性,即不仅应当审查鉴定机构和鉴定人的受理和保管环节,在有疑虑时也要对提供检材的委托人进行审查。尤其是在当事人单方面委托司法鉴定的情况下,更应当注意审查检材及样本的来源是否真实、合法,以确保鉴定意见不会受到不合格检材的影响。

(三) 审查鉴定过程的规范性

司法鉴定过程是否规范,很大程度上决定了后续鉴定意见的准确性、真实性和科学性。司法鉴定过程包含了对技术层面规范和标准的遵守,例如,适用方法是否得当,仪器操作是否正确等,这些技术层面的问题属于对鉴定意见进行内在实质判断时需要解决的问题。因此,从外在层面审查鉴定过程,主要是依托《通则》,审查所有鉴定类别都应当遵从的实施过程是否规范。例如,鉴定意见是否由本人作出,是否存在代签名现象;在需要到场见证时见证人员是否到场,是否存在见证人员未到场即开展相关鉴定活动的情况;[①] 完成鉴定所用的时限是否超过了规定时限等[②]。

二 鉴定意见采信的内在规则

与鉴定意见采信的外在规则相对应的是鉴定意见采信的内在规则,即对鉴定意见实质内容的审查,这也是科学证据采信规则构建的核心。鉴定意见作为证据的一种,理应满足一般证据规则所要求的关联性、真实性及合法性。因此,构建鉴定意见审查的内在规则,应当着重考量鉴

---

① 《通则》第25条规定:"鉴定过程中,需要对无民事行为能力人或者限制民事行为能力人进行身体检查的,应当通知其监护人或者近亲属到场见证;必要时,可以通知委托人到场见证。对被鉴定人进行法医精神病鉴定的,应当通知委托人或者被鉴定人的近亲属或者监护人到场见证。对需要进行尸体解剖的,应当通知委托人或者死者的近亲属或者监护人到场见证。到场见证人员应当在鉴定记录上签名。见证人员未到场的,司法鉴定人不得开展相关鉴定活动,延误时间不计入鉴定时限。"

② 《通则》第28条规定:"司法鉴定机构应当自司法鉴定委托书生效之日起三十个工作日内完成鉴定。鉴定事项涉及复杂、疑难、特殊技术问题或者鉴定过程需要较长时间的,经本机构负责人批准,完成鉴定的时限可以延长,延长时限一般不得超过三十个工作日。鉴定时限延长的,应当及时告知委托人。司法鉴定机构与委托人对鉴定时限另有约定的,从其约定。在鉴定过程中补充或者重新提取鉴定材料所需的时间,不计入鉴定时限。"

定意见的科学有效性和可靠性。尤其是在科学技术发展日新月异的当下，新科学与新技术的不断出现，使得鉴定所使用的方法也不断升级，这也为鉴定意见的采信带来了困难。与单纯地提倡"可靠性""科学有效性"以及"谨慎处理证据"这些规则的概念不同，本书试图从科学的证据解释和推理方式入手，为科学证据的采信提供更为严谨，也更有参考性的规则。

（一）应用贝叶斯法则进行科学证据的推理和判断

因为科学证据所具有的科学性，使得我们可以引入统计学的方法来对其概率（Probability）问题进行科学的推断。在此过程中，贝叶斯法则（Bayes' Theorem）可以成为我们进行证据评价的工具。贝叶斯定理以牧师托马斯·贝叶斯（Thomas Bayes）命名，他首先提出了一个方程式以允许新证据来更新之前的确信。贝叶斯法则的诸多应用中的一项就是贝叶斯推理，这是一种统计推断的特殊方法。与经典的、基于估计和假设检验的统计推理方法不同，贝叶斯推理在得出结论时不仅要依据当前所观测的样本信息，还要依据过去的相关经验及知识。贝叶斯定理的主要作用就是依据新信息、新证据对原有信念及判断进行修正。[①]

贝叶斯定理的基本表达式为 $P(A|B) = \dfrac{P(A)P(B|A)}{P(B)}$。$A$ 和 B 代表的是事件，$P(B)$ 不能等于 0。$P(A|B)$ 是一个条件概率（conditional probability），是在 B 事件为真的情况下 A 事件发生的可能性，是一个后验概率。$P(B|A)$ 也是一个条件概率，是在 A 事件为真的情况下 B 事件发生的可能性，同样是后验概率。$P(A)$ 和 $P(B)$ 是观察 A 事件和 B 事件彼此独立的概率，又被称为边缘概率（marginal probability）。$P(A)$ 和 $P(B)$ 都是先验概率，是在分别相对应的 B 事件和 A 事件发生前的概率。

在科学证据的推理和评价中，贝叶斯定理可以帮助我们判断证据（E）对案件中存在的案件事实假设（H）的证明力。在以审判为中心的诉讼制度中，由于总是存在相对立的两方，如民事诉讼中的当事人双方

[①] 张翠玲、谭铁君：《基于贝叶斯统计推理的法庭证据评价》，《刑事技术》2018 年第 4 期。

或刑事诉讼中的控辩双方,因此,总是会存在相反的两个假设,即 H_1 和 H_2,两种假设下都可能出现该证据。因此,概率表达式为:

$$P(H_1 \mid E) = \frac{P(H_1)P(E \mid H_1)}{P(E)}$$

$$= \frac{P(H_1)\,P(E \mid H_1)}{P(H_1)P(E \mid H_1) + P(H_2)\,P(E \mid H_2)}$$

该公式转化为贝叶斯的分数表达式为:

$$\frac{P(H_1 \mid E)}{P(H_2 \mid E)} = \frac{P(E \mid H_1)}{P(E \mid H_2)} \times \frac{P(H_1)}{P(H_2)}$$

因此,通过贝叶斯法则我们可以得出,后验优势比需要用一项新证据的似然率与先验优势比的乘积得出,即:

后验优势比 = 似然率 × 先验优势比

其中,似然率是指同一个证据支持某一假设与另一假设的概率之比值,即 $\frac{P(E \mid H_1)}{P(E \mid H_2)}$。二者相除得到的比值,可以用于表示支持假设 H_1 成立的证据证明力的大小。如果似然率大于 1,表明此项证据支持该假设成立。如果似然率小于 1,证明此证据反对该假设。如果恰好为 1,则表明它是一项中立的证据。[①] 似然率应当由鉴定人提供,表明其所作出的鉴定意见在多大程度上支持某一假设。

优势比,是概率的另一种表达方式。通过计算概率与(1 - 概率)的比值并将其尽可能地简化,可以得出一项主张的优势比。例如,如果概率为 0.3,那么其优势比的计算如下:

$$优势比 = \frac{概率}{1 - 概率} = \frac{0.3}{1 - 0.3} = \frac{0.3}{0.7} = \frac{3}{7}$$

先验优势比,即 $\frac{P(H_1)}{P(H_2)}$,是在相应的科学证据出现前假设发生的可能性大小。确定先验优势比是法官的职责,而非鉴定人的职责,法官应当根据案件的综合情况来确定先验优势比。不同的先验优势比会带来不同的后验评价结果,在似然率相同的情况下,先验优势比将极大地影响

[①] [美]伯纳德·罗伯逊、G. A. 维尼奥:《证据解释——庭审过程中科学证据的评价》,王元凤译,中国政法大学出版社 2015 年版,第 22 页。

到后验优势比。据此，我们可以制作出一份灵敏度表格，以展示后验优势比随先验优势比的变化情形（灵敏度）。如果证据的似然率是1000，那么后验优势比受先验优势比影响的情况如下：

表6.1　　　　　　　　　　灵敏度表格①

先验优势比	似然率	后验优势比
1∶10	1000	100∶1
2∶10	1000	200∶1
5∶10	1000	500∶1
1∶1	1000	1000∶1

资料来源：[美]伯纳德·罗伯逊、G.A.维尼奥：《证据解释——庭审过程中科学证据的评价》，王元凤译，中国政法大学出版社2015年版。

通过灵敏度表格可以发现，采用优势比的形式来对证据进行推理分析，比运用概率的形式要更为简单明了。因此，这可以成为法官评价科学证据的有力工具。并且，该方式易于展示，可以使得法官在裁判文书中更好地进行说理，也容易提高裁判的可接受度。但值得注意的是，尽管通过概率论的相关方法可以使我们更为明确地了解到证据的证明力，但案件的解决并非是一个概率运算的问题。无论通过贝叶斯定理所推导出的结果多么支持某一鉴定意见的证明力，仍要求法官从全局出发，根据案件的综合事实来进行最终的裁判。

（二）审查鉴定所依据的标准是否可靠

在对鉴定意见进行审查时，除了关注其结果对案件整体带来的影响外，还应当对作出结果所依据的标准进行审查。根据《通则》，司法鉴定人进行鉴定，应当依国家标准、行业标准和技术规范和该专业领域多数专家认可的技术方法的顺序来适用该专业领域的技术标准、技术规范和技术方法。因此，在法官进行标准的审查时，也应当根据上述顺序进行。

---

① [美]伯纳德·罗伯逊、G.A.维尼奥：《证据解释——庭审过程中科学证据的评价》，王元凤译，中国政法大学出版社2015年版，第72页。

然而，在司法鉴定的实践中，鉴定标准的缺失时常为人所诟病，被认为是实现司法鉴定行业标准化所需要解决的关键问题。鉴定标准的缺失主要表现为：第一，缺乏统一、权威的技术标准规范。目前已有的规范，既有行业技术标准，又有管理部门发布的技术标准，而由于多头管理现象的存在，不同的管理部门往往各自公布自己的技术标准，这使得鉴定意见所依据的技术标准多而繁复，不同的鉴定人往往依据不同的技术规范，为法官的审查和考量也带来了相当的难度；第二，部分技术标准规范存在滞后性。尽管有些鉴定类别存在统一的技术标准规范，但部分技术标准规范指定时间较久，已经滞后于新科技、新技术的发展，如果法官再依照所谓的审查顺序进行审查判断，可能会得出错误的结论。

因此，法官在审查相应的技术标准时，除了依据鉴定人所给出的鉴定依据以及居中审查当事人双方的质证之外，在遇到鉴定技术标准有争议的鉴定意见时，应该借鉴多伯特规则的相关规定，审查该意见是否得到了同行审议。除了对相关的研究文献和著作进行检索外，在确有困难时，法官还可以自行向相关领域的其他专家咨询，以实现对鉴定意见更为全面、客观的认识。同时，在刑事案件中，法官应当注意，由于立案侦查、起诉等各诉讼阶段所要求的证明标准不同，其所依据的技术标准可能也有所不同。对此，法官要注意进行甄别，以防止出现在审判阶段采用了之前阶段的鉴定标准。

（三）错误率

尽管科学证据是依据科学的原理和方法作出，具有"科学性"的内在特征，但科学并不意味着天然的正确，科学证据也存在着错误率的问题。美国科学院国家研究委员会发布的《美国法庭科学的加强之路》中就对13种科学证据的可靠性进行了详细的分析，可以发现，除了DNA证据外，其他类型的科学证据都有着较高的错误率。[①] 这也在实证研究中得到了相应的验证（详见下表6.2）。

---

① ［美］美国国家科学院国家研究委员会等著：《美国法庭科学的加强之路》，王进喜等译，中国人民大学出版社2012年版。

表 6.2　　　　　　　　　　法庭科学代表类型错误率①

法庭科学类型	错误率
咬痕对比	64%
声音识别	63%
笔迹对比	40%
头发对比	35%
指纹鉴定（以个体为统计单位）	4%—7%
指纹鉴定（以样本为统计单位）	0.6%
DNA 鉴定（以美国 1998 年数据统计）	0.2%—1.2%

资料来源：周蔚：《证据推理研究——以科学证据为分析视角》，中国人民大学出版社 2016 年版。

通过以上分析，我们可以看出，并非所有的科学证据都能给出确定的解释。除了测量方法固有的局限性意外，分析中使用的参考物质存在不足、设备差错、环境条件在方法有效的范围之外、样本混杂和污染、转录差错等因素都可能影响到实验室分析的精确性。② 因此，特定技术方法已知或潜在的错误率也将是影响鉴定意见采信的重要因素。法官要改变过去对于鉴定意见的依赖态度，要求鉴定意见必须给出一个确定的非此即彼的结果，这实际上是一种有悖于科学的认知。在真为已知的情况下，分析结果可以在双向表中作以下分类（见下表 6.3），其中，B（假阴性）和 C（假阳性）为错误的结果。

表 6.3　　　　　　　　　　错误率双向表

真	分析结果	
	是	否
是	A（真阳性）	B（假阴性）
否	C（假阳性）	D（真阴性）

---

① 周蔚：《证据推理研究——以科学证据为分析视角》，中国人民大学出版社 2016 年版，第 116 页。
② ［美］美国国家科学院国家研究委员会等著：《美国法庭科学的加强之路》，王进喜等译，中国人民大学出版社 2012 年版，第 121 页。

目前,学术界通常用如下公式来表达错误率[①]:

$$SE = \frac{s}{\sqrt{n}}$$

其中,SE 表示标准错误(standard error),s 表示样本的标准偏差,n 表示样本的大小,即对样本抽样或者观察的次数。s 的公式为[②]:

$$s = \sqrt{\frac{\sum (x - \bar{x})^2}{n}}$$

其中,x 表示单次测试或检测。从以上公式可知,错误率的降低与测试的次数以及样本的大小呈正相关。

在以审判为中心的诉讼制度下,错误率有着更为重要的作用。由于错误率的存在,在鉴定人作出鉴定意见后,另一方当事人所聘请的专家辅助人可以对鉴定人所作的意见提出反论证,指出其错误所在。法官可以在错误率的基础上对鉴定意见进行考量,并进行进一步的推理和论证后再加以采信。

[①] See Nanning Zhang Douglas Walton, "The epistemology of scientific evidence", *Artificial Intelligence and Law*, Vol. 20, 2012.

[②] 周蔚:《证据推理研究——以科学证据为分析视角》,中国人民大学出版社 2016 年版,第 118 页。

第七章

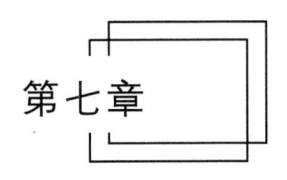

结　　论

随着科技的发展，司法鉴定在诉讼中的作用愈加重要。然而，由于司法鉴定所具有的科学属性，与普通人的日常认知难免存在隔阂，使得对司法鉴定活动的管理和对司法鉴定意见的质证和采信都具有一定的困难。而司法鉴定统一管理体制尚未健全，鉴定人出庭作证率亟待提高等问题也已被反复地提起和讨论，使得对司法鉴定的研究难以避免"老生常谈"的困境。然而，本书认为当下对司法鉴定的研究仍具有价值和新意，主要在于两个方面：一方面，司法鉴定制度并非孤立而存在，其与整体的诉讼制度息息相关、密不可分。随着我国开始施行以审判为中心的诉讼制度改革，司法鉴定制度也势必发生相应的变化。党的十八届四中全会要求"健全统一的司法鉴定管理制度"，《实施意见》的颁布则为接下来的司法鉴定深化改革提供了更为详细的指引。因此，本书在审判中心的视野下对司法鉴定进行研究，既是理论需要，又是现实需要；另一方面，笔者于2016年进行了司法鉴定实施评估项目，借由此次全面的评估，可以发现实践中所存在的真问题，为研究司法鉴定现状以及探寻司法鉴定如何适应以审判为中心的诉讼制度改革提供了现实的支撑。

在审判中心视野下研究司法鉴定，首先应当明确审判中心的内涵及审判中心对司法鉴定所提出的新要求。在当前以审判为中心的诉讼制度改革背景下，审判中心既囊括了与"侦查中心"相对应的"审判中心"之义，又囊括了实现庭审实质化和庭审中心地位之义。审判中心确立了司法的权威地位，构建了不同于以往的审判对审前程序的制约，对司法鉴定意见的科学性、客观性、可信性提出了更高的要求，要求对鉴定意见的评价应当在庭审中通过质证来完成。同时，审判中心的诉讼构造赋予了当事人一方更多的权利，这也意味着当事人应当更多地参与到司法鉴定的启动与实施过程中来。

　　由于司法鉴定自身的科学属性以及人类认知的普遍共性，如何规范管理司法鉴定以及如何评价鉴定意见可谓是一个世界性的问题，因此，对域外司法鉴定的研究对我国现实问题的解决有着重要的参考意义。既有的对域外制度的研究，尤其是对英美法系专家证人制度的相关研究，往往侧重于其优势层面，以及侧重于大陆法系对英美法系的相关借鉴，并以此来论证制度移植的合理性和必要性。本书力求对英美法系的专家证人制度进行更为深入的考察，分析了该制度存在的诸如专家证人的偏见、法官"守门员"职责存疑、诉讼负累等问题。并指出由于现代的对抗制诉讼和职权主义诉讼都带有审判中心的特征，使得二者的专家证人制度和鉴定人制度的发展出现了诸多共性，例如，司法鉴定管理呈现统一趋势，侦鉴逐步分离，强调鉴定人的专业性和中立性，以及重视鉴定意见的质证和采信。

　　在审判中心视野下考察司法鉴定问题，具体研究了司法鉴定的管理制度与证据制度，对二者如何适应以审判为中心的诉讼制度改革作出了进一步的分析。司法鉴定管理制度规范了司法鉴定的实施过程，与鉴定意见的质量密切相关，健全统一的司法鉴定管理制度是完善司法鉴定证据制度的前提和基础。然而，尽管经过了统一管理改革，但实践中侦鉴一体的存在，以及司法权与司法行政权的错位、缺位问题依然存在，这不仅影响到了鉴定意见的生成，更为确立审判中心的地位形成了一定的阻碍。为此，本书对错案中暴露出的侦鉴一体的问题及成因进行了分析，并提出了侦鉴逐步分离的相关举措。司法鉴定管理与使用相衔接机制的构建和完善则连接起了司法鉴定制度与诉讼制度，可以在理顺司法权与司法行政权关系的基础上，实现审判的中心地位。

　　对司法鉴定证据制度的研究则着眼于鉴定意见的质证和采信问题，

并将其置于整体的审判流程中加以展开。庭前鉴定意见开示是鉴定意见审前准备工作的核心，有助于准备庭审中的鉴定人出庭和专家辅助人的使用。而在缺乏专门鉴定意见开示程序的情况下，无论是侦查阶段的告知，律师的阅卷权，还是庭前会议中的鉴定意见开示都不能达到应有的目的。为此，应当构建以有利于当事人为出发点，由当事人主导的与律师阅卷制度和庭前会议制度相衔接的庭前鉴定意见开示程序。鉴定意见的庭审质证是司法鉴定证据制度的核心环节，也是审判中心下保障当事人对质权的应有之义。基于实证分析可以发现，鉴定人出庭率低的成因可谓错综复杂，鉴定人、法官和当事人对鉴定人出庭均抱有一定的消极态度，而在鉴定人已经出庭的案件中，由于鉴定意见质证规则并不完善，使得鉴定人出庭效果难以彰显，专家辅助人制度也未能发挥出预期的效果。在审判中心之下要求鉴定人出庭，实则是要求关键鉴定人出庭，并依托完善的鉴定意见质证规则进行庭审质证。而对专家辅助人来说，则应当赋予其意见以证据能力，以构建控辩平等的司法鉴定体系。在庭审质证之后，最后不免要面对鉴定意见的采信问题。以往对鉴定意见的形式性审查显然无法应对庭审中鉴定意见的质证，因此，构建鉴定意见的采信规则，除了既有的形式审查这一外在规则，还应当从针对鉴定意见的科学性进行实质上的审查。为此，引入贝叶斯法则对鉴定意见进行评判，注重鉴定意见可能存在的错误率成为构建鉴定意见内在采信规则的当然选择。

尽管本书采用了审判中心作为新的研究视角和理论基础，并采用实证研究的方法对司法鉴定实践进行了较为深入的分析，然而，囿于笔者的精力和水平所限，文章依然存在一定的不足。首先，因为语言限制，针对法国、德国的研究缺乏一手的文献资料，研究尚不够深入；其次，由于知识背景的限制，未能更多地运用交叉学科研究的方法针对更为具体的鉴定种类进行细致入微的研究；再次，随着司法鉴定深化改革的持续推进，各省市司法鉴定管理部门近来发布了大量推进司法鉴定制度完善的相关方案，对此涉猎不足；最后，完善司法鉴定，适应以审判为中心的诉讼制度改革，还涉及如鉴定意见的转换等诸多问题，由于文章体系所限，笔者并未能一一涉及。在接下来的研究中，应当更加注重交叉学科视角的运用，既要把握司法鉴定的法律性，也要注重其内在的科学性。同时，由于此次司法鉴定制度改革的目标之一即是适应以审判为中心的诉讼制度改革，因此，要注重对后续深化司法鉴定改革的效果评估，以确定其是否真正做到了与审判中心相适应。

参考文献

一　中文参考文献

（一）著作

卞建林、陈卫东等：《新刑事诉讼法实施问题研究》，中国法制出版社2017年版。

常林：《司法鉴定专家辅助人制度研究》，中国政法大学出版社2012年版。

陈邦达：《司法鉴定基本问题研究——以刑诉法司法鉴定条款实施情况为侧重点》，法律出版社2016年版。

陈邦达：《刑事司法鉴定程序的正当性》，北京大学出版社2015年版。

陈桂明：《程序理念与程序规则》，中国法制出版社1999年版。

陈瑞华：《比较刑事诉讼法》，中国人民大学出版社2010年版。

陈瑞华：《刑事辩护的理念》，北京大学出版社2017年版。

陈瑞华：《刑事诉讼的前沿问题》（第四版），中国人民大学出版社2013年版。

陈学权：《科技证据论——以刑事诉讼为视角》，中国政法大学出版社2007年版。

杜志淳等：《司法鉴定立法研究》，法律出版社2011年版。

郭华：《鉴定结论论》，中国人民公安大学出版社2007年版。

郭华：《鉴定意见争议解决机制研究》，经济科学出版社2013年版。

郭华：《专家辅助人制度的中国模式》，经济科学出版社2014年版。

胡铭：《审判中心与刑事诉讼》，中国法制出版社2018年版。

黄风译：《意大利刑事诉讼法典》，中国政法大学出版社1994年版。

黄维智：《鉴定证据制度研究》，中国检察出版社2006年版。

霍宪丹等：《司法鉴定管理模式比较研究》，中国政法大学出版社 2014 年版。

霍宪丹等：《司法鉴定统一管理机制研究》，法律出版社 2017 年版。

季美君：《专家证据制度比较研究》，北京大学出版社 2008 年版。

李心鉴：《刑事诉讼构造论》，中国政法大学出版社 1997 年版。

李玉华、杨军生：《司法鉴定的诉讼化》，中国人民公安大学出版社 2006 年版。

刘振红：《司法鉴定：诉讼专门性问题的展开》，中国政法大学出版社 2015 年版。

龙宗智：《相对合理主义》，中国政法大学出版社 2000 年版。

罗结珍译：《法国新民事诉讼法典》（上册），法律出版社 2008 年版。

罗结珍译：《法国刑事诉讼法典》，中国法制出版社 2006 年版。

全国人大常委会法制工作委员会刑法室著：《全国人民代表大会常务委员会关于司法鉴定管理问题的决定释义》，法律出版社 2005 年版。

司法部司法鉴定管理局编：《两大法系司法鉴定制度的观察与借鉴》，中国政法大学出版社 2008 年版。

宋英辉：《刑事诉讼目的论》，中国人民公安大学出版社 1995 年版。

汪海燕：《刑事诉讼模式的演进》，中国人民公安大学出版社 2004 年版。

王冠卿：《笔迹鉴定新论——鉴定人手册》，北京大学出版社 2016 年版。

王敏远、郭华：《司法鉴定与司法公正研究》，知识产权出版社 2009 年版。

王敏远等著：《重塑诉讼体制——以审判为中心的诉讼制度改革》，中国政法大学出版社 2016 年版。

王素芳：《诉讼视角下的司法鉴定制度研究》，上海大学出版社 2012 年版。

王兆鹏：《辩护权与诘问权》，华中科技大学出版社 2010 年版。

王兆鹏：《美国刑事诉讼法》，北京大学出版社 2005 年版。

徐继军：《专家证人研究》，中国人民大学出版社 2004 年版。

余叔通、谢朝华译：《法国刑事诉讼法典》，中国政法大学出版社 1997 年版。

虞平、郭志媛编译：《争鸣与思辨：刑事诉讼模式经典论文选译》，北京大学出版社 2013 年版。

张保生、常林：《中国证据发展的轨迹：1978—2014》，中国政法大学出版社2016年版。

章礼明：《论刑事鉴定权》，中国检察出版社2008年版。

周蔚：《证据推理研究——以科学证据为分析视角》，中国人民大学出版社2016年版。

周湘雄：《英美专家证人制度研究》，中国检察出版社2006年版。

宗玉琨译：《德国刑事诉讼法典》，知识产权出版社2013年版。

［德］K. 茨威格特、H. 克茨：《比较法总论》，潘汉典等译，法律出版社2003年版。

［德］茨威格特、克茨：《比较法总论》（上），潘汉典等译，中国法制出版社2017年版。

［美］伯纳德·罗伯逊、G. A. 维尼奥：《证据解释——庭审过程中科学证据的评价》，王元凤译，中国政法大学出版社2015年版。

［美］伯纳德·施瓦茨：《美国法律史》，王军等译，法律出版社2007年版。

［美］肯尼斯·R. 福斯特、彼得·W. 休伯：《对科学证据的认定——科学知识与联邦法院》，王增森译，法律出版社2001年版。

［美］美国国家科学院国家研究委员会等著：《美国法庭科学的加强之路》，王进喜等译，中国人民大学出版社2012年版。

［美］米尔建·R. 达马斯卡：《漂移的证据法》，李学军等译，中国政法大学出版社2003年版。

［美］约翰·W. 斯特龙：《麦考密克论证据》，汤维建等译，中国政法大学出版社2004年版。

［日］松尾浩也：《日本刑事诉讼法（上卷）》（新版），丁相顺译，中国人民大学出版社2005年版。

（二）论文

卞建林：《扎实推进以审判为中心的刑事诉讼制度改革》，《中国司法》2016年第11期。

陈邦达：《美国科学证据采信规则的嬗变及启示》，《比较法研究》2014年第3期。

陈光中、步洋洋：《审判中心与相关诉讼制度改革》，《政法论坛》2015年第4期。

陈金明：《德国司法鉴定的特点及其对我国的借鉴》，《中国司法》2010年第4期。

陈如超：《司法鉴定管理体制改革的方向与逻辑》，《法学研究》2016年第1期。

陈瑞华：《从"流水作业"走向"以裁判为中心"——对中国刑事司法改革的一种思考》，《法学》2000年第3期。

陈瑞华：《鉴定意见的审查判断问题》，《中国司法鉴定》2011年第5期。

陈瑞华：《论侦查中心主义》，《政法论坛》2017年第2期。

陈瑞华：《司法权的性质——以刑事司法为范例的分析》，《法学研究》2000年第5期。

陈卫东：《以审判为中心：当代中国刑事司法改革的基点》，《法学家》2016年第4期。

陈卫东：《以审判为中心要强化证据的认证》，《证据科学》2016年第3期。

陈卫东、程雷：《司法精神病鉴定基本问题研究》，《法学研究》2012年第1期。

陈卫东、郝银钟：《被告人诉讼权利与程序救济论纲——基于国际标准的分析》，《中外法学》1999年第3期。

陈学权：《刑事诉讼中DNA证据运用的实证分析——以北大法意数据库中的刑事裁判文书为对象》，《中国刑事法杂志》2009年第4期。

陈志华：《医学会从事医疗损害鉴定之合法性研究》，《证据科学》2011年第3期。

戴长林：《庭前会议、非法证据排除、法庭调查等三项规程的基本思路》，《证据科学》2018年第5期。

党凌云、张效礼：《2017年度全国司法鉴定情况统计分析》，《中国司法鉴定》2018年第4期。

党凌云、郑振玉：《2015年度全国司法鉴定情况统计分析》，《中国司法鉴定》2016年第3期。

党凌云、郑振玉：《2016年度全国司法鉴定情况统计分析》，《中国司法鉴定》2017年第3期。

党凌云、郑振玉、宋丽娟：《2014年度全国司法鉴定情况统计分析》，《中国司法鉴定》2015年第4期。

邓甲明、刘少文：《深入推进司法鉴定管理体制创新发展》，《中国司法》2015年第7期。

董林涛：《日本审判中心改革动向与评析》，《河南财经大学学报》2016年第5期。

樊崇义：《2018年〈刑事诉讼法〉最新修改解读》，《中国法律评论》2018年第6期。

樊崇义、吴光升：《鉴定意见的审查与运用规则》，《中国刑事法杂志》2013年第5期。

樊传明：《审判中心论的话语体系分歧及其解决》，《法学研究》2017年第5期。

高一飞：《"审判中心"的观念史》，《国家检察官学院学报》2018年第4期。

顾永忠：《试论庭审中心主义》，《法律适用》2014年第12期。

郭华：《健全统一司法鉴定管理体制的实施意见的历程及解读》，《中国司法鉴定》2017年第5期。

郭华：《司法场域的鉴定管理权争夺与厮杀——以人大常委会〈关于司法鉴定管理问题的决定〉为中心》，《华东政法学院学报》2005年第5期。

郭华：《司法鉴定制度改革的十五年历程回顾与省察》，《中国司法鉴定》2020年第5期。

郭华：《侦查机关内设鉴定机构鉴定问题的透视与分析——13起错案涉及鉴定问题的展开》，《证据科学》2008年第4期。

郭金霞：《〈俄罗斯联邦国家司法鉴定活动法〉评述》，《证据科学》2015年第4期。

郝廷婷：《民事诉讼庭前准备程序的归位与完善——以民事庭审中心主义的实现为目标》，《法律适用》2016年第6期。

何家弘：《从侦查中心转向审判中心——中国刑事诉讼的改良》，《中国高校社会科学》2015年第2期。

何家弘：《辛普森案与陪审制度》，《理论视野》2015年第11期。

胡铭：《鉴定人出庭与专家辅助人角色定位之实证研究》，《法学研究》2014年第4期。

胡铭：《略论刑事诉讼实证研究方法——以经济学实证方法为借鉴》，《清华法学》2011年第1期。

胡铭：《审判中心、庭审实质化与刑事司法改革——基于庭审实录和裁判文书的实证研究》，《法学家》2016年第4期。

胡铭：《专家辅助人：模糊身份与短缺证据——以新〈刑事诉讼法〉司法解释为中心》，《法学论坛》2014年第1期。

黄敏：《我国应当建立"专家辅助人"制度——意大利"技术顾问"制度之借鉴》，《中国司法鉴定》2003年第11期。

贾治辉、官胜男：《笔迹鉴定意见采信实证研究》，《证据科学》2018年第3期。

蒋惠岭、杨小利：《重提民事诉讼中的"庭审中心主义"——兼论20年来民事司法改革之轮回与前途》，《法律适用》2015年第12期。

李学军：《诉讼中专门性问题的解决之道——兼论我国鉴定制度和法定证据形式的完善》，《政法论坛》2020年第6期。

李学军、朱梦妮：《专家辅助人制度研析》，《法学家》2015年第1期。

李雪蕾：《刑事诉讼专家辅助人制度初探》，《人民检察》2012年第24期。

李禹：《2005年全国司法鉴定工作统计分析》，《中国司法鉴定》2006年第4期。

李禹：《2008年度全国法医类、物证类、声像资料类司法鉴定情况统计分析》，《中国司法鉴定》2009年第4期。

李禹、陈璐：《2010年度全国法医类、物证类、声像资料类司法鉴定情况统计分析》，《中国司法鉴定》2011年第4期。

李禹、党凌云：《2011年度全国法医类、物证类、声像资料类司法鉴定情况统计分析》，《中国司法鉴定》2012年第3期。

李禹、党凌云：《2012 年度全国司法鉴定情况统计分析》，《中国司法鉴定》2013 年第 4 期。

李禹、党凌云：《2013 年度全国司法鉴定情况统计分析》，《中国司法鉴定》2014 年第 4 期。

李禹、李奇：《2004 年司法行政机关司法鉴定工作统计报告》，《中国司法鉴定》2005 年第 4 期。

李禹、刘莎莎：《2006 年度全国法医类、物证类、声像资料类司法鉴定情况统计分析》，《中国司法鉴定》2007 年第 4 期。

李禹、罗萍：《2007 年度全国法医类、物证类、声像资料类司法鉴定情况统计分析》，《中国司法鉴定》2008 年第 4 期。

李禹、王奕森：《2009 年度全国"三大类"司法鉴定情况统计分析》，《中国司法鉴定》2010 年第 4 期。

刘建伟：《论我国司法鉴定人出庭作证制度的完善》，《中国司法鉴定》2010 年第 5 期。

刘静：《风险与应对：论大数据司法鉴定的平台构建》，《法学杂志》2021 年第 9 期。

龙宗智：《"以审判为中心"的改革及其限度》，《中外法学》2015 年第 4 期。

龙宗智：《立法原意何处寻：评 2021 年最高人民法院适用刑事诉讼法司法解释》，《中国法学》2021 年第 4 期。

龙宗智：《论建立以一审庭审为中心的事实认定机制》，《中国法学》2010 年第 2 期。

龙宗智：《论我国刑事审判中的交叉询问制度》，《中国法学》2000 年第 4 期。

龙宗智：《刑事诉讼中的证据开示制度研究》（上），《政法论坛》1998 年第 1 期。

吕泽华：《DNA 鉴定意见的证明分析与规则创设》，《法学家》2016 年第 1 期。

马方、吴桐：《日本刑事证据开示制度发展动向评析及启示》，《证据科学》2018 年第 6 期。

毛立新：《三项规程对证人出庭制度的完善》，《证据科学》2018 年第 5 期。

潘广俊：《司法行政机关对司法鉴定人出庭作证保障制度研究》，《中国司法鉴定》2016 年第 2 期。

潘广俊、蒋立臻：《司法鉴定管理体制改革评析——以浙江省人大常委会受理鉴定信访数据为视角》，《中国司法》2016 年第 6 期。

司法部公共法律服务管理局：《2021 年度全国司法鉴定工作统计分析报告》，《中国司法鉴定》2023 年第 1 期。

司法部司法鉴定管理局：《2005—2015 年我国司法鉴定发展情况分析》，《中国司法鉴定》2016 年第 2 期。

孙长永：《当事人主义刑事诉讼与证据开示》，《法律科学》2000 年第 4 期。

孙长永：《审判中心主义及其对刑事程序的影响》，《现代法学》1999 年第 4 期。

汪建成：《中国刑事司法鉴定制度实证调研报告》，《中外法学》2010 年第 2 期。

王纲、叶芳：《澳洲的司法鉴定体制及对我们的启示》，《中国检验检疫》2003 年第 5 期。

王连昭、杜志淳：《国家监察体制改革进程中司法鉴定管理改革探究》，《中国司法鉴定》2019 年第 1 期。

王敏远：《论我国刑事证据法的转变》，《法学家》2013 年第 3 期。

魏晓娜：《以审判为中心改革的技术主义进路：镜鉴与期待》，《法商研究》2022 年第 4 期。

闻志强：《日本〈刑事诉讼法〉2016 年修法动态》，《国家检察官学院学报》2016 年第 6 期。

吴洪淇：《刑事诉讼中的专家辅助人：制度变革与优化路径》，《中国刑事法杂志》2018 年第 5 期。

吴洪淇：《刑事诉讼专门性证据的扩张与规制》，《法学研究》2022 年第 4 期。

谢晖：《论规范分析方法》，《中国法学》2009 年第 2 期。

熊跃敏、张润：《民事庭前会议：规范解读、法理分析与实证考察》，《现代法学》2016 年第 6 期。

徐为霞等：《关于我国司法鉴定行业协会运行的研究》，《辽宁警专学报》2009 年第 1 期。

杨小利：《庭审中心主义架构下专家辅助人制度实证研究——以医疗损害责任案件为切入点》，《中国司法鉴定》2018 年第 3 期。

易广辉、段有政：《检察技术与技术检察——兼论检察机关技术部门的定位和名称问题》，《中国检察官》2006 年第 11 期。

俞世裕、潘广俊等：《鉴定人出庭作证制度实施现状及完善——以浙江省为视角》，《中国司法鉴定》2014 年第 5 期。

张翠玲、谭铁君：《基于贝叶斯统计推理的法庭证据评价》，《刑事技术》2018 年第 4 期。

张建伟：《审判中心主义的实质内涵与实现途径》，《中外法学》2015 年第 4 期。

张南宁：《科学证据可采性标准的认识论反思与重构》，《法学研究》2010 年第 1 期。

张新宝：《人身损害鉴定制度的重构》，《中国法学》2011 年第 4 期。

郑飞：《论中国司法专门性问题解决的"四维模式"》，《政法论坛》2019 年第 5 期。

郑智航：《比较法中功能主义进路的历史演进——一种学术史的考察》，《比较法研究》2016 年第 3 期。

周士敏：《刑事诉讼法学发展的必由之路——由审判中心说到诉讼阶段说》，《中央检察官管理学院学报（国家检察官学院学报）》1993 年第 2 期。

周伟：《司法鉴定管理立法与检察技术工作改革的思考》，《人民检察》2004 年第 3 期。

朱淑丽：《挣扎在理想与现实之间——功能主义比较法 90 年回顾》，《中外法学》2011 年第 6 期。

邹明理：《论侦查阶段鉴定的必要性与实施主体》，《中国刑事警察》2007 年第 2 期。

邹明理：《司法鉴定程序公正与实体公正的重要保障——以新〈司法鉴定程序通则〉的特点与实施要求为基点》，《中国司法鉴定》2016年第3期。

左宁：《我国刑事专家辅助人制度基本问题论略》，《法学杂志》2012年第12期。

左卫民：《范式转型与中国刑事诉讼制度改革——基于实证研究的讨论》，《中国法学》2009年第2期。

左卫民：《审判如何成为中心：误区与正道》，《法学》2016年第6期。

（三）其他

蔡长春：《司法部对司法鉴定行业严格准入监管显成效》，《法制日报》2018年4月29日第1版。

陈光中：《推进"以审判为中心"改革的几个问题》，《人民法院报》2015年1月21日。

戴长林、鹿素勋：《人民法院办理刑事案件庭前会议规程（试行）理解与适用》，《人民法院报》2018年1月31日。

葛晓阳：《最高法最高检司法部环保部出台文件 环境损害司法鉴定实行统一登记管理》，《法制日报》2016年1月14日第1版。

胡志强：《沉重的法医鉴定》，《法制日报》2000年1月17日第3版。

焦建军与江苏省中山国际旅行社有限公司、第三人中国康辉南京国际旅行社有限责任公司旅游侵权纠纷案，【法宝引证码】CLI.C.889643，详见北大法宝：http://www.pkulaw.com/pfnl/a25051f3312b07f374e976138a0eaa4768719eb0fb5a33ebbdfb.html，最后访问日期：2022年12月20日。

马鹏飞：《刑事证据开示制度研究》，博士学位论文，中国政法大学，2009年。

青海方升建筑安装工程有限责任公司与青海隆豪置业有限公司建设工程施工合同纠纷案，【法宝引证码】CLI.C.8103968，详见北大法宝：http://www.pkulaw.com/pfnl/a25051f3312b07f376c47b1d79792887b2f44e5629058a06bdfb.html，最后访问日期：2022年12月21日。

荣宝英与永诚财产保险股份有限公司江阴支公司等机动车交通事故责任

纠纷上诉案,【法宝引证码】CLI. C. 9698980,详见北大法宝:http://www.pkulaw.com/pfnl/a25051f3312b07f31912cc825486303ffdf16fadbebed3e7bdfb. html,最后访问日期:2022年12月20日。

司法鉴定科学技术研究所司法鉴定中心鉴定人就民间借贷纠纷司法鉴定意见出庭作证,详见中国法律服务网:http://alk. 12348. gov. cn/Detail? dbID = 57&dbName = SJCZ&sysID = 7,最后访问日期:2023年1月30日。

邹亮故意伤害二审刑事裁定书,详见中国裁判文书网:http://wenshu. court. gov. cn/content/content? DocID = 4d2aba07 - 713a - 4926 - 80ae - a84e0138eb3e,最后访问日期:2023年2月2日。

二 外文类参考文献

(一) 著作类

Andre A. Moenssens, *Scientific Evidence in Civil and Criminal Cases*, New York: Foundation Press, 2007.

Bernard Robertson, G. A.［Tony］Vignaux, *Interpreting Evidence: Evaluating Forensic Science in the Courtroom*, Amsterdam: Kluwer Academic Publishers, 2001.

Bryan A. Garner, *Black Dictionary (eighth edition)*, Eagan: Thomson West, 2004.

Charles T. McCormick, Edward W. Cleary, *Mccormick's Handbook of The Law of Evidence, second edition*, Eagan: West, 1972.

Corrinna Kruse, *The Social Life of Forensic Evidence*, Oakland: University of California Press, 2016.

David L. Faigman Saks, Joseph Sanders, Edward K. Cheng et al. , *Modern Scientific Evidence: The Law and Science of Expert Testimony*, Eagan: Thomson West, 2018.

Donald E. Shelton, *Forensic Science Evidence: Can the Law Keep Up with Science?*, El Paso: LFB Scholarly, 2012.

George Fisher, *Evidence*, New York: Foundation Press, 2013.

George Fisher, *Federal Rules of Evidence* 2016 – 2017 *Statutory and Case Supplement* 2016, New York: Foundation Press, 2017.

Herbert L. Packer, *The Limits of the Criminal Sanction*, Redwood City: Stanford University Press, 1968.

J. Richardson, *Modern Scientific Evidence* (second edition), Eagan: Thomson West, 1974.

John M. Conley, Jane Campbell Moriarty, Richard R. , Strong, *Scientific and Expert Evidence*, New York: Aspen Publishers Inc. , 2011.

Moore. Criminal Discovery, 19 Hastings L. J. 865, 1968.

（二）论文

A. S. Goldstein, "Reflection on Two Models: Inquisitorial Themes in American Criminal Procedure", *Stanford Law Review*, Vol. 26, May 1974.

Andrew W. Jurs, "Balancing Legal Process with Scientific Expertise: Expert Witness Methodology in Five Nations and Suggestions for Reform of Post-Daubert U. S. Reliability Determinations", *Marquette Law Review*, Vol. 95, 2012.

Clifton Beech, "The Admissibility of Expert Opinions in Canada Courts", *Law and the Business Review of Americans*, Vol. 21, 2015.

David L. Faigman, Christopher Slobogin, John Monahan, "Gatekeeping Science: Using the Structure of Scientific Research to Distinguish Between Admissibility and Weight in Expert Testimony", *Northwest University Law Review*, Vol. 110, 2016.

Edward. K. Cheng, Albert H. Yoon, "Does Frye or Daubert matter? A study of scientific admissibility standards", *Virginial Law Review*, Vol. 91, 2005.

Graham D. Glancy, John M. W. Bradford, M. , "The Admissibility of Expert Evidence in Canada", *Journal of American Academy of Psychiatry and the Law*, Vol. 35, 2007.

Herbert M. Kritzer, "The Arts of Persuasion in Science and Law: Conflicting Norms in the Courtroom", *Law & Contemporary Problems*, Vol. 72, 2007.

J. Alexander Tanford, "The Ethics of Evidence", *American Journal of Trial*

Advocacy, Vol. 25, 2002.

J. Griffith, "Ideology in Criminal Procedure or A Third 'Model' of the Criminal Process", *Yale Law Journal*, Vol. 79, 1970.

Jennifer L. Mnookin, "Expert Evidence, Partisanship, and Epistemic Competence", *Brooklyn Law Review*, Vol. 73, 2008.

Joseph Sanders, "From Science to Evidence: The Testimony on Causation in the Bendectin Cases", *Stanford Law Review*, Vol. 46, 1993.

Mark McCormick, "Scientific Evidence: Defining a New Approach to Admissibility", *Iowa Law Review*, Vol. 67, 1982.

Michel F. Baumeister & Dorothea M. Capone, "Admissibility Standards as Politics-The Imperial Gate Closers Arrive!!!", *Seton Hall Law Review*, Vol. 33, 2003.

Mirjan R. Damaska, "Structures of Authority and Comparative Criminal Procedure", *Yale Law Journal*, Vol. 84, 1975.

Moore, "Criminal Discovery", *Hastings Law Journal*, Vol. 19, 1968.

Nanning Zhang Douglas Walton. "The epistemology of scientific evidence", *Artificial Intelligence and Law*, Vol. 20, 2012.

Neil Vidmart, "Shari Seidman Diamond, 'Juries and Expert Evidence'", *Brooklyn Law Review*, Vol. 66, 2001.

Paul C. Giannelli, "The Admissibility of Novel Scientific Evidence: Frye V. United States, A Half-Century Later", *Columbia Law Review*, Vol. 80, 1980.

Robert F. Taylor, "A Comparative Study of Expert Testimony in France And the United States: Philosophical Underpinnings, History, Practice, And Procedure", *Texas International Law Journal*, Vol. 31, 1996.

Ronald J. Allen, "The conceptual challenge of expert evidence", *Discusiones Filosoficas*, Vol. 14, 2013.

Samuel R. Gross, "Expert Evidence", *Wisconsin Law Review*, 1991.

Saul M. Kassin, Lorri N. Williams & Courtney L. Saunders, "Dirty Tricks of Cross-Examination: The Influence of Conjectural Evidence on the Jury",

Law and Human Behavior, Vol. 14, 1990.

Seidman Diamond, "Juries and Expert Evidence", *Brooklyn Law Review*, Vol. 66, 2001.

Susan Haack, "Irreconcilable Differences? The Troubled Marriage of Science and Law", *Law & Contemporary Problems*, Vol. 72, 2009.

Sven Timmerbeil, "The Role of Expert Witnesses in German And U. S. Civil Litigation", *Annual Survey of International and Comparative Law*, Vol. 9, 2003.

Trautman, "Logical or Legal Relevancy-A Conflicting Theory", *Vanderbilt Law Review*, Vol. 5, 1952.

Valerie P. Hans, "Judges, Juries, and Scientific Evidence", *Journal of Law and Policy*, *Vol.* 16, 2007.

（三）其他

ABA Standards for Criminal Justice: Discovery and Trial by Jury, 11 – 2. 1 (a) (iv).

ABA Standards for Criminal Justice: Discovery and Trial by Jury, 11 – 4. 1 (a) (b).

Alan Travis, Forensic Science Service closure forces police to use untested private firms, see https://www.theguardian.com/uk/2011/aug/03/forensic-science-service-closure-police, 最后访问日期：2022年12月23日。

Brady v. Maryland, 373 U. S. 83 (1963).

Daubert v. Merrell Dow Pharma. Inc., 727 F. Supp. 570 (S. D. Cal. 1989).

Daubert v. Merrell Dow Pharma. Inc., 951 F. 2d 1128 (9th Cir. 1991).

Daubert v. Merrell Dow Pharmarceuicals, Inc. 509 U. S. 579 (1993).

Federal Rules of Civil Procedure.

Federal Rules of Criminal Procedure.

Federal Rules of Evidence.

Frye v. United States, 54 App. D. C. 46, 293 F. 1013 (1923).

General Electric Co. v. Joiner, 522 U. S. 136, 146 (1997).

Kumho Tyre Company v. Carmichael, 526 U. S. 137 (1999).

Kyles v. Whitley, 514 U. S. 419 (1995).

People v. Kelly, 17 Cal. 3d 24, 31, 549 P. 2d 1240, 1244 – 45, 130 Cal. Rptr. 144, 148 – 49 (1976).

Reed v. State, 283 Md. 374, 388, 391 A. 2d 364, 371 – 72 (1978).

R. v. Sekhon, [2014] 1 SCR 272, 2014 SCC 15 (CanLII), http://canlii. ca/t/g35qf, 最后访问日期: 2022 年 11 月 20 日。

R. v. J. -L. J., [2000] 2 S. C. R. 600 (Can.).

United States v. Addison. 498 F. 2d 741, 744 (D. C. Cir. 1974).

United States v. Agurs, 429 U. S. 97 (1976).

United States v. Bagley, 473 U. S. 667 (1985).

Wardius v. Oregon, 412 U. S. 470 (1973).

White Burgess Langille Inman v. Abbott and Haliburton Co., [2015] 2 SCR 182, 2015 SCC 23 (CanLII), http://canlii. ca/t/ghd4f, 最后访问日期: 2023 年 3 月 20 日。

Williams v. Florida, 399 U. S. 78 (1970).

后　　记

　　这本专著是在我的博士学位论文基础上扩充修改而成，完成此书，可谓是对过去求学生涯的一个总结。谨以此后记，感谢自我读书及工作以来为我提供帮助的师友及亲人。

　　本书能够顺利出版，首先要感谢我的博士生导师胡铭教授。感谢胡老师对我的指导，帮我顺利度过了迷茫的博士生初期阶段，让我对学术充满了热爱与敬畏，顺利完成了博士生阶段的各项任务，成长为一名真正的博士。在博士学习期间，从题目的拟定，调研的实施，到文章的写作和之后的修改，胡老师都耐心地帮我把关，提出了诸多建议，才使我的文章不断得以完善。而在工作之后，胡老师也总是耐心地为我答疑解惑，鼓励我继续深化相关研究。恩师的教导，我一直铭记于心，这也激励着我在科研之路上愈加努力前进。同时，我也需要感谢我在爱荷华大学攻读法律硕士学位期间的合作导师JohnReitz，作为美国知名的比较法学者，他为我博士学位论文比较法方面的疑问提供了大量的帮助。

　　作为一名司法鉴定的"门外汉"，特别感谢Z省司法厅的相关领导，如果没有他们在调查研究过程中给予的帮助和支持，我很难深入了解到司法鉴定实践当中的相关内容。同时，我也要感谢青岛大学法学院的领导和同事们，他们的热情让我得以迅速融入了法学院这个大家庭，一步步蜕变成为一名合格的大学老师。

　　最后，我要感谢我的家人对我的陪伴和支持。感谢我的父母，从小到大，他们一直是我坚强的后盾。我感激有这样的父母，能够无条件地信任我，支持我做的每一个决定，让我能够没有后顾之忧地去追逐自己的梦想。感谢我的公婆，在先生和我忙于工作的时候，主动帮忙照料我

后　记

们的小家庭。感谢我的另一半罗青松先生，从在美丽的月轮山下牵手开始，我们已经携手走过了九年的时间，是他对我的鼓励，让我变成更好的自己。特别感谢我的儿子罗尔东小朋友，他的降生让我有了软肋，却也有了盔甲，作为一个母亲，我想更加努力，以成为孩子的榜样。